LEISURE TOURISM AND LEISURE INDUSTRY

休闲旅游与休闲产业

骆高远 洪 骋 编著

ZHEJIANG UNIVERSITY PRESS
浙江大学出版社
·杭州·

图书在版编目（CIP）数据

休闲旅游与休闲产业 / 骆高远，洪骋编著. -- 杭州：
浙江大学出版社，2023.1
ISBN 978-7-308-23374-3

Ⅰ．①休… Ⅱ．①骆… ②洪… Ⅲ．①休闲旅游－高等
学校－教材 Ⅳ．①F590.71

中国版本图书馆CIP数据核字(2022)第239358号

休闲旅游与休闲产业

骆高远　洪骋　编著

责任编辑	王元新
责任校对	秦　瑕
封面设计	春天书装
出版发行	浙江大学出版社
	（杭州市天目山路148号　　邮政编码　310007）
	（网址：http://www.zjupress.com）
排　　版	杭州林智广告有限公司
印　　刷	浙江省临安市曙光印务有限公司
开　　本	787mm×1092mm　1/16
印　　张	14.75
字　　数	255千
版 印 次	2023年1月第1版　2023年1月第1次印刷
书　　号	ISBN 978-7-308-23374-3
定　　价	58.00元

骆高远 男，汉族，1964 年生，浙江义乌人。博士、二级教授、硕士生导师、浙江省高校教学名师，浙江商业职业技术学院旅游烹饪学院院长，浙江师范大学非洲研究院兼职研究员。主要从事人文地理、文化旅游、休闲旅游、旅游地理、旅游规划、旅游资源评价与开发等方面的研究与教学工作。已发表学术论文 160 多篇，出版学术著作 10 多部。曾应邀访问德国、法国、荷兰、韩国和新加坡等地，并应邀赴南非和肯尼亚等地做学术报告和考察调研。

洪骋　男，汉族，1990年生，浙江萧山人。本科学历，高级讲师，宁波市甬江职业高级中学旅游专任教师、招生就业与对外交流处副主任。获各级各类职业技能大赛奖励多次，获宁波市职教优秀论文奖多次；指导学生获各级各类职业技能大赛奖励多次。是宁波市优秀班主任、专业技术能手等。

休闲经济的发展是建立在闲暇和经济基础之上的,其发展的状况主要取决于一个国家或地区人均国民收入、法定假日、休闲需求和休闲产业的发展程度。随着我国社会经济的快速发展和人民生活水平的不断提高,休闲正以一种崭新的生活方式影响着人们的生活。从1995年5月1日开始,我国实行双休日制度(全年52周共计104天);从2014年1月1日开始,我国又把三个传统节日(清明节、端午节和中秋节)纳入了法定节假日。从此,我国法定年节假日就达到7个共11天(春节3天,国庆节3天,元旦、清明节、劳动节、端午节和中秋节各1天),加上双休日的104天,共计达到115天,从而对休闲产业提出了更高的要求,促进了我国休闲经济的发展。

一个产业的成长与变迁需要一种逻辑与理论的支撑;同时生产要素相对价格的变化结合技术进步也会导致产业内资源配置成本的变化,从而引起产业内市场供给的变化。休闲产业是工业化社会高度发达的产物,休闲旅游更是现代社会发展的必然结果。休闲表现出来的文化意义和社会意义在我国未来的社会经济发展中必将展现出举足轻重的地位和作用。随着泛旅游产业新时代的到来,休闲旅游不再是观光、度假的简单组合,而是以市场需求为基础,以产业发展为支撑,借力文化创意,实施功能演变、资源整合的多元发展格局。其中,文化、体育、健康、养老、娱乐、演艺、体验、运动、农业、会展、养生等诸多元素都与休闲产业发生关联。其项目涉及旅游规划、休闲度假、田园综合体、农业观光、文化旅游、美丽乡村、主题乐园等。其最终目标就是通过建设小康社会,让人民生活更幸福、未来更美好、经济更发展、民主更健全、科教更进步、文化更繁荣、社会更祥和、精神更丰富、日子更殷实。

本书是专门系统研究休闲旅游和休闲产业及其相互关系和创意策划等方面的学术成果。它从分析概念、特征、内容、意义、作用和分类等出发,着重就休闲旅游与旅游休闲的发展、现状、分类、开发及发展战略等问题进行了系统的研究，对休闲旅游资源的内容、范畴及作用等做了系统的阐述，之后把落脚点定位在休闲产业的分类、产品及其发展趋势等方面，最后对休闲农业、休闲工业、休闲商业和休闲地产等四个典型的休闲产业的案例进行了分析。

本书内容丰富，观点新颖，资料翔实，集理论性、思想性、知识性、趣味性、实用性与可读性于一体，力求做到通俗易懂，雅俗共赏。力争将休闲、旅游、产业发展以及休闲旅游和休闲产业的概念、内容、特征和产品具体化、真实化、生活化；尽力将一个个真实的、原始的、美丽的、神奇的休闲旅游产品和休闲产业案例展示给读者。做到理论阐述与案例分析相结合，基础理论与学科前沿相融合；注重理论探讨的深度与广度，案例分析的代表性与典型性。

本书除可作为有志于休闲、旅游、休闲旅游、旅游休闲和休闲产业研究的学者参考外，更是广大游客、旅游类企业及管理人员增加休闲、旅游及休闲产业等知识和兴趣的必读书目；对旅游及休闲产业从业人员和管理人员都有重要的参考价值，同时可作为高校相关专业高年级学生的教材或休闲类专业和产业从业人员的培训用书。

　　"休闲"是人类生命的一种常态,是使人得以成为有尊严的"人"的过程或体现;它在人的一生中始终扮演着不可或缺的重要角色。

　　从表面上看,休闲只是一个生活问题,但实际上它却是一个哲学命题,归根结底是如何认识"人"、成为"人"的问题。"休闲"得以实现的前提是休闲产业的健康和良性发展。从本质上看,休闲产业是"以人为本(主体、中心)"的服务型产业,是从人本关怀的视角发展起来的现代产业。它既是人们社会交往与思想交流的舞台,又可通过服务与被服务的关系促进全社会的融洽与和谐。其区别于其他传统产业的地方就在于它创造了文化或精神食粮,强调以人为本的服务,注重服务的人文性和创造的文化性。

　　近年来,在"以人为本"思想的指导下,围绕全面建成小康社会,实现第一个百年奋斗目标,我国从中央到地方的各级政府出台了一系列重大举措。在休闲发展方面,政府相关部门通过夯实法制基础、规划公共服务体系、引导产业发展等方式予以推动。2016年以来,以《中华人民共和国公共文化服务保障法》和《中华人民共和国电影产业促进法》的颁布以及《中华人民共和国旅游法》和《中华人民共和国体育法》的修订为标志,相关立法工作得到较大推进;《"十三五"推进基本公共服务均等化规划》以及旅游、文化、体育等产业发展"十三五""十四五"规划等陆续出台;国务院办公厅先后出台《关于进一步扩大旅游文化体育健康养老教育培训等领域消费的意见》《关于进一步激发社会领域投资活力的意见》《关于加快发展健身休闲产业的指导意见》等重要文件,从放宽行业准入、扩大投融资渠道、落实土地税费政策、促进融合创新发展、加强监管优化服务等方面来促进相关产业的发展。

一、我国休闲产业存在的问题

在经济发展和市场需求的双重推动下，作为活动类型、消费形态、生活方式的国民休闲产业，近年来得到了快速的发展。政府相关部门也从法律、政策等角度给予了足够的重视和配套，但我国休闲发展依然面临诸多的问题或制约。

（一）就休闲需求而言，我国国民休闲生活面临诸多制约

中国社会科学院相关课题组近年在全国范围内做的一项国民休闲状况的调查显示，受访者普遍面临时间、经济、设施以及个人休闲意识与能力等方面的制约。其中，一半以上（53.9%）的受访者表示，由于学习或工作太忙、假期太少或者虽有假期但不能自由安排等而无法享受休闲。约四成的受访者认为，经济压力大、收入低、休闲活动费用过高等对其休闲生活带来较大的负面影响。此外，休闲场所和设施，尤其是公共休闲设施不足或使用不便，加上人们大多缺乏相应的技能、信息、兴趣及伙伴等，也在一定程度上影响了人们的休闲生活。

（二）就休闲公共管理而言，机构职能相对较弱

人们的休闲活动范围很广，休闲供给的种类和模式也多种多样，与休闲相关的管理部门也众多。就我国而言，至少包括旅游部门（对应人们的消遣旅游活动），文化部门（对应与文化、演艺、网络游戏等相关的文化休闲活动和涉及文物、文化遗产等的休闲活动），体育部门（对应各种体育健身的休闲活动等），住房与城乡建设部门（管理各类公园及风景名胜区等），工业和信息化部门（对应与互联网有关的各种休闲活动等），新闻、出版、广电部门（对应与广播电视及阅读有关的休闲活动）……此外，还有许多其他综合职能部门，它们往往间接与休闲活动有关，如教育部门、农林水利部门等。早在2009年，国务院就已经将"引导休闲度假"确定为国家旅游局的职能之一。之后，国家旅游局确定具体由其中的综合协调司履行该职能。此后，国务院相关部门开展了一系列工作，但由于相关部门有的相互制约，有的需要增加工作量，有的担心既得利益受损等，从而影响积极性，导致相关工作推进速度相对缓慢，无法适应休闲需求和休闲供给的快速发展。如2007年12月7日国务院第198次常务会议通过了《职工带薪休假条例》，并宣布自2008年1月1日起施行，使职工"带薪休假"有了法律保障。然而，在实际执行过程中，职工休假权益难以保障的情况非常普遍。为此，2015年以来，中国高层多次公开强调落实带薪休假制度，但实际情况仍然不尽如人意。

（三）就休闲公共政策而言，存在交叉、分散的现象

近些年来，特别是党的十八大以来，一些政策的具体内容虽然覆盖部分休闲需求和休闲活动，但却没有一项政策清晰、直接而明确地冠以休闲之名，更少有专门针对休闲发展的政策出台。

通过归纳分析可以发现，目前我国与休闲相关的政策呈现三个特征：一是局部的，即只针对人们一部分的休闲活动（如体育休闲、旅游休闲、文化休闲）和相关供给，却没有直接针对休闲发展整体的政策和法规；二是分散的，即不同政策，彼此之间缺乏关联性、衔接性；三是间接的，即政策的着力点不直接或不主要针对休闲，更多地体现为间接性的推动。

二、推动休闲产业发展的政策建议

休闲是全面建成小康社会的重要内容，休闲生活的质量（水平）是衡量全面建成小康社会的重要指标。要加快实现全面建成小康社会的目标，就需要从思想认识、机构设置、政策措施等各个方面给予足够的重视。

（一）重视休闲的社会经济功能

人们享有休闲的范围和程度是一个国家生产力水平高低的标志之一，也是其社会文明程度的具体体现。全社会要充分重视休闲的社会经济价值，纠正对休闲的片面甚至负面的理解。政府在制定公共政策时，要改变目前将休闲混同在旅游、体育、文化等相关领域之中，或者不少地方用"社会领域"等含糊称呼的做法，而应该从国计民生的角度给休闲以应有的清晰界定和整体的考虑。

（二）明确休闲的行政管理机构，强化其职能

考虑到休闲管理的复杂性与现有行政体系的滞后性，为真正解决休闲事务管理的分散化、间接性等问题，可成立全国性的管理机构，由其统一协调、全面负责有关休闲发展的重大政策、决策和部署等，并通过工作的推进和工作绩效的提升，来激发地方政府的积极性，从而形成上下联动、横向交融的休闲发展新格局。

（三）加强相关政策的评估和对接，重视效果

纵观近年来出台的与休闲相关的一些政策，其出发点、侧重点、目标任务、主要内容和具体措施等虽然各有不同，但尚未形成配套的、渐次深入的政策体系，有的还相互矛盾或对立，从而让地方政府或企业左右为难，有的项目难以落地。可见，在

明确国家休闲发展的总体思路和顶层设计的前提下，需要对现在涉及休闲发展的政策（文件）进行梳理，强化政策之间的衔接性，对既有政策的实施效果也要进行全面评估，使其对出台新政策有借鉴意义。

（四）强化地方政府休闲管理职能，纳入规划

地方政府在休闲的公共管理，特别是供给方面扮演重要角色。要推动休闲发展，就必须充分调动各级地方政府的积极性。为此建议，将休闲发展纳入各级地方政府的经济和社会发展规划、财政预算和年度工作报告之中，以此来促使其对休闲相关产业发展、居民休闲需求的满足给予更高的重视。建议在有条件的地方将休闲发展首先纳入政府实事工程、政府部门目标管理体系和文明城市指标体系之中，以先进带后进，搭建互促共进新平台。

总之，休闲产业可促进"人"在和谐社会构建中的全面发展。其中，闲暇（休闲时间）是人类全面发展的现实前提；内容（休闲活动）是人类全面发展的实现方式；制度（休闲政策）是人类全面发展的社会保障。而休闲产业对人类全面发展作用的发挥则是通过改善人们健康状况的生活方式体现出来的，通过为人们的个性发展和身心健康提供更多的自由空间来实现的。这也正是和谐社会对人们生活品质的追求所倡导的，从而促进自我人格的和谐、人与人之间的和谐、人与自然之间的和谐以及人与社会之间的和谐。

本书作者长期从事旅游管理、旅游地理、旅游资源评价与开发、旅游规划和休闲旅游等方面的科研与教学工作，已经积累了丰富的经验，取得了丰硕的成果。近年出版了《当代非洲旅游》《南非入境旅游客源市场研究》《寻访我国的"国保"级工业文化遗产》《中国文化旅游概论》等学术专著，还撰写出版了《旅游资源评价与开发》《旅游资源学》《旅游美学》《国际旅游学》《中外民俗》《休闲农业与乡村旅游》等重点建设教材。

作者长期从事旅游教育、休闲旅游、旅游规划等工作，在实践中遇到并总结了很多现实问题、研究课题等，并提出了不少新的观点和见解，但由于作者水平有限，鲁鱼亥豕在所难免，欢迎读者批评、斧正，以便再版时有新的提高。

骆高远

2021 年 12 月 30 日

于杭州钱塘江畔浙江商业职业技术学院

第一章

绪　论

休闲是体现人类幸福水平的标杆，也是社会文明程度的重要标志。随着人类生产水平、生活水平和文明程度的不断提升，人们的休闲时间更加充足，休闲活动更加丰富，休闲消费更加旺盛，社会提供的各类休闲设施更加多样，休闲服务更加完善，人们的生活质量和幸福指数因此得以不断攀升。在我国全面建成小康社会的过程中，休闲对于促进个体身心健康、融洽家庭关系、增进社会和谐、推动社会进步、提升国民消费、丰富经济形态等都具有不可替代的重要作用。

2017年10月召开的党的十九大报告指出，我国社会的主要矛盾已经转化为人民日益增长的美好生活需要和不平衡不充分的发展之间的矛盾，充分体现了中国特色社会主义进入新时代后呈现的新特征，面临的新变化、新任务和新挑战。

2017年10月18日，习近平在党的十九大报告中指出：我们既要全面建成小康社会、实现第一个百年奋斗目标，又要乘势而上开启全面建设社会主义现代化国家新征程，向第二个百年奋斗目标进军。十九大报告指出：从现在到2020年，是全面建成小康社会的决胜期。从十九大到二十大，是"两个一百年"奋斗目标的历史交汇期。

何谓小康社会？目前有各种各样的指标体系、衡量方式和检测标准等，但无论哪种体系、方式或标准，"休闲"都是其中必不可少的组成部分。

第一节 | 休闲旅游与休闲产业的概念和特征

一、休闲旅游的概念和特征

（一）休闲旅游的概念

休闲旅游是指以旅游资源为依托，以休闲为主要目的，以旅游设施为条件，以特定的文化景观和服务项目为内容，离开定居地到异地逗留一定时间的游览、娱乐、观光、度假等活动。休闲旅游顾名思义就是在旅游的同时，还能让心灵得到放松。它与其他旅游的不同之处就在于其一"动"一"静"、一"行"一"居"、一"累"一"闲"

等。它是在旅游者拥有了较多的闲暇和可自由支配的收入、旅游地有了一定数量和层次的服务设施之后逐渐形成的，是旅游得以丰富发展的产物。

作为一种产业形态，休闲旅游已经成为第三产业中的重要增长点。我国目前有多个城市已经确定以发展休闲经济带动第三产业的发展，进而促进国民经济的全面发展的策略。如成都、杭州等著名旅游城市将未来发展定位为"休闲之都"，甚至提出"休闲也是生产力"的科学论断。

（二）休闲旅游的特征

1. 修身养性

让身心放松是休闲旅游的基本要求。休闲就是要在一种"无所事事"的境界中达到积极休息的效果。因此，人们在紧张工作之余到心仪的休闲地度假、游览、阅读等，徜徉于海滨、漫步于森林草原、置身于和煦的阳光下，使身心尽情放松。这种放松，完全有别于日常的工作节奏，它属于全身心的调整。

2. 重游率高

休闲旅游的一个显著特征，就是游客对其认同的休闲地具有持久的兴趣和稳定的忠诚度，甚至对一家自己心仪的酒店也有相当稳定的忠诚度。有的人一生中的休闲地可能只有一个或少数的几个地方，而这个地方一生中可能会去很多次，因为其对休闲目的地给他带来的熟悉感、亲切度等都会非常在意，会很关注外出休闲的感觉和其与家庭生活感觉的内在联系。因此，休闲旅游地就会拥有一批稳定的回头客，这一群体越庞大，休闲旅游目的地服务的针对性就越强，针对该群体提供服务的人性化程度就会越高。可见，休闲旅游地的开发、打造和宣传、营销等务必要考虑培育和保护游客的忠诚度，争取每一个"回头客"，努力提升游客对该休闲旅游区的印象，使其成为该休闲旅游区的终生游客。

3. 消费水平较高

从全球旅游发展规律来看，当人们在拥有满足生存需要的收入和足够的闲暇后，就会考虑旅游消费，从此观光旅游便应运而生；随着人们收入水平的不断提高、闲暇的持续增多和文化品位的提升等，休闲旅游就会在一些经济文化相对发达的地区率先兴起。这种情形说明，休闲旅游者的消费水平较高，且相对于观光旅游而言，在目的地停留的时间比较长，还会产生重复消费，是很值得开发的一个旅游市场。

4. 停留时间较长

休闲旅游与观光旅游的主要区别，第一在于休闲旅游对目的地的指向比较集中；第二体现在停留时间较长。与观光旅游所追求的"多走多看"的旅游心态不同，休闲旅游者则往往在一个地方停留比较长的时间，而且消费的目的性也相当明确。目前，我国虽然仍以观光旅游为市场主体，但不可否定的是休闲旅游的比例在不断上升，休闲旅游的市场已经形成。如以往游客到海南岛旅游，主要以观赏椰风、海韵景观为主，但现在大多游客已经逐步转变为投身并徜徉于椰风、海韵的情境之中，以获得放松身心的享受为主要目的。

5. 追求交通便捷

与观光旅游更注重旅游性价比（"最大效益原则"）不同，休闲旅游更加关心时间成本，即追求从客源地到旅游目的地交通上的便捷性和快捷性。因为休闲旅游并不主要关心旅途中的观赏效应，而更关心的是能否尽快进入休闲状态，以提高休闲度假的质量。因此，休闲旅游目的地与客源地的距离不应太遥远，至少要求交通相对便捷，一般是追求"点对点"的直接交通方式。如西班牙之所以成为欧洲首选的休闲度假目的地，除了阳光、海水和沙滩（"3S"）的出色营销以外，其优越的地理位置和便捷的交通也是重要因素。

6. 属自助、半自助式旅游

与观光旅游的组团出行不同，休闲旅游更偏好于自助或半自助式的旅游 (仅需要旅行社安排机票、酒店等的服务)。在出游人员的组成上，家庭或朋友组团出游的比例明显增高。散客与家庭式的旅游在国际上是从 20 世纪 70 年代末 80 年代初开始兴起的。21 世纪以来，特别是 2010 年之后，家庭和朋友组团参与休闲旅游的现象已经相当普遍，比例越来越高，这对现有旅游企业的经营也提出了新的挑战。

7. 层次丰富

休闲度假游客群体是在观光游客群体中逐渐分离或转变而产生的。由于游客的体验已经不仅是到野外呼吸新鲜空气，或者仅仅去泡一个温泉澡、吃一次地方美食等，而是更加追求休闲目的地的文化氛围和内涵等。休闲度假游客旅游消费的进一步成熟，就会产生更高的文化需求，因此，如果休闲度假目的地能够在文化层次上满足游客的多方需求，休闲旅游地的休闲文化就会逐步成熟，就会成为巩固休闲旅游目的地游客忠诚度的驱动力。

二、休闲产业的概念和特征

（一）休闲产业的概念

休闲产业是指以满足人们的休闲需求为目标，以旅游业、娱乐业、服务业、健身产业和文化传播产业为主体而形成的产业系统。它是与人的休闲生活、休闲行为、休闲需求（物质的与精神的）密切相关的产业领域，特别是以旅游业、娱乐业、服务业为龙头形成的经济形态和产业系统。它已经成为国家经济发展重要的支柱产业。

休闲产业一般涉及国家公园、博物馆、体育（运动项目、设施、设备、维修等）、影视、交通、旅行社、导游、纪念品、餐饮业、社区服务以及由此连带的产业群。休闲产业不仅包括物质产品的生产，而且也为人的文化精神生活的追求提供保障。

（二）休闲产业的特征

1. 涉及面广

我国第四次修订，并于 2017 年 6 月 30 日颁布、2017 年 10 月 1 日开始实施的新版《国民经济行业分类》（GB/T 4754—2017），在 97 个国民经济行业大类中，休闲产业主要涉及餐饮业、公共设施服务业、居民服务业、旅馆业、旅游业、娱乐服务业、体育、广播电视等八个大类。根据全球通用的产业结构分类，休闲产业在第三产业中可分出至少 12 个子类，且相互依存、相互交叉，涉及面远远超出国民经济的行业分类。

2. 关联度高

休闲产业内部各产业间及休闲产业与其他产业间在产品、劳务、技术、价格、就业及投资等各方面具有广泛的产业关联。如旅游业涉及"吃、住、行、游、购、娱"六大要素，涉及居民生产、生活的方方面面，对餐饮、住宿、交通、零售、文化娱乐行业具有很大的产业带动作用。

3. 属于劳动密集型、资本密集型、技术密集型和知识密集型产业

属于第三产业的休闲旅游业，由于涉及面广、产业关联度高，加上投资额大、科技含量和服务标准高等特征，属于劳动密集型、资本密集型、技术密集型和知识密集型产业。

4. 具有生产性、消费性和服务性三重特性

休闲看上去是消费性行为，因此休闲产业常被人误认为不能创造社会财富。而实际上，休闲产业主要是"生产"有消费性的产品，即其不仅具有消费性，也同时具有生产性。这种统一有时表现在过程上的统一。传统产业的生产过程和消费过程一般是

分开的，如农业、制造业等。而休闲产业往往能同时扮演生产与消费两种角色，如表演服务的提供，它在被"生产"的同时也正在被消费，即被享受，表演的同时也正在被欣赏。正是这种"自产自销"，使休闲产业可以摆脱中间流通环节的束缚，能迅速地创造社会财富。这种统一有时也表现在目的上的统一。因为生产的目的最终还是为了消费，故休闲产业的生产更应被看作具有消费性的生产性行为。有些传统产业在生产的时候没有考虑消费者的感受，因此其产品很容易被市场所淘汰。现在已有许多生产行为，甚至在第一、第二产业的行为，都已经将休闲产业的理念融入其中，充分体现了以人为本的理念，从而推动了产业升级。如现在的服装制造业早已摆脱了传统的制造观念，越来越多地加入时尚、舒适的元素来迎合消费者的需求；农业也不再只是为了生产粮食，现在有不少农村，特别是大中城市郊区的农村，已经开放了许多田园供城市居民种植、玩耍，成为一个新型的农业休闲旅游项目。

此外，休闲产业的生产性还表现在第二产业中的休闲食品加工、休闲房地产以及休闲装备制造业等；休闲产业的服务性则主要表现在生产的不可储存性、消费的不可分割性、休闲产品的供给弹性及需求弹性等。

5. 多属于终极消费品

一方面，休闲产品中服务所占的比重大，并且消费休闲化的趋势也越来越明显。其产品价值中，劳动所占的比例大，同时直接面对生活消费市场。另一方面，休闲产品被其他产业作为投入品（原料）的比例小，具有中间投入率低的特点。

6. 基本不可逆

休闲消费在人类社会发展中是不可逆的。一是表现为休闲消费水平的高层次性和多层次性；二是表现为休闲消费遭受时间的硬约束；三是表现为休闲消费具有习惯性和不可逆性；四是表现为休闲消费活动具有丰富的知识和精神内涵；五是表现为休闲消费极具个性化和体验性。

7. 具有依赖性和隐蔽性

休闲产业需要以一定的休闲资源为依托，因而在休闲资源贫乏的地区发展休闲产业就显得有些力不从心。同时，休闲产业还有赖于国民经济实力。因为休闲是需要经济作基础的。故区域经济的发展水平决定了休闲者的数量、消费水平和消费频率等。此外，由于休闲产业的关联性非常强，需要相关行业和部门的通力合作与协调发展，其产业链条上任何一个环节出现脱节都会使休闲产业的发展受到限制。

休闲产业的隐蔽性主要是针对休闲产业对经济总量的贡献而言的。休闲产业对经济增长的作用客观存在，并且逐渐增强。但是，除了一些易于统计的项目在国民经济核算中得到反映外，很多项目无法与其他部分区别开来，更无法清晰表达，其最终的统计数据中究竟有多少份额直接或间接得益于休闲，很难分得清。

8.阶层性、时代性和时段性明显

休闲产业从发端到发展，其间留下了不同的时代烙印。无论是国际还是国内，在形成初期，休闲只是特权阶层的专利，休闲经济仅仅由特权阶层的炫耀性休闲消费构成，休闲业无法达到真正的产业化，与真正意义上的休闲有很大差别。到了大众化休闲经济时代，休闲经济是全民参与的经济形态，而且其参与方式错综复杂、变化万千，不同的阶段流行不同的方式，具有强烈的时代气息，并赋予休闲产业以新的命题。此外，休闲产业的时段性还体现为经营状况在不同时间段的冷热不均，带有周期性的循环，如通常节假日比较火爆，而工作日则相对冷清。

第二节 | 休闲旅游与休闲产业研究的内容和意义

一、休闲旅游研究的内容和意义

（一）休闲旅游研究的内容

1.休闲旅游资源

休闲旅游资源是指在现实条件下能吸引人们产生休闲旅游动机并进行休闲旅游活动的一切因素的总和。它既可以是自然的，也可以是人文的，但都可以为休闲旅游业开发利用，并可产生经济效益、社会效益和环境效益的。根据《旅游资源分类、调查与评价》（GB/T 18972—2017）国家标准，休闲旅游资源可分为8个主类、23个亚类和110个基本类型。

2.休闲旅游环境

环境建设是一切事业发展的基础。环境建设关系到当前与长远、国计与民生、和谐与稳定。休闲旅游环境取决于以下三个因素。

（1）休闲旅游主体，即游客。而游客能否参与休闲旅游，又取决于三个要素。一是闲钱。即个人除了保障必需的衣食住行的生活品之外，还得有一笔闲钱。这是经济基础。二是闲暇。钱包鼓鼓，身家亿万，只因位高权重，需日理万机，睁眼就有一堆事务候着，也就谈不上休闲了。三是闲情。即闲情逸致，说白了就是会生活、懂情调、有趣味。

总之，闲钱是基础，闲暇是条件，闲情是动力。当大多数人有了休闲的要求和可能，就表明整个社会的经济得到了发展，人文环境得到了改善，从而可为休闲旅游提供充足的客源。

（2）休闲旅游客体，即旅游对象。它是休闲旅游的吸引因素，是被加工的原料，是休闲旅游业的基础。

（3）旅游媒介，即旅游业。它是加工、生产、组织和销售者，也是主体和客体发生关系的媒介。

3. 休闲旅游现状

目前我国休闲产业呈现如下一些特征。

（1）发展势头迅猛。早在 2000 年 7 月，世界旅游组织就已经预测，到 2020 年中国将成为全球旅游第一大国。但实际上，中国已经提早 5 年，即 2015 年就成了全球旅游第一大国。目前，中国人通过消费享受休闲的时代正在并已经到来，同时也已经成为一种趋势。尽管中国还属于发展中国家，在旅游消费构成上，休闲占整个旅游的比重仅为 20%~30%，还远低于旅游发达国家 50% 左右的比重，尚未进入真正的全民"休闲时代"，但休闲经济已具备了相当规模，且呈现出蓬勃发展的势头。尤其是在建设资源节约型、环境友好型和谐社会背景下，休闲旅游发展会呈现更快的趋势。

（2）面临瓶颈制约。不可否认，我国的休闲旅游市场还存在着很多制约因素。如全国集中、统一的节假日制度（"五一"、"十一"和春节等），对旅游能级的提升形成了严重的阻碍。由于旅游产品生产与消费的同步性，加上旅游产品的不可储存性等特征，决定了缓解旅游供给与旅游需求矛盾冲突的空间相当有限。虽然旅游消费需求具有很大的弹性和多变性，但节假日过度集中，势必导致旅游消费需求在同一时段集中爆发，导致旅游客流过分集中，交通运输、旅游接待设施、旅游景区景点承载过量，服务质量下降，游客满意度也随之降低。旅游消费需求的转移，会进一步削弱旅游消费能级的提升。因此，目前的休假制度只适应浅层次的观光旅游，却制约和阻碍了高端旅游（如休闲度假旅游等）的进一步发展。

此外，经济发展总体水平和文化认同也是制约我国休闲旅游发展的另一因素。目前的大众旅游市场的消费指向基本还是"多景点＋低团费"模式的产品，这是因为一方面我国多数居民尚处于小康到富裕的过渡阶段，另一方面对"无所事事"境界的休闲度假方式还没有接受，更没有完全认同。

（3）**市场尚需培育**。休闲旅游市场还需要多方共同培育。从宏观层面而言，要促进休闲产业的发展，就要在全社会倡导选择健康、积极的休闲消费和生活方式，制定适合休闲产业发展的产业政策和制度法规。从游客受教育程度讲，休闲方式的选择与受教育程度也密切相关。因此，通过提高全民受教育水平来倡导健康的休闲文化和休闲消费，同样是促进休闲产业发展的重要途径。当然，企业的积极参与更是休闲产业发展的最大动力。

4. 休闲旅游市场

改革开放40多年来，我国的旅游业发展迅猛，而休闲旅游却是在21世纪才刚刚起步的，并很快呈现出强劲的发展势头。这一方面得益于我国人口众多，经济发展快速稳健；另一方面也仰仗于我国疆域辽阔，风景秀丽，旅游资源丰富多彩。其中也呈现出以下四个特征。

（1）**多样性**。主要表现在休闲旅游产品的种类、购买形式和交换关系等方面。

（2）**季节性**。主要取决于季节交替、闲暇的不均衡性及气候条件和自然环境等的变化。

（3）**波动性**。主要受旅游需求因素的不确定性影响，如旅游动机、闲暇、交通条件及旅游吸引力等。

（4）**全球性**。受全球经济发展的共同影响和消费水平、鉴赏水平的整体提高，人类对休闲旅游有了整体的需求。

5. 休闲旅游规划

旅游规划是旅游业发展的纲领和蓝图，是促进旅游业健康发展的重要前提。休闲旅游规划与普通的区域旅游规划内容基本相似，大致包括以下一些内容。

（1）**背景分析**。主要包括规划区及周边自然环境、文化环境和社会经济环境对休闲旅游发展的影响以及社会经济因素的作用。

（2）**客源市场**。重点分析该区域旅游客源市场对休闲旅游需求的数量、质量和类型。

（3）**资源评估**。统计分析规划区内旅游资源的数量和等级等，策划旅游资源开发，使旅游资源转化为旅游吸引物，以便安排旅游活动。

（4）**要素规划**。规划旅游交通、住宿、餐饮、游览、娱乐、商业以及旅游环境保护等设施的建设和服务的安排。

（5）前景展望。着重研究休闲旅游项目提升策划与形象设计等。

6. 休闲旅游产业

休闲旅游产业是近代工业文明的产物，也是现代文明的产物。它发端于欧美，19世纪中叶初露端倪。进入20世纪后随着科技的快速发展，与休闲相关的产业便应运而生。20世纪70年代后休闲旅游产业在欧美发达国家进入快速发展时期。在我国，休闲旅游则是进入21世纪以后的事了。

休闲旅游产业是指与人的休闲生活、休闲行为、休闲需求（物质的与精神的）密切相关的产业领域，特别是以旅游业、娱乐业、服务业为龙头形成的经济形态和产业系统，并逐渐从先导产业、主导产业发展到支柱产业。休闲旅游产业一般涉及国家公园、博物馆、体育（运动项目、设施、设备、维修等）、影视、交通、旅行社、导游、纪念品、餐饮业、社区服务以及由此派生的产业链（群）。休闲旅游产业不仅包括物质产品的生产，而且也为人们的文化精神生活的追求提供保障。

（二）休闲旅游研究的意义

2013年2月2日，《国民旅游休闲纲要（2013—2020年）》（以下简称《纲要》）由国务院办公厅颁布实施，以此为扩大旅游消费的新契机，并进一步推动带薪休假制度的落实，推动有条件的地方制定鼓励居民旅游休闲消费的政策措施，进而提升旅游消费水平。

《纲要》提出了国民旅游休闲发展目标：到2020年，职工带薪休假制度基本得到落实，城乡居民旅游休闲消费水平大幅增长，国民休闲质量显著提高，与小康社会相适应的现代国民旅游休闲体系基本形成。《纲要》重点体现了提倡绿色旅游休闲理念、保障国民旅游休闲时间、鼓励国民旅游休闲消费、丰富国民旅游休闲产品、提升国民旅游休闲品质等五大亮点。

时任国家旅游局局长邵琪伟表示：2013年全国各级政府要把贯彻落实《纲要》作为扩大旅游消费的重要工作抓手，抓住契机推动带薪休假制度落实；推动有条件的地方率先制定鼓励居民旅游休闲消费的政策措施；积极推进和引导旅游休闲基础设施建设等。

相关专家表示，《纲要》最重要的看点就是推动带薪休假制度的落实，增加民众可自主支配的假期。这就意味着公众每年可能会增加1~2个类似于黄金周的度假时段。根据以往数据，每个黄金周能带来至少1亿人次的出游消费，实现旅游收入500亿元以上。以此类推，落实带薪休假制度所带动的消费量可见一斑。

《纲要》还明确，发展改革和旅游部门负责实施本纲要的组织协调和督促检查。之后，相关部门还将共同牵头，会同相关部门重点开展以下几方面工作。

1. 加强《纲要》宣传

广泛宣传推行《纲要》对于经济社会发展的重要意义及相关政策措施，使健康、文明、环保的旅游休闲理念和保障广大人民群众休闲权利的观念深入人心，动员全社会进一步关心、支持旅游休闲发展，为建立具有中国特色的国民旅游休闲体系创造良好的社会环境和舆论环境。鼓励国民积极参与《纲要》实施。

2. 落实责任分工

结合各部门职能，研究提出落实《纲要》的分工方案，把每一项工作和具体措施落实到具体的行业部门，充分调动各部门的积极性，认真履行工作职责。同时，还要积极发挥工会、共青团、妇联等人民团体以及相关行业协会的作用，共同推动国民旅游休闲发展。

3. 加强监督检查

定期开展对《纲要》分工执行情况的监督检查，敦促落实各项配套政策措施，尤其是针对社会特别关切的热点问题，加强监督，为大众旅游休闲活动创造更好的条件。

休闲作为人的一种存在方式，是人挖掘自身潜能、充分实现自身价值的一种状态和境界，是人性获得全面自由发展的过程和趋势。我国休闲专家、中国休闲文化研究中心主任马惠娣在谈到休闲时说：人与自然接触，铸造人的坚韧、豁达、开朗、坦荡、虚怀若谷的品格，人与人的交往变得真诚、友善、和谐与美好，休闲还会促进人的理性的进步。这说明休闲是一种人性境界、一种精神状态、一种"成为人"的过程，是人的内在生命的和谐、身心的和谐、与大自然的和谐。休闲是随着社会经济的发展，文明的不断积累，从而形成的人类共识的主流文化价值意识并受其支持的一种相对于劳作的社会现象，是人类社会权益系统的重要组成部分。在追求境界的同时，休闲越来越成为人的日常生活的组成部分，境遇成分也被逐步地认识。在这种境界——境遇维度的双向延伸上，休闲认识中的"人本"文化价值成为生命力的动源所在。

总之，休闲旅游作为今后旅游业的一个发展方向，具有其深刻的价值和意义，它使旅游者感悟到另一种人生情感体验，完成了人的精神和道德境界的提升，是人性系统的自我实现和充分展示的过程。当然，在提高休闲旅游价值和意义的实践中，如何提升休闲旅游的文化价值与人文关怀度，是一个复杂的动态过程，可从协调发展、统筹规划、文脉继承、中西文化结合等多个维度以及代际公平、公众参与、休闲审美与功能、休闲空间与环境设计、市场作用与政府干预等多元整合出发，力争使休闲旅游成为人们生活的重要组成部分，并成为人文关怀的重要体现。

二、休闲产业研究的内容和意义

（一）休闲产业研究的内容

休闲产业是指与人的休闲生活、休闲行为、休闲需求（物质的与精神的）密切相关的产业领域，特别是以旅游业、娱乐业、服务业为龙头形成的经济形态和产业系统。一般涉及国家公园、娱乐度假、旅游景区、运动健身（包括运动项目、设施、设备、维修等）、会展博览、宾馆饭店、文化传播、交通旅行、餐饮服务、社区服务和博物馆、体育馆、文化馆、影剧院以及由此连带的产业群。休闲产业已成为国家经济发展的重要的支柱产业。休闲产业不仅包括物质产品的生产，而且也为人们对文化精神生活的追求提供保障。

休闲产业是近代工业文明的产物，或者更确切地说，它是现代社会的产物。它发端于欧美，19 世纪中叶初露端倪。进入 20 世纪后，随着科学技术的快速发展，与休闲相关的产业便逐渐应运而生，20 世纪 70 年代在发达国家进入快速发展时期。到了 21 世纪，休闲产业的地位还在不断加强，其对经济拉动、扩大内需和促进国际经济和文化交流的作用变得越来越明显，甚至在发展中国家，人们的休闲观念也在发生根本性的变化。休闲正成为全球最大的支柱产业，其从业人员也将占整个劳动力的绝大多数。

（二）休闲产业研究的意义

1. 休闲产业对经济发展的驱动作用

在西方发达国家，休闲产业是国民经济收入的重要来源，是政府部门制定相关政策必须考虑的重要因素。休闲产业对国民经济的驱动作用是通过需求和供给来发挥的，它主要表现为通过拉动市场需求、激发人们的消费欲望来实现其作用。休闲产业与国民经济各个行业的关联性很强，它带动了旅游活动、娱乐设施、交通通信、餐饮服务、商业行为、体育健身、政策咨询、文化教育、社区服务和金融保险等众多行业，已经并将继续成为我国区域经济乃至整个国民经济发展的强有力的助推器。人们对幸福生活的强烈欲望，导致购买面积更大、品质更高、位置更好的住房，从而带动了房地产特别是休闲地产的迅猛发展，而房地产的发展又会产生连锁的产业发展诱导或迁移作用，从而刺激建材、装潢等配套市场的发展，促使家用电器的升级换代，乃至加快轿车进入家庭的步伐。此外，休闲产业还具有投资少、见效快、利润高等特点。由于休闲过程与休闲消费同步，休闲产业能比较快地把新产生的商业机会、工作机会、外汇收入和额外购买力融入经济体系之中，从而会快速地提高自身的发展能力，其增长速度大多会远远超过其他产业。如世界旅游业的平均增速往往高于世界经济增幅的大约一倍。不仅如此，休闲产业在增加外汇收入和国内收入方面也独具优势，对国际收支的平衡起着举足轻重的作用。

2. 休闲产业对经济结构的优化作用

当前，中国产业结构不合理的一个突出问题是服务业市场总量不足，在国民经济各产业中所占比重偏低。服务业的兴旺发达是现代社会经济的一个重要标志，也是国民休闲生活质量提高的重要标志。大力发展服务业特别是休闲产业，是我国产业结构优化升级的一项重要内容。休闲产业作为新兴的服务产业部门，几乎覆盖着从传统服务业到现代服务业的所有行业和门类，是一个综合性很强的产业。休闲产业不仅直接对第三产业中的金融业、保险业、地产业、服务业和通信业等产生极大的促进作用，而且作为先导产业，它还能间接地影响第一、第二产业的发展和进步，带动整个产业结构的调整，进而促进产业结构的优化。加快发展休闲产业，不仅可以提高我国服务业在国民经济中的比重，而且可以进一步加快提升传统服务业的层次，使其向现代产业的标准化、规范化方向发展，特别是通过大力发展休闲产业，可以刺激金融、信息等现代服务业加快创新步伐，拓宽服务的领域和范围。

3. 休闲产业对市场经济的调节作用

在中国经济及改革逐步走向深水区的过程中，常常会出现不平衡的波动现象，甚至出现一些瓶颈效应，从而制约了部分产业的发展。而休闲产业的发展却可以起到某种调节并有利于市场平衡的作用。特别是在目前世界经济的大环境中，休闲产业的重要性显得更加突出。从当前国内的市场需求来看，虽然日常消费总体增幅不大，但人们用于旅游、娱乐、文化等休闲性消费的支出却保持强盛的增长势头。可见，努力扩大国内有效需求，是促进我国经济增长和健康发展的一个战略性任务，从而提高我国经济运行的质量。这就要求休闲产业有更大更快的发展，以确保国民经济平稳运行。

休闲产业的发展也有助于缩小地区之间经济发展的差距。如通过旅游活动而出现的人流、物流、信息流及资金流等，可使地区之间的经济发展趋于一种动态平衡，从而有利于缩小地区之间经济发展的差距。正因为休闲产业具有上述的优势，所以它正逐步成为国民经济的支柱产业和先导产业并获得快速发展，且迅速超过石油业、房地产业和汽车业等传统产业的发展速度，跃居世界第一大产业，成为许多国家和地区新的经济增长点。

此外，休闲产业还可以提高劳动者的素质和工作效率。在闲情逸致、享受人生的同时，休闲往往有助于培养道德情操、增长知识、促进身心健康。这对于提高劳动者素质、提高工作质量和效率都非常有利。有关研究还表明，在每周的 5 个工作日中，星期二、星期三的工作成效最高，这也说明休闲通过人的因素带来了生产和工作效益的提升。如果经常参加休闲活动、锻炼身体等，不仅可以防病健体、提高工作效率，而且会对经济发展产生积极的影响。如全民健身运动的开发和普及，可拉动体育消费市场，从而带动体育产业的发展等。

4. 休闲产业对社会就业的促进作用

多数的休闲产业属于资源占用少、投资见效快、劳动力吸收多的产业。可见，休闲产业属劳动密集型产业，就业门槛相对较低，人力资源结构可向初级技能劳动者倾斜，且就业培训的成本也不高，即休闲产业就业带动性强，可容纳的劳动力多，与其他行业相比，它更有利于解决就业问题，在提供劳动就业机会方面具有优势。在休闲产业中就业的人数占整个社会就业人数的比重相当大。它的发展不仅有利于解决就业问题，改善服务质量，而且还能增强人们的休闲欲望，促进社会经济的良性循环。随着休闲产业不断向广度和深度发展，其将招募更多的从业者，增加新的工作和专业种类。早在 1992 年，美国休闲科学研究院的格兰代尔 (Grandall) 就已经指出，1990 年美国休闲产业的直接就业人员占到全部就业机会的 1/4，间接就业甚至占到了 1/2。

据美国权威专家的预测，未来休闲的中心地位将进一步巩固，休闲产业的从业人员将占全社会劳动力的 80%~85%，休闲服务将从标准化和集中化转向个性化，人们对休闲与健康之间的关系将更加重视，应运而生的休闲教育也将占据教育的较大份额。所有这些，都将为休闲产业的发展开辟更加广阔的空间。

第三节 休闲旅游与休闲产业发展的历史和现状

一、休闲旅游发展的历史和现状

（一）休闲旅游发展的历史

近几十年来，休闲成为世界范围内的热门话题，休闲旅游也已成为旅游业发展的新趋势。而中国的休闲产业起步较晚，主要是进入 21 世纪以后，随着经济的快速发展，我国居民的休闲时间在逐渐增加，尤其是自 1995 年国家推行每周 5 天工作制，1999年又实施 3 个长假日（"五一"、"十一"和春节），在不到 20 年的时间内，我国实现了西方国家花了 100 多年时间才拥有的休假权利。现在，我国的工薪阶层每年享有的法定休假日就有 115 天，占一年 365 天的 31.5%；国家公务员以及外资企业管理人员每年还享有约 10 天的带薪休假，全年休假时间共约 125 天；学校教师和学生有寒、暑假，实际享有的休假时间在 180 天以上；农民和离退休人员则相对拥有更多的闲暇。中国人将钱花费到休闲旅游上正在成为一种时尚。这也表明我国已融入整个国际休闲社会的背景之中，休闲旅游已逐渐成为我国旅游消费的主流和旅游发展的重要方向。目前，我国休闲经济已具备了相当规模，得到了空前的发展。然而，随着时代的发展，传统的旅游功能已不能适应消费者日益广泛的休闲需求，休闲旅游的内涵应该是多样的，休闲时间仅限于几个节假日也是不够的。这种现象也说明我国离真正的"休闲时代"还有相当的距离。

改革开放 40 多年来，我国的旅游业发展迅速，但休闲旅游主要是进入 21 世纪以后才逐渐起步，并呈现出强劲的发展势头。它是社会进步和旅游得以丰富发展的必然产物。

随着经济快速和稳步的发展，人们收入的提高及带薪假日的延长，越来越多的游客已不满足于在各个旅游点之间长途跋涉、疲于奔命的旅游方式，旅游目的也从传统的开阔眼界、增长见识，向通过旅游使身心得到休息放松、陶冶生活情趣等方面转变。在轻松、愉快、舒适的旅游中开阔视野，增长知识，了解世界，创造生活，是现代旅游的新价值取向。因此，以休闲为主要目的的休闲旅游成为旅游业中的热点和支柱。有资料显示，在欧洲和北美等发达国家和地区，旅游客源输出的 70% 以上是度假休闲。

另据美国专家预测，到 2030 年，旅游业将成为全世界 80% 以上人员的生活必需，而休闲旅游在其中的份额会不断提高，更具有广阔的国际市场。

为适应国际旅游业的发展趋势，也为了满足国内旅游发展的新需求，拓展旅游市场，促进我国旅游产品由传统的观光型向观光度假休闲结合型转变，1992 年国务院批准试办了大连金石滩度假区、苏州太湖度假区、昆明滇池度假区等 12 个国家级旅游度假区。同时，国家旅游局举办了"中国山水风光游""中国文物古迹游""中国民俗风情游"等活动，之后又连续推出了"中国度假休闲游""中国旅游年""华夏城乡游"等以"度假休闲"为主题的旅游举措，标志着我国旅游业迈上了一个新台阶，也预示着我国的休闲旅游真正开始起步，并与世界旅游趋势接轨。

（二）我国休闲旅游发展的现状

当前，我国的休闲旅游呈现国际化、家庭化、大众化、多元化、郊区化和高品位化等发展态势。以娱乐、度假、休闲为主要目的的休闲旅游在我国虽然起步较晚，但是发展很快，呈现出一定的规律和发展态势。

1. 休闲旅游日趋国际化

2017 年，我国出境旅游规模已达 1.29 亿人次，比五年前的 2012 年增长了 4580 多万人次，按可比口径年均增长 9.17%，已连续多年保持为世界第一大出境旅游客源国和全球第四大入境旅游接待国。为此，我国的休闲要素正日趋国际化。国际化元素的引入和中国休闲者走向世界，是当前我国休闲旅游国际化的两大发展趋势。

（1）旅游方面。我国的海南航空、中国人寿、锦江旅游、安邦保险、开元酒店集团等企业近年来重点发展全球性旅游集团，展开并购，加速向海外布局。

（2）文化方面。2017 年电影票房的前十名依次为《战狼 2》《速度与激情 8》《羞羞的铁拳》《功夫瑜伽》《西游伏妖篇》《变形金刚 5：最后的骑士》《摔跤吧！爸爸》《芳华》《加勒比海盗 5：死无对证》《金刚：骷髅岛》。其中有 5 部为引进大片，但是中国电影产业的链条也正在向国际延伸。如我国的大型企业——万达集团连续收购了美国第二大影视公司 AMC、澳大利亚第二大院线 Hoyts、美国传奇影业公司、好莱坞电影娱乐整合营销公司 Propaganda GEM 等，形成了国际化发展之势。

（3）体育方面。奥运会、世界杯、各类锦标赛、世界四大网球公开赛、NBA 等早已拥有大批的中国粉丝。2016 年，我国企业在海外赛事版权的总投资已经超过了 7.5 亿美元，折合人民币超过 53.5 亿元，如阿里体育、腾讯体育、万达体育、苏宁体育及暴风体育等。我国的休闲要素日趋国际化，令我国的休闲者快速步入地球村，也使得我国的休闲正进入地球村时代。

2. 家庭旅游成为当今休闲旅游的主要形式

当今旅游发展的一个重要趋势就是家庭化。家庭群体是一个最基本、最重要的所属群体，它对人们的旅游消费行为直接产生影响。

随着人们经济收入的逐步提高和物质文化生活的不断丰富，人们已越来越不满足于方寸之地的家庭单一生活，尤其是随着独生子女的增多，家长对子女的关爱超过以往任何时期，家长希望让孩子见多识广，或借休闲旅游放松一下紧张的学习生活，因而近年来以儿童为对象的夏令营、以家庭为基本单元的旅游活动异常火爆。由于度假、休闲旅游主要是在某地逗留一定时间，享受身心的娱乐和休憩，它不需要做太多的长途跋涉，其辛苦程度也低于观光旅游，从而为家庭旅游提供了极大方便，受到家庭的青睐。

3. 休闲旅游客源市场呈现大众化和多元化趋势

在相当长的时期内，人们对休闲旅游一直存在误解，认为它只是有钱人的奢侈享受。在人们的收入还普遍不太高、社会服务体系尚不健全、国民整体文化素质亟待提高的时期，这样的认知是可以理解的。实际上，人们的休闲方式多种多样，以旅游的方式来达到休闲的目的，无疑是一种时尚。因此，当人们拥有了较多的闲暇和可自由支配的收入后，就会逐渐认同，并越来越多地参与其中，休闲旅游不再是少数人的消费行为，它正日益成为大众的消费形式。当前，随着双休日制度的推行、人民群众生活水平的日益提高及带薪假期的增多，加上离退休人群的不断扩大，休闲旅游已被我国中等收入阶层和大部分工薪阶层所接受，其客源市场呈现出大众化和多元化的趋势。

4. 休闲旅游多选择风景优美的城市郊区和经济发达的周边城市

根据国外的经验，一般度假休闲的主要客源群是游客乘飞机两小时左右可到达的地域。但根据我国的国情，目前乘飞机休闲旅游的相对还是少数，同时，休闲旅游的目的主要是度假、修身养性。由于受假期、消费价格等因素的制约，游客一方面不可能像观光旅游那样走马观花，重复"白天看庙，晚上睡觉"的模式，另一方面也不太可能花太多时间在路途中，因此，休闲旅游者往往把眼光投向了那些自然景观优美、服务设施齐全的城市近郊，或经济比较发达、文化生活比较丰富的周边城市。对于众多以度周末或节假日为主的休闲旅游者来说，一般多选择乘火车或汽车2~3小时能到达的地方。

5. 休闲旅游具有明显的季节性和时间性

任何旅游都具有季节性特点，休闲旅游表现得尤为突出。休闲旅游以家庭、商务人员为主要对象，旅游时间的选择，多在双休日、节假日，因此，对国内旅游者来说，春节前后、元旦前后、五一节前后、国庆前后及我国几个传统节日（休假 1 天）前后往往是休闲旅游的高峰；对学校师生而言，寒暑假就成了师生休闲旅游的主要选择。从旅游地的选择来说，对国外旅游者和国内比较富裕的旅游者来说，往往多选择海滨、湖滨、高山疗养和高山滑雪为休闲地点和方式，这些均与季节有密切的关系，即夏季以避暑为主，冬季则以避寒为主。

6. 休闲旅游者对旅游产品和环境质量的选择更为严格

回归自然、亲近自然、返璞归真，是人类天性使然，也是现代文明社会中人们的一种迫切要求。尤其是在市场竞争日益激烈、工作与生活节奏都越来越快的今天，人们希望能通过休闲旅游从工作的劳累与紧张中解脱出来，放松精神、陶冶情趣、锻炼身体、调节生活。因此，游客大多希望到气候宜人、环境幽静、风景优美、空气清新、没有污染的地方去消磨自己的闲暇时光，希望旅游地能提供多样化与大众化的娱乐、休闲和保健设施。显然，这种对旅游产品和环境质量的选择，其侧重点与其他旅游是有区别的，其要求更为严苛。

二、休闲产业发展的历史和现状

（一）休闲产业发展的历史

自 18 世纪的杂志、咖啡馆和音乐厅，延续至 19 世纪的职业体育和假日旅游，现代人的休闲观几乎是和各类休闲产业同时产生的。很难准确地计算或统计出人们在休闲上究竟花了多少钱。

据统计资料，以美国 1990 年为例，全美国消费者在娱乐性商品和服务方面总共花掉了 2800 亿美元，占全部消费开支的 7%。尽管 2800 亿美元已经是很可观的一笔钱了，但这只是全部休闲消费中的一小部分。实际上大部分的休闲支出被归到了其他类别之中。如用于交通运输方面的 4580 亿美元中，就有超过 1/3 花在了休闲旅游上。在机动车运行里程数上，也有约 1/3 的行程是休闲的产物。在飞机上，大约有 2/3 的乘客是在作休闲旅行，而非业务旅行。如果使用这样的计算方式，那么用在住房、服装、餐饮和教育方面的消费开支中，也有相当可观的一部分可以划入休闲支出之中。

如果把上述开支加起来，用于休闲的花销会轻松地超过 10000 亿美元，大约占全部消费支出的 1/3。在这种靠消费驱动的经济模式中，休闲在 20 世纪 90 年代初就已经成为美国第一位的经济活动。

旅行和旅游业是一项同休闲活动密切联系的产业，它在 1992 年就已经成为世界最大的产业。在世界范围内，它每年创造 30000 亿美元的产值，其中在美国的税收就超过 6000 亿美元。如果把休闲产业定义为包括其相关的物质产品和服务的所有业务的集成，那么全美国的前三项最大的产业就是旅游业，每年开支 6210 亿美元；卫生保健业，每年 6040 亿美元；教育业，每年 3310 亿美元。如果把业务旅行从旅游业总开销中分离出去，再加上在家庭和当地社区的休闲消费部分，同样可以得到近 10000 亿美元的休闲消费总量。

有美国学者认为，很难对休闲产业的范围有一个全面的统计，几乎所有的产业，包括国防，都有一些与休闲相关的工作。据统计，美国的旅行和旅游业雇用的职员有 900 万之多。在全联邦、各州、各县和当地的娱乐场所、公园以及其他休闲机构，大约有 25 万个公共服务类的工作职位。还有近 200 万作家、艺术家、演艺界人士和职业运动员。对全部休闲工作的最简单的估计办法是将用于休闲方面的消费折合成工作职位，并进行统计。如果每 40000 美元的消费开支能创造一个工作职位的话（相当于全职工作职位），10000 亿美元的休闲消费就相当于 2500 万个工作职位。

在欧美国家，休闲产业十分发达，有关数据表明，美国的休闲产业已处于国民生产总值第一的位置，其就业人口占全部劳动力的 1/4。

进入 21 世纪以来，发达国家的休闲产业进入高速发展的新时期，随着工作时间的减少，共享工作应运而生，如在美国、法国、德国等正普遍实现更短时间的各种工作制。政府认为，缩短工作时间，可以减少失业，政府以较少的财政支出争取公众和个人的更大支持，从而可使休闲产业得以更快发展。

种种迹象表明，为休闲而进行的各类生产活动和服务活动正在日益成为经济繁荣的重要因素，特别在大中城市，各类休闲活动已成为经济活动得以运行的基本条件。尽管从历史的角度看，城市的产生和发展主要依赖于制造加工业的繁荣。然而，如今城市的经济模式已经开始转向并依赖于休闲活动的兴旺发达了，因而城市经济的良性循环在很大程度上也越来越依赖于休闲要求的实现，从而使得这种休闲产业的发展随处可见。如在城市中，河、湖、港口附近区域的商业开发、娱乐设施、餐饮服务、体育竞技，还有旅游观光、名胜古迹的开发利用，以及节假日和各类庆典场合的商业营销，各类非职业技能培训式的成人教育、众多高雅艺术的蓬勃发展，所有这一切无不反映出经济模式在向休闲转变。甚至标志生活质量的各项指标，其大部分内容都同休闲有关（如公园绿地、艺术场馆、社区宁静程度、自然环境状况等）。一个地区如果拥有并建设这些条件，对于今后的经济繁荣起着关键性的作用。基于这样的认识，许多地方都把娱乐设施、商业网点、鲜花草坪和休闲服务看作是经济投资的一部分。

人类对"进步"本身的看法正在发生根本性的变化。传统意义上的"进步"往往意味着物质生活水平的不断提高，时至今日，物质财富的极大满足，促使人们渴望追求充实的精神生活。"进步"将越来越意味着不断地提高生命质量，讲究生活品质，而且希望以一种更为健康的方式生存下去。千百年来，人类一直在致力于改造世界，而在新的世纪中，人类将会更多地致力于去改造自身。

据美国宾夕法尼亚州立大学著名的休闲研究教授杰弗瑞·戈比的预测，在未来的日子里，休闲的中心地位将会不断加强，人们的休闲理念将会发生根本的变化。到2030年以后，在经济产业结构中休闲产业的从业人员将占整个社会劳动力的80%~85%，休闲服务将从标准化和集中化转向个性化服务。届时，人们对休闲与健康之间的关系会更加重视，应运而生的休闲教育将占教育事业的极大份额，从而可为休闲产业开辟更加广阔的发展空间。

（二）休闲产业发展的现状

1. 休闲进入产业红利期

持续高涨的需求和一系列政策的出台，预示着中国休闲已经进入产业红利期，其重要的标志是一批独角兽休闲企业的崛起。独角兽企业通常指估值达到10亿美元及以上的私营企业。据CB Insights统计，截至2020年6月底，全球共有494家"独角兽企业"分布在24个国家的118个城市，总估值12万亿元人民币，平均估值239亿元人民币，其中超过80%来自中国和美国（美国228家，中国122家）。我国的"独角兽企业"包括滴滴出行、大众点评网、神州专车和途家等与休闲产业密切相关的企业。独角兽休闲企业对休闲产业的影响是颠覆性的，如途家通过自身体系建设，不仅收购了蚂蚁短租，还收购了携程和去哪儿网公寓民宿频道的整体业务及团队。独角兽企业全年交易额占整体市场的份额正变得越来越大。

2. 科技成为休闲相关产业发展的新引擎

在科技层面，新一轮全球科技革命和产业革命正蓄势待发。信息技术、移动互联网、云计算、大数据、物联网、生物技术、新能源、新材料、3D 打印、节能环保、生物识别、可穿戴智能产品等新技术的突破和应用发展，为休闲带来了新的创新空间。从 2016 年开始，科技与休闲产业启动新的融合，"互联网＋休闲"成为产业升级主流。旅游方面，国内在线旅游网站结束了几百家大混战的局面，最终形成携程、阿里巴巴、新美大三足鼎立的局面。2019 年，中国在线旅游行业用户规模已经达到 4.13 亿人次，在线旅游交易市场规模突破了 10000 亿元。可以说，旅游业的互联网之芯已经被植入。此外，VR、AR、机器人、人工智能等科技圈内的概念均已被迅速引入旅游体验之中，并快速产业化。然而，2020 年开始突如其来的新冠肺炎疫情，却在很大程度上影响了旅游业的健康快速发展，2020 年我国在线旅游用户规模虽然继续保持增长，达 4.32 亿人次，但其在线旅游交易规模却跌破了 8000 亿元。当然，疫情总会过去，科技支撑旅游产业发展的趋势终将继续。

3. 业态发展更具复合型特征

业态的复合型发展最终会将旅游、文化、体育、健康、养老五大幸福产业融合在一起，逐步形成幸福混业态。在业态融合中，有"旅游＋文化"形成的文化旅游、"旅游＋体育"形成的体育旅游、"旅游＋健康"形成的健康旅游、"旅游＋养老"形成的养老旅游、"文化＋体育"形成的文化体育、"体育＋健康"形成的康体活动、"体育＋养老"形成的老年体育等。在两两组合之外，这五大幸福产业还将以幸福为主题，以需求为引领，更深入地融合。复合型将成为休闲发展的主要形态，并最终主导我们的休闲生活。

第二章

休闲旅游与旅游休闲

<big>第一节 | 休闲旅游</big>

一、休闲旅游发展

作为一种产业形态，休闲业已经成为第三产业的重要增长点。随着人们出游频率的增加和出游经验的积累以及信息化的普及，自驾游、自助游、房车游等各种新兴的、休闲性质的出游方式层出不穷。此外，邮轮旅游、城市休闲综合体、乡村旅游综合体等新兴旅游产业模式和形态也已大量涌现，更为旅游业注入新的活力。即使是乡村旅游等传统旅游形式，也呈现出多种业态、多元发展的新格局。

旅游作为城乡居民重要的休闲方式，正在对消费市场和经济社会发展产生越来越重要的影响。可以明确的是，随着人们生活水平的不断提高和旅行经验的越来越丰富，人们将更加追求自主性、个性化的旅游体验。由此可见这一市场的巨大潜力和自助旅游市场发展的巨大空间。

纵观我国近年休闲旅游的发展情况，大致呈现出"两增一减"的发展态势：

（一）休闲空间不断扩大

从休闲空间看，城乡居民的户外休闲比重均不断增加，休闲空间范围也不断扩大，远距离（离家 10 千米以上）休闲进入快速增长期。其中，城镇居民工作日、周末和节假日远距离休闲比重分别从 2012 年的 4%、9.4% 和 22.5% 上升为 2019 年的 5.1%、12.8% 和 37.6%，旅游和郊野游憩成为越来越多城镇居民的重要休闲方式。农忙时节农村居民离家远距离休闲比重也由 2012 年的 0.9% 提高到 2019 年的 3.1%；农闲时节这一比重上升到了 9.5%。

（二）休闲活动日趋丰富

从休闲活动看，近年来我国居民休闲意识不断增强、休闲需求持续释放，休闲活动"高频化"趋势明显，休闲活动带来的消费、养生、健康、文化、社交、教育等经济社会功能也在不断增强。我国城镇居民在工作日、周末和节假日选择旅游的比重分别从 2012 年的 1.1%、4.3% 和 20.2%，增至 2019 年的 9.3%、23.5% 和 36.8%。可见，旅游这种异地休闲方式已成为增长最为活跃的内容。农村居民农忙和农闲时节选择旅游作为休闲活动的比重也有所增加，分别从 2012 年的 0.9% 和 1.4% 增至 2019 年的 3.2% 和 9.9%。

（三）休闲时间持续减少

从休闲时间来看，2012 至 2019 年间我国居民休闲时间不断减少、工作时间稳中有升，我国居民休闲时间与发达国家相比还存在较大差距。统计表明，2019 年我国城乡居民的年平均休闲时间分别为 1407 小时和 1441 小时，比 2012 年分别减少了 367 小时和 325 小时，与德国、英国、美国等发达国家 2190 小时、2050 小时和 1900 小时的平均水平差距较大。

二、休闲旅游分类

休闲旅游是一个非常宽泛的概念，其分类也因标准的不同可分为不同的名称和数量。如按内容可分为历史文化、民俗风情、现代元素、山水风光、人文古迹等类型；按形式可分为自助和组团、个人和团队等类型；按过不过夜可分为过夜游和不过夜游等类型；按距离长短可分为长途、中程、短程、远足旅游等类型；按交通方式可分为飞机、轮船、汽车、火车、自行车、步行等类型；按目的可分为休闲、励志、会议、商务、探险、考古、民俗、观光等类型；按消费额可分为经济型、中等型、豪华型等类型；按主题可分为夕阳红、红色之旅、励志游等类型；按年龄特征可分为儿童旅游、青年游、老年游等；按计价方式可分为包价、非包价、小包价、半包价等类型；按费用来源可分为公费和自费等类型；按地域则可分为国内、国际、洲际、环球等类型。

然而，业内大多按以下三种方式来划分：

（一）按地域进行划分

根据旅游者到达目的地的地域范围，旅游活动可以分为国际旅游和国内旅游两大类。

1. 国际旅游

国际旅游是指跨越国界的旅游活动，又可分为入境旅游和出境旅游。入境旅游是指他国公民到该国进行的旅游活动；出境旅游则是指该国公民到他国进行的旅游活动。

2. 国内旅游

国内旅游是指游客在居住国内进行的旅游活动；也包括在一国长期居住、工作的外国人在该国内进行的旅游活动。从旅游发展的历程看，国内旅游是一国旅游业发展的基础，国际旅游是国内旅游的延伸和发展。

（二）按旅游性质和目的划分

（1）**休闲、娱乐、度假类：**主要包括观光旅游、度假旅游、娱乐旅游等。

（2）**探亲、访友类：**主要指以探亲、访友为主要目的的旅游活动。

（3）**商务、专业访问类：**主要包括商务旅游、公务旅游、会议旅游、修学旅游、考察旅游、专项旅游等；也可将奖励旅游归入这一类，因为奖励旅游与游客个人职业及所在单位的经济活动存在紧密的关系。

（4）**健康医疗类：**主要指以体育旅游、保健旅游、生态旅游等为主的旅游活动。

（5）**宗教朝圣类：**主要指以宗教朝圣为主要目的的旅游活动。

（6）**其他旅游类：**上述五类没有包含的其他旅游活动，如探险旅游等。

（三）按人数进行划分

1. 团队旅游

团队旅游主要指有旅行社或旅游中介机构介入，将购买同一产品（旅游线路或旅游项目）10名以上（含10名）游客组成旅游团队进行集体活动的旅游形式。团队旅游一般以包价形式出现，具有方便、舒适、相对安全、价格便宜等特点，但游客的自由度也相对较小。

2. 散客旅游

散客旅游主要指由旅行社为游客提供一项或多项旅游服务，特点是预定期短、规模小、要求多、变化大、自由度高等，但费用较高。

3. 自助旅游

自助旅游是指不经过旅行社，完全由自己安排旅游行程，按个人意愿进行活动的旅游形式，如背包旅游等。其特点是自由、灵活，多寡随意、丰俭由人等。不少人认为自助旅游是一种省钱的旅游方式，旅游内容粗糙，存在不小的风险。实际上，这是一种错误的认识。只要深入了解自助旅游的特性，就会发现自助旅游其实是一种相当精致、有特色的旅游形式。因为自助旅游使所有的花费都可依自己的喜好来支配，行程可弹性调整，还可深入了解当地民风民俗；此外，自助旅游绝非玩得多、花得少的旅游方式，而是一种在同一地方花上较多的时间深入了解该地的特色，接触当地的人与事，看自己想看的东西，走自己想走的路等。

4. 互助旅游

互助旅游是网络催生的一种旅游形式。它是以自主、平等、互助为指导思想的一种交友旅游活动。它属于经济旅行（没有中间商）。通俗地讲，互助游就是交朋友去旅游，使网络上的人际关系走向现实生活，强调旅行不该只是我路过，而应该是我体验。互助旅游将会越来越成为当今人们主选的旅游模式之一，也是科技时代带给人们的现代社交观念与快乐生活的方式。这就是人们所说的旅行的最大好处，即不是能见到多少人，见过多美的风景，而是走着走着，在一个际遇下，突然重新认识了自己。

三、休闲旅游资源

休闲旅游资源是指自然界和人类社会中凡能对人们的休闲活动产生吸引力，可以为休闲旅游业开发利用，并可产生经济效益、社会效益和环境效益的各种事物和因素的总和。

1. 构成要素

（1）休闲环境。传统旅游资源大多把环境视为景观资源的背景，并未被单独视为旅游资源。而景观鉴赏并不是休闲旅游的主要目的，其本质需求在于到环境优美、气候宜人的旅游地放松身心和消遣娱乐，因此，环境品质是休闲旅游资源具有核心吸引力的要素之一。休闲环境既有优美、清新的山水生态环境，也包括宜人的气候环境和独特的社会人文环境。环境资源可作为独立的休闲旅游资源，并可转化为休闲度假旅游产品或组成部分。

（2）资源品质。休闲旅游资源品质的美学观赏价值、历史文化价值、科学考察价值、知名度和影响力状况等是构成其吸引力的重要因素。尽管在休闲旅游资源的构成要素中，旅游资源的观赏性要求不及传统旅游资源重要，但在当前休闲意识向旅游活动渗透、休闲活动与旅游活动相辅相成的背景下，资源禀赋与品质特征确是休闲旅游资源的一大吸引要素。

（3）服务设施。游客对休闲旅游地的设施条件和服务水平有着更高的要求，丰富多样、功能完善、特色鲜明、档次恰当、布局合理、整体协调的休闲旅游设施，以及规范化、个性化、人性化的优质服务，可满足游客多种休闲旅游的需求，其本身既是休闲旅游活动和接待服务必不可少的基本要素，也往往是休闲旅游吸引物之一。

（4）社会文化。休闲是一种精神文化活动和现代生活方式，文化是休闲旅游的灵魂和动力源泉。各种社会形态、生活方式、文化遗存、文化活动及文化氛围等，都可成为休闲旅游的吸引要素，因而旅游地的社会文化要素也是休闲旅游资源不可或缺的重要组成部分。

需要说明的是，就休闲旅游资源整体属性（或资源集合体）而言，上述内容是休闲旅游资源的主要构成要素，但对于休闲旅游资源单体而言则未必需要同时具备上述要素。

2. 主要特征

（1）类型的多样性。客观世界的复杂性和游客需求的多样性，决定了休闲旅游资源具有多样性的特点。既有自然休闲资源，也有人文休闲资源；既有历史遗存资源，也有现代人造资源；既有有形休闲资源，也有无形休闲资源；既有现实休闲资源，也有潜在或未来的休闲资源。

（2）要素的关联性。休闲旅游资源除与环境、文化、设施等要素密切相关外，还与房地产、信息、出版、娱乐、餐饮、酒吧、茶馆、咖啡厅、教育、体育、展览馆、广播电视、影剧院、艺术场馆、社区服务、集邮、花卉、宠物及交通、金融、保险等相关要素具有更强的关联性。同时，由于休闲旅游的本地性特征更为突出，休闲资源对城市的整体发展与配套水平的关联性和依赖性也更强。

（3）功能的康娱性。休闲是人们在非劳动和非工作时间内自愿从事的各种自由活动，以求获得身心的轻松与调节，达到生命保健、体能康复、身心愉悦等目的，故与传统旅游资源相比较而言，休闲旅游资源具有更强的康体娱乐功能。

（4）引力的近程性。休闲旅游活动可包括本地休闲和外地休闲，但主要以本地休闲为主，并形成以家庭休闲、城市休闲、环城游憩、乡村休闲等为主构成的本地休闲空间体系。休闲旅游资源对客源市场吸引力虽然有大有小，但通常更多地表现为近程吸引的特性。

（5）资源的可塑性。休闲旅游资源具有可塑造性和创新性。为了适应休闲市场需求和引导消费市场，可借助现代人力、财力和科学技术，通过创新和创意，利用人工智能技术等开发和建造一些新的休闲旅游资源，如主题公园、休闲街区、休闲项目等。尤其是传统观光旅游资源相对匮乏的地区，更应该通过创造休闲旅游资源来营造旅游环境和发展休闲产业。

3. 分类方案

依据休闲旅游资源特性，将自然环境资源、社会人文资源和服务设施纳入休闲资源体系，充分考虑休闲市场需求和休闲活动方式，在关注单体资源的同时兼顾综合性组合资源，突出科学性、系统性、普适性和实用性等，并可依据资源性质与休闲方式相结合的原则，对休闲旅游资源进行分类。如可综合考虑资源性质与休闲方式，将休闲旅游资源分为自然游憩类、文化休闲类、康娱游憩类、专项休闲类等主类；之后再根据资源赋存状态与成因，将每个主类分成若干个亚类；最后可根据资源特性，兼顾其休闲功能等，又将各亚类细分为若干个基本类型，从而完成休闲旅游资源的分类。

四、休闲旅游产品

休闲旅游产品是指旅游者以休闲活动为目的，借助一定的自然或人文环境，通过较轻松的旅游活动方式，使身心愉悦、精神放松的旅游产品。在一般情况下，休闲旅游者是为了暂时改变日常生活环境，远离生活工作的紧张氛围，以消除身体疲劳并放松心情。当然，由于旅游活动凭借环境不同、旅游目的有差异，因而所需的休闲旅游产品也有所区别。

（一）产品特征

1. 少有刺激或冒险的内容

休闲旅游的休闲性，决定了休闲旅游活动的松弛性。由于休闲旅游的旅游目的是放松，因此旅游活动多体现出闲暇性，旅游过程缓慢，所选择的旅游活动项目基本没有冒险经历，安全条件良好，也少有紧张刺激的活动内容。旅游者大多在一种非常自然、温馨、祥和的氛围中完成旅游的全过程。

2. 空间范围不大，位移较小

休闲旅游活动的松弛性，决定了平和性和活动范围的局限性。旅游者主要的旅游目的是消除日常生活的紧张与沉闷。较大的空间位移和较强的旅游活动强度都会影响旅游效果，破坏旅游目的的初衷。因此，在进行休闲旅游产品设计时，大多要求旅游位移较小，甚至只开发定点性的旅游活动。

（二）产品类型

休闲旅游产品一般可以划分为度假休闲旅游、产业休闲旅游、主题公园、体育休闲旅游、其他休闲旅游等大类。如度假休闲旅游可分为滨海型、山地型、湖泊型和环城市带型等；产业休闲旅游可分为农业旅游、工业旅游和其他产业旅游等；主题公园可分为乐园型、民俗型、历史型、微缩景观型和高科技型等；体育休闲旅游可分为水上体育休闲、山地体育休闲、沙漠体育休闲、其他体育休闲等；其他休闲旅游又可分为购物休闲旅游、美食休闲旅游和娱乐休闲旅游等。

（三）开发原则

1. 产品功能休闲性原则

休闲旅游产品的旅游功能不同于观光旅游产品和其他旅游产品。在旅游产品的开发过程中，应该强调产品的休闲功能和旅游者的休闲目的；在旅游活动开发方面注重活动的娱乐性、闲暇性和时间的宽松性，让旅游者达到闲情逸趣的旅游目的。

2. 旅游容量合理性原则

休闲旅游者的目的之一是远离喧闹的城市、繁杂人群和紧张的工作环境，通过休闲活动放松心情、感受生活，旅游者往往选择环境较好的旅游地，以便旅游活动少受他人影响。因此，进行该旅游产品开发时，应该为旅游者提供良好的旅游环境，控制旅游容量，保证旅游活动质量。

（四）开发内容

1. 休闲旅游市场的选择

休闲旅游产品的市场针对性较强，它的开发设计首先应进行市场研究，根据市场特征进行准确的市场定位。为此，必须重视研究购买休闲旅游产品的市场潜力（潜在市场容量）、市场的经济购买力和时间购买力、休闲旅游产品的市场消费特征等。其中主要包括休闲旅游消费需求量研究、休闲旅游消费结构（旅游者人数构成、旅游者的旅游偏好与程度等）研究、家庭状况（家庭人均收入、个人平均收入、价格弹性等）研究、旅游消费行为与结构（心理需求、购买行为、消费习惯等）研究。

2. 休闲旅游产品的开发内容

（1）旅游路线与旅游目的地组织。休闲旅游的路线设计应尽量简洁，目的明确、单纯，过分复杂的旅游路线、过多的旅游目的地和过长的旅游距离会让游客感到疲于奔波，提高旅、游的时间比，破坏了"最大效益原则"，浪费大量的时间在交通方面，有悖于休闲旅游的初衷。

根据市场的购买力和旅游者消费愿望，休闲旅游产品开发过程中旅游路线组织和旅游目的地安排主要应该考虑旅游者的时间购买力和经济购买力、旅游消费愿望、旅游路线、旅游活动设计、旅游价格等问题。

（2）旅游目的地建设。休闲旅游目的地建设与观光旅游、探险旅游的目的地应该有较大的区别，即它应结合旅游资源的特征，针对市场需求，开发出与休闲功能相适应的系列活动，并根据这样的旅游产品来进行相关的旅游地建设。

五、休闲旅游开发

旅游开发是指人们为了发掘、改善和提高旅游资源的吸引力而致力于从事的开拓和建设活动。依此类推，休闲旅游开发就是为达到人们休闲旅游目的而进行的对旅游地的开拓和建设活动。

（一）开发原则

1.特色性原则

开发利用旅游资源的实质就是要寻找、发掘和利用旅游资源的特色。经过开发的旅游资源，不仅应使它的原有的特色得以保持，同时还应使其原有特色更加鲜明、有所创新和有所发展，绝对要避免开发后的旅游资源使原有的特色遭到破坏。

2.共生性原则

共生性原则是指某一旅游项目与另一旅游项目之间是共生的。旅游资源的共生性，包括自然资源与自然资源之间、自然资源与人文资源之间、人文资源与人文资源之间的共生性现象，而且不同的旅游项目，其共生现象是不同的。

3.网络化原则

旅游业是一个扩大化了的网络，是自然网络。事实上，如果某地有独特性的旅游亮点，即使人为阻止也是做不到的，因为游客还是会千里迢迢，甚至不远万里去游览，会千方百计解决道路不畅、住宿饮食不便等问题。

（二）开发理念

1.在产业链联动中寻找解决方案

休闲旅游开发需要在"吃、住、行、游、购、娱"等六要素的旅游产业链甚至跨旅游产业链中实现联动发展，才能发展壮大。以景区为例，一方面可以使景区摆脱对门票经济的依赖；另一方面还可以构建更加完善的产品体系，满足游客越来越个性化的需求，从而提升景区旅游综合经济效益。

2.用实证的科学手段，深度研究细分市场

对市场的了解程度决定了休闲旅游项目或旅游产品的科学程度。规划设计前期，

应通过实证的科学手段，深入研究市场特征，尤其是诸如银发、儿童、自驾游等细分市场，为后期的产品及游憩方式设计提供翔实有效的参考数据。

3.以人为本，设计游憩模式

休闲旅游的消费主体是游客，因此无论是游线的设计、游乐项目的规划还是休憩及购物设施的布置，都要以人文本，符合游客的行为习惯。

4.追求独特创意，形成特色卖点

市场竞争的加剧、游客对需求的不断提升，促使旅游区不能保持平庸，而是要在市场及资源的基础上，尽可能发挥创意或想象空间，形成区别于其他旅游区的独特性卖点。

5.深度挖掘地方文脉，设计情境化、体验化的产品

一个旅游景点最不能被复制的除了资源外，就是当地经过长期发展遗存下来的文脉，即基于地方自然环境而形成的民风民俗，这也是构成游客被吸引的深层次原因。因此，在进行产品设计时，就需要深度挖掘当地的地脉、人脉和文脉，并且用情境化、体验化的设计手法表达出来，让游客能够真真切切地感受到、体验到。

6.运用"品牌整合营销传播技术"，创新旅游营销模式

随着科技的发展及产业之间的融合，一些新兴的旅游营销模式正在不断涌现。微博、微信、微电影、动漫、四格漫画、定制营销等风靡的营销手段此起彼伏，都可以拿来为景区服务。各景区应顺应时代潮流，创新营销模式，最大化实现旅游景区的价值。

7.遵循产业特性，再造管理流程，实现效率升级

与其他产业相比，旅游业具备独有的特性。景区可视为一个独立运营的企业，其管理要在汲取其他企业管理流程、模式的基础上，遵循产业特性，实现创新，从而提升效率。

8.以投资商和银行为导向，包装产品，实现融资

我国绝大多数景区的资源归国家所有，但若只靠政府，无论是在初期的开发阶段还是在后期的运营阶段都存在着不可避免的短板。从已有的实际情况来看，政府在保留资源国有化及对整个景区具有监督权的基础上，将经营权开放，甚至可考虑以投资商和银行为导向，依靠资本市场的力量来推动景区的开发建设，这无疑是最快最有效的方式。

（三）开发模式

1. 为保护而保护

为保护而保护是一种消极的开发模式，已经被实践所否认。为保护而保护，是文物部门的职责，而不是地方政府的目的，更不是旅游业发展的目的。

2. 为开发而开发

为开发而开发是盲目的，也是不负责任的开发模式，属小农意识。任何脱离保护的开发，都是不被提倡的，休闲旅游开发更是如此。

3. 为保护而开发

为保护而开发是保护性开发的一种形式。其开发的目标是在不破坏区域原有特色的前提下更好地进行保护，同时促进区域特色景观的发展，实现被开发地区自然、经济、社会、文化的整体协调发展。其中，保护是核心，开发是其外在的表现。如果以上景区或景观是唯一的、独特的、不可再生的，就必须通过保护来进行开发。

4. 为开发而保护

"为开发而保护"与"为保护而开发"是一个事物的两个方面，它们都是指在某一特定时间段内，为达到更好的开发效果，必须以保护为前提，针对某一地区所具有的特殊自然、社会文化等景观，通过政府、专家及社区等多方参与，以跨学科合作的方式做出的合理开发。它可以选择在政府严格规划的前提下，既可以政府为主，也可以企业为主进行开发。

（四）开发主体

1. 以企业为主进行开发

以企业为主进行开发是指不管是资金投入还是规划、设计或开发等，都是以企业为主体，政府充其量对其进行指导或监督。如国内大多数的主题公园、娱乐城和大型旅游综合体等。

2. 以政府与企业合作进行开发

以政府与企业合作进行开发是指由政府与企业合作进行规划、投资、开发和经营。如近年来越来越多的大型旅游景区、各级各类自然和文化遗产保护区、大型文化旅游类项目等。

3. 以政府为主进行开发

以政府为主进行开发是指以政府为主导，由政府出资、规划、开发、建设与经营。

对牵涉到各级各类需要保护的旅游项目，往往选择这种开发主体。如城区中古老街区的保护，古城、古镇、古村落的开发，生态区及各种水体的保护等。

（五）开发内容

1. 挖掘旅游资源的价值和功能

一要满足游客观赏消闲、娱乐健身和增知益神等要求；二要为旅游目的地国家或地区及其旅游经营者取得经济效益、社会效益和环境效益等。

2. 景点与风景区的具体规划与设计

景点与风景区的具体规划与设计关键是满足游客的体验。一要找到"魂"，即通过文脉的梳理，找出其中的主题，以利于主题整合与游憩方式的设计，从而形成核心吸引力；二要弄明白的文化如何转化为现实的旅游体验；三要进行游憩方式的深度设计，实现景区游憩体验的完美整合；四要结合收益模式，尽可能形成景区游客消费的体验与景区收入互动优化；五要充分依托移动互联、物联技术，实现景区高度智能化、智慧化和社交化。

3. 提高旅游地的可进入性

可进入性指的是旅游资源所在地同外界交通往来的通畅和便利程度，即不仅要便利游客的来访，还要便利游客结束访问后的离开。景区景点旅游开发的一个重要内容就是如何让游客能方便地进得来、散得开、回得去。

4. 建设和完善旅游配套设施

景区旅游配套设施除与旅游传统六大要素（吃、住、行、游、购、娱）和旅游新六要素（商、养、学、闲、情、奇）相关设施以外，还包括垃圾箱、厕所、护栏、指示牌、售票处、景区管理处等。

5. 旅游资源的保护与整修

如何把有限的旅游资源用来满足不断扩张的旅游市场需求，这是当前面临的现实问题。无论是人文景观资源还是自然生态资源，其开发与保护一直困扰着社会的方方面面，成为一对难解的矛盾；城市建设与旅游事业的发展也因"两张皮"而导致不可再生的文化生态资源的浪费；旅游经济高速增长与僵化陈旧的管理体制并存，从而也倒逼开发机制的转换和管理水平的提高。任何重复建设和盲目粗放式的开发都将加重资源供需的失衡。所以旅游开发务必重视旅游资源的保护与整修。

6. 人力资源开发

人力资源开发是指一个企业或组织团体在组织团体现有的人力资源基础上，依据企业战略目标、组织结构变化等，对人力资源进行调查、分析、规划、调整，以提高组织或团体现有的人力资源管理水平，使人力资源管理效率更高，创造的价值更大。

人力资源开发是一项复杂的系统工程。人既是开发的主体，又是被开发的客体。同时开发过程既受到主观因素的影响，又受到客观因素的制约。把握人力资源的特性并实施有效的开发，是一个科学的实践过程，因此，首先要对人特别是职业人进行科学的分析；其次是深入研究职业环境和职业人的工作过程；最后要在上述研究分析基础上，提供针对性的开发对策并运用不同的方式去推动实施。最终达到人尽其才、才尽其用的目标。

7. 保护自然生态

我国尽管地大物博，但由于人口众多，人均资源相对不足，地区差异较大，生态环境脆弱，生态环境恶化的趋势仍未得到有效遏制。故保护自然生态，已经成为我国的一项基本国策。无论是旅游开发还是城市建设等，都以保护自然生态环境为前提。

（六）开发流程

1. 投资决策

投资决策过程中，最重要的是对景区资源及开发价值进行整体评价。投资商在与景区所有者签订合同前，应聘请旅游专家、学者或官员等，通过初步的资源、市场、交通、环境、政策评估之后，提交一份《旅游项目投资可行性研究报告》或《旅游项目投资价值评价报告》，以作为决策依据。

2. 合同签订

旅游景区开发，一般涉及风景名胜区、自然保护区、重点文物保护单位、森林公园、地质公园甚至世界自然与文化遗产。对于这些资源，或多或少都会存在一些不适应市场经济发展要求的、非产业化的法律法规，所有这些都不利于投资商进行商业开发。旅游特许经营权是投资商必须合法控制的核心，其中包括门票收益权、景区开发与招商权、核心土地购买权等多个方面。合同签订、政府配合完成配套设施的建设（如外围交通、水、电等）等都要做到心中有数。另外，合同签订的同时，需画定红线，确定项目的开发用地和建设用地。

3. 组织管理架构

合同签订后，运营方（合同签订后，投资方就转变为了运营方）应立即着手组建开发管理团队，并建立开发运作的管理构架与管理制度。管理构架应包括前期工作部、建设管理部、开业运营部等三支队伍。前期工作部主要负责项目开工建设前的准备工作，包括委托旅游规划设计公司进行市场调研、产品策划及规划设计；编撰文件向政府相关部门报批、向社会招商等。建设管理部要以项目经理为首，负责建设准备工作和工程施工期间的管理工作，以保证工程按设计要求和合同要求完成。开业运营部则主要负责景区开业的营销策划，办理开业手续，落实景区运营必备的人、财、物，以提高景区的经济收益和社会影响力。

4. 产品策划（项目设计）及项目运作

产品策划（项目设计）及项目运作策划不同于旅游规划，主要用来解决主题定位、市场定位、游憩方式、收入模式、营销模式、运作模式设计、盈利估算、投资分期等问题。必须聘请专业的旅游项目开发咨询顾问公司，提供《旅游项目总体策划报告》及《旅游项目开发运营计划》。为了与国债申请、政府资金申请、银行融资、战略投资人及子项目投资人招商引资等方面的工作全面配合，还可以考虑编制《旅游项目建设可行性研究报告》。

5. 规划制订

产品策划完成后，或与此同步进行，应该聘请专业机构，编制《旅游总体发展规划》，之后还需编制控制性详细规划（简称"控规"）和修建性详细规划（简称"详规"）。新建项目要先进行旅游规划、确定规划条件，到规划主管部门办理建设用地规划许可证等，之后才可委托专业机构进行景观与建筑设计。

6. 设计落实

在建设用地规划许可证办理后或是规划编制的同时，要委托专业的旅游规划设计单位进行旅游景区的景观及部分建筑的设计、规划。其中主要包括景区大门、游客服务中心、停车场、休闲及景观节点、景观小品等。设计的基本程序为勘察—规划—设计方案—初步设计—施工图设计等。

7. 政府审批事项办理推进

通过政府的各项审批非常重要。其中，发改委立项，可行性研究报告审批，规划评审，市级、省级、国家级重点扶持项目立项与申请，国债项目、农业项目、旅游项目等特殊扶持申请；规划委批准；土地规划审批；建设土地的招、拍、挂与征用；合同中政府承诺的落实；施工图的审查；建设准备与报建批复等，工作量大，报批过程繁杂，充分体现出规划的科学性、权威性和严肃性。

8. 资金运作与招商引资

项目建设资金一般不能全靠企业自有资金，应积极进行融资和招商引资，用少量种子资金启动项目，利用项目融入建设资金。

9. 建设准备与工程建设

以项目经理为首协调各方，监督、控制工程进度与质量，保证工程按设计要求和合同要求完成。旅游项目中主要有景区内基础设施建设、景观建设、接待设施建设、游乐项目建设四个方面。项目工程结束后，项目法人要组织验收工作。

10. 开业运作

项目完成工程建设后，与开业运营还有较大的差距。开业需要人、财、物齐备，并且还要有切实可行的营销方案。景区开业需全面配置大量的服务人员，包括导游（讲解员）、技术维护、环卫人员、保安、营销人员等，需建立完整的旅游标识系统、旅游卫生系统（厕所、垃圾箱、排污等）、旅游安全保障系统、游览服务系统、游客接待服务系统等。

旅游景区的开发和运营，必须软件、硬件一起上，即除了硬件设施配套、齐全以外，还必须通过规则、流程、培训等，建立一支专业的营销队伍，用以理清渠道、展开品牌推广、开展活动促销等。旅游景区（点）一般在试营业1~3个月后，可正式进入运营阶段。正式营业一年以上的旅游景区（点），可以向当地旅游主管部门申请景区等级评定。

六、休闲旅游发展规划

（一）"十四五"文化和旅游发展规划

为进一步推进文化事业、文化产业和旅游繁荣发展，根据《中华人民共和国国民经济和社会发展第十四个五年规划和2035年远景目标纲要》，2021年6月2日，文化和旅游部颁布《"十四五"文化和旅游发展规划》（以下简称《规划》），并将陆续印发艺术创作、文物保护和科技创新、非遗保护传承、公共文化服务等10部专项规划。《规划》明确，推动完善国民休闲和带薪休假等制度；引导各地制定实施门票优惠补贴等政策；推进文化和旅游数字化、网络化、智能化发展，推动5G、人工智能、物联网、大数据、云计算、北斗导航等在文化和旅游领域的应用。《规划》提出，到

2035 年建成文化强国的远景目标，围绕"一个工程、七大体系"，着力构建"十四五"文化和旅游发展的四梁八柱。从《规划》可知，文化和旅游发展的关键领域和重点环节，无不体现着坚定不移贯彻新发展理念、推动高质量发展的主题和要求。

《规划》共分 13 章 62 个重点项目。《规划》提出，"十四五"期间，我国旅游业产业融合将成为主流发展趋势；全域旅游将引领旅游供给侧结构性改革；科技赋能将驱动文旅业态新变革；乡村振兴战略将促进文旅产业新格局。

1. 总体目标

到 2025 年，我国社会主义文化强国建设取得重大进展，文化事业、文化产业和旅游业高质量发展的体制机制更加完善，治理效能显著提升，人民精神文化生活日益丰富，中华文化影响力进一步提升，中华民族凝聚力进一步增强，文化铸魂、文化赋能和旅游为民、旅游带动作用全面凸显，文化事业、文化产业和旅游业成为经济社会发展和综合国力竞争的强大动力和重要支撑。

（1）社会文明促进和提升工程成效显著。重点是社会主义核心价值观深入人心；中华优秀传统文化、革命文化、社会主义先进文化广为弘扬；国民素质和社会文明程度不断提高。

（2）新时代艺术创作体系建立健全。重点是社会主义文艺繁荣发展；推出一批讴歌新时代、反映新成就、代表国家文化形象的优秀舞台艺术作品和美术作品。

（3）文化遗产保护传承利用体系不断完善。重点是文物、非物质文化遗产和古籍实现系统性保护；文化遗产传承利用水平不断提高；全国重点文物保护单位"四有"（有保护范围、有保护标志、有记录档案、有保管机构）工作完成率达到 100%；建设 30 个国家级文化生态保护区和 20 个国家级非物质文化遗产馆。

（4）公共文化服务体系更加健全。重点是基本公共文化服务标准化均等化水平显著提高，服务效能进一步提升；全国各类文化设施数量（公共图书馆、文化馆站、美术馆、博物馆、艺术演出场所）达到 7.7 万个；文化设施年服务人次达到 48 亿。

（5）文化产业体系更加健全。重点是文化产业结构布局不断优化；文化及相关产业增加值占 GDP 比重不断提高；文化产业对国民经济增长的支撑和带动作用得到充分发挥。

（6）旅游业体系更加健全。重点是旅游业对国民经济综合贡献度不断提高；大众旅游深入发展；旅游及相关产业增加值占 GDP 比重不断提高；国内旅游和入境旅游人次稳步增长；出境旅游健康规范发展。

（7）文化和旅游市场体系日益完备。重点是文化和旅游市场繁荣有序；市场在文化和旅游资源配置中的作用得到更好发挥；市场监管能力不断提升。

（8）对外和对港澳台文化交流和旅游推广体系更加成熟。重点是加快推进中华文化走出去；培育形成一批文化交流和旅游推广品牌项目；海外中国文化中心总数达到 55 个。

2. 重点任务

（1）实施社会文明促进和提升工程。重点是弘扬社会主义核心价值观，加强对中华文明的发掘、研究和阐释，提高人民群众文明素养和审美水平等。

（2）构建新时代艺术创作体系。重点是加强对艺术创作的引导，实施文艺作品质量提升工程，大力培育讴歌新时代的精品力作。

（3）完善文化遗产保护传承利用体系。重点是加强文物、非物质文化遗产、古籍等系统性保护和合理利用，发挥文化遗产在传承中华文化、铸牢中华民族共同体意识方面的重要作用。

（4）健全现代公共文化服务体系。重点是统筹公共文化设施软硬件建设，创新实施文化惠民工程，加快公共数字文化建设，提高公共文化服务的覆盖面和实效性。

（5）健全现代文化产业体系。重点是实施文化产业数字化战略，加快发展新型文化企业、文化业态、文化消费模式，优化文化产业结构和布局，提高产业核心竞争力。

（6）完善现代旅游业体系。重点是发展大众旅游、智慧旅游，丰富优质旅游产品供给，推进"旅游+""+旅游"，推动旅游业高质量发展。

（7）完善现代文化和旅游市场体系。重点是做优做强国内文化和旅游市场，激发市场主体活力，提高资源配置效率，提升市场监管能力，维护市场繁荣有序。

（8）建设对外和对港澳台文化交流和旅游推广体系。重点是加强中外文化交流，深化国际旅游合作，创新交流合作的机制、内容和方式，提高中华文化国际影响力。

此外，"十四五"时期，文化和旅游部还将持续推进文化和旅游深度融合、创新发展，不断提高文化和旅游发展的科技支撑水平，优化文化和旅游发展布局，加强文化和旅游人才队伍建设。聚焦这些重点任务，规划提出以一批设施投资、平台建设、项目扶持等方面的重点工程为抓手，这些工程有利于补短板、强弱项、增后劲，将对规划实施起到有力的牵引带动作用。

（二）"十四五"文化和旅游科技创新规划

1.发展目标

围绕文化强国建设目标任务，以科技创新引领和支撑文化和旅游发展，提高文化和旅游生产要素水平，推动文化和旅游更好融入新发展格局，实现高质量发展。

（1）科技运用更加广泛。全面推进科学技术深度融入文化和旅游领域，推动新兴技术在文化和旅游企事业单位、各层级政府职能部门广泛应用。通过各级各类科技项目的实施，突破重点领域关键技术，形成有效应用。通过科技发展创造更加丰富的文化和旅游消费场景，有效提升文化和旅游消费的便利程度。

（2）科技成果更加丰富。推进文化和旅游科技创新理论体系建设，推动突破一批共性关键技术，推动文化和旅游重要装备研发，配合国家文化领域工程建设，推动科技创新成果转化，制定一批文化和旅游科技标准。

（3）创新主体加快发展。建设一批文化和旅游与科技深度融合示范主体，培育一批竞争力强的科技型行业领军企业，建设若干重点实验室、示范园区、技术创新中心等科技创新示范载体；培养一批高素质文化和旅游科技创新人才，支持高等院校、职业院校和科研院所开展文化和旅游科技融合相关学科建设和人才培养。

（4）政策保障全面有力。完善文化和旅游领域科技融合发展的顶层设计，协同有关部门建立和完善文化和旅游科技创新政策体系。加强各级科技创新资源的全面投入，推动科技部门加大对文化和旅游科技项目的支持力度，推动财政加强对文化和旅游科技创新的投入。加强文化和旅游专利技术和知识产权保护体系建设。

2.主要任务

（1）完善文化和旅游科技创新体系。提升产学研相结合的文化和旅游技术创新体系，完善文化和旅游创新成果绩效的评价方法，形成体系完善、相互支撑的科技创新新格局。发挥市场和政府在资源配置中的各自优势，树立企业在创新决策、研发投入、成果转化中的主体作用。大力培育壮大文化和旅游领域科技型龙头企业和高新技术企业，推动形成一批具有示范性、引领性的品牌。加强文化和旅游科技创新载体建设，以文化和旅游科技领域国家科技创新基地作为全国文化和旅游科技创新和产业发展的核心载体，引导高端科技创新要素围绕示范基地布局生产力的流动和聚集。支持地方升级产业链，促进产业聚集，推动文化和旅游科技特色产业与国家重大战略新兴技术相融合。鼓励地方设立文化和旅游科技专项（项目），采取直接补贴、先建后补、以奖代补、贴息等方式推动科技创新及应用示范。

（2）**强化文化和旅游科技研发和成果转化**。培育 20 个左右文化和旅游部技术创新中心。试点开展成果转化库建设，向社会征集和发布文化和旅游领域可转化的新技术、新产品、新工艺、新材料、新装置及其系统等应用型科技成果信息。组织开展文化和旅游装备与信息化等领域典型案例征集和发布工作，开展经验交流、宣传报道和技术推广。开展文化和旅游科技国际交流，通过参加科技、文化、旅游相关国际展会，培育文化和旅游行业的科技创新优势。构建以需求为导向的文化和旅游科技成果市场化转化平台和机制，支持地方开展各类形式的文化和旅游科技成果交流活动，推动科技成果转化应用。

（3）**推进文化和旅游信息化**。进一步推进文化和旅游数字化、网络化、智能化发展。推动 5G 通信网络、物联网、互联网和人工智能、云计算、边缘计算、虚拟现实等信息技术在文化和旅游领域创新应用与示范，强化我国优势信息技术在行业领域的研究和应用创新，推进以北斗导航等为代表的自主技术在行业领域的应用。推动数据资源开放共享流通，强化数据挖掘应用。

（4）**提升文化和旅游装备技术水平**。完善文化和旅游装备技术发展顶层设计。推动文化和旅游装备的谱系化、智能化和成套化。鼓励文化和旅游企事业单位加强基础技术研发，提升设计制造水平，逐渐形成国产装备的核心竞争力。建设文化和旅游装备技术创新载体，发挥示范引领效应，带动行业对高新技术的快速转化和产业化，助推生产模式变革和新业态培育。加速文化和旅游装备制造业品牌建设，鼓励文化和旅游装备制造企业集群发展。鼓励实验室、技术创新中心等创新载体开展产学研用合作，研发文化和旅游专用装备，在重点细分领域推动形成一批技术解决方案，增强文化和旅游重点领域装备的技术供给能力。指导行业技术检测工作，以检验检测手段促进装备技术和质量提升。

（5）**深化文化和旅游标准化建设**。完善文化和旅游标准体系，稳步推进标准制修订工作，制修订文化和旅游管理、服务、技术、安全等各类标准。鼓励和引导各类社会主体积极参与标准化工作，发挥行业协会、学会等团体机构力量完善团体标准，激发企业制定发布企业标准积极性。加强各层级标准之间的协调发展。深入推进标准化试点示范工作，加大标准化体系建设和标准宣贯实施力度，提高全社会、全行业的标准意识和认知水平。强化文化和旅游标准实施效果的监督与评估，提升标准实施效果。健全文化和旅游标准化工作相关制度和工作机构，完善文化和旅游标准化协调机制。完善标准工作程序，优化标准工作流程，加强标准国际交流与合作。

（6）**加强文化和旅游理论研究和智库建设**。发挥国家社科基金艺术学项目及文化和旅游部级研究项目引领作用，为科技创新发展提供强大的理论支撑和思想引领。建立科研成果推广和推优机制，提高成果应用转化水平。统筹部系统内外优质资源，加快构建布局科学、特色鲜明、定位清晰、规模适宜的行业智库体系，为文化和旅游领域创新发展提供决策参考和智力支持。推动全国文化和旅游研究院所业务建设，加大科研人才培养力度，促进研究院所跨地区、跨平台交流合作。

（7）**加强科技创新型人才培养**。加大对文化和旅游科技创新领域优秀人才的培养引进力度，培养造就一支行业科技领军人才队伍。加强交叉融合型人才培养，重点加强创新型、复合型、外向型文化科技跨界人才培养。配合实施知识更新工程。鼓励各类院校及企业培养文化和旅游科技创新专业人才，支持高等院校、职业学校与相关企业联合建设文化和旅游科技人才培养基地、专业人才实训基地等。建立健全产教融合型企业认证制度。搭建校企协同创新平台，实现产教融合、校企"双元"育人。推进文化艺术和旅游职业教育转型升级，优化相关领域的人才培养结构，与高等院校、职业院校和科研院所开展学科共建，重点建设一批引领改革、支撑发展，具有中国特色、世界水平的文化艺术和旅游领域的职业学校和骨干专业。鼓励职业院校和相关院团（企业）在人才培养、技术创新、就业创业、社会服务、文化传承等方面根据社会需求有针对性地开展高质量培训。鼓励地方文化和旅游部门支持所属院校和共建院校加强专业技术人才培养。

（三）国民休闲纲要（2021—2035 年）

为满足人民群众日益增长的旅游休闲需求，促进旅游休闲产业健康发展，推进具有中国特色的国民旅游休闲体系建设。"十四五"期间，要进一步强化消费激励和消费引导，围绕需求侧管理，把扩大旅游消费同提高人们生活品质结合起来，进一步拓宽旅游消费领域。在《国民旅游休闲纲要（2013–2020 年）》的基础上，文化和旅游部正会同国家发展改革委制订《国民休闲纲要（2021–2035 年）》，以推动全面落实带薪休假制度，扩大假日消费，满足大众旅游需求，不断释放旅游消费潜能。为此，将立足新发展阶段、贯彻新发展理念、构建新发展格局，推进大众旅游和智慧旅游，推动旅游业高质量发展。

1. 大众旅游方面

（1）**在供给上**。进一步丰富和优化旅游产品体系，加快建设一批富有文化底蕴的世界级旅游景区和度假区，打造一批文化特色鲜明的国家级休闲城市和街区，加大国家文化公园、红色旅游、乡村旅游、体育旅游、冰雪旅游、海洋旅游、休闲度假旅游、康养旅游、自驾车旅游、研学旅游等新产品开发，推动旅游供给提质、扩容、升级，以高质量旅游产品供给引领和创造旅游新需求。

（2）在需求上。进一步强化消费激励和消费引导。围绕需求侧管理，把扩大旅游消费同提高人们生活品质结合起来，进一步拓宽旅游消费领域。文旅部正在会同国家发展改革委制订《国民休闲纲要（2021-2035年）》，以便推动全面落实带薪休假制度，扩大假日消费，满足大众旅游需求，不断释放旅游消费潜能。

（3）在空间上。进一步优化旅游发展布局。"十四五"时期，文化和旅游部将围绕国家区域协调发展战略，构建"点状辐射、带状串联、网状协同"的旅游空间新格局，打造一批世界级、国家级旅游线路，建设一批国际国内旅游枢纽城市，着力推进特色旅游目的地建设，分类推出一批红色旅游目的地、历史文化旅游目的地和自然生态旅游目的地等。

（4）在服务上。进一步强化质量提升和宣传引导。文化和旅游部将坚持培育与监管并重，激发市场主体活力，突出质量兴旅、质量强旅，努力打造优质旅游服务品牌，不断提升游客满意度。同时，开展旅游作为一种生活方式、学习方式和成长方式的公益宣传，加强文明旅游引导，树立文明、健康、安全、绿色的旅游新风尚。

2. 智慧旅游方面

（1）推进智慧建设。加强互联网、大数据、人工智能等新技术与旅游深度融合，加强旅游信息基础设施建设，落实十部委《关于深化"互联网＋旅游"推动旅游业高质量发展的意见》，印发《智慧旅游景区建设指南》，加强标准引领，打造一批智慧旅游目的地，培育一批智慧旅游创新企业和示范项目。

（2）打造智慧产品。通过鼓励定制、智能、互动等消费新模式的发展，打造沉浸式旅游体验新场景，引导开发数字化体验产品，让旅游资源借助数字技术"活起来"，同时引导线上用户转化为线下消费，积极培育"网络体验＋消费"发展新模式。

（3）加强智慧管理。大数据、云计算、物联网等技术的普及应用，切实提升了旅游管理水平。特别是推进旅游景区限量、预约、错峰常态化，通过多渠道、分时段，完善预约机制，通过流量监测和数据分析加强预警提示，切实提高管理效能。

（4）提升智慧服务。推动各类旅游区域5G网络覆盖，加强标识系统的数字化智能化升级改造，推进数字导览服务，推动智慧旅游公共服务模式创新，切实提升便利度，有效改善服务体验。

（5）**加强智慧营销**。通过互联网有效整合线上线下资源，创新营销方式，促进各类旅游市场主体加强与互联网平台的合作，建设网上旗舰店和便捷的营销网络，利用大数据等手段，切实提高旅游营销传播的针对性和有效性。

第二节 | 旅游休闲

一、旅游休闲计划

（一）休闲和旅游休闲

休闲是指在非劳动或非工作时间内以各种"玩"的方式求得身心的调节与放松，达到生命保健、体能恢复、身心愉悦目的的一种业余生活。科学文明的休闲方式，可以有效地促进能量的储蓄和释放，也包括对智能、体能的调节和生理、心理机能的锻炼。它是一种心灵的体验。而旅游休闲则是通过旅游的形式而达成的一种休闲方式。它是一种较高层次的休闲形式。

从近年中国经济的增长情况来看，从 2011 年开始，我国的经济运行总体呈明显的下行态势，逐步告别过去 30 多年年均 10% 左右的高速增长。面对经济增长速度的换挡期、结构调整的阵痛期和前期刺激政策的消化期，2014 年 11 月，习近平总书记在亚太经合组织领导人非正式会议期间发表的题为《谋求持久发展，共筑亚太梦想》的演讲中，提出中国经济呈现出以从高速增长转为中高速增长等为主要特征的经济新常态。从经济学角度理解，伴随经济增速下滑，居民收入增长率也随之下降，旅游休闲经济的增长率也会随之降低。然而，我国的实际情况却不同，统计表明，伴随经济新常态的出现，我国旅游休闲经济却一度出现增速更快、势头更猛的逆势增长态势。

较为明显的变化出现在 2010 和 2011 年，国内旅游收入在已经保持长期高速增长的趋势下，面对经济新常态却出现了更高的增长率，使国内旅游总收入快速跳跃到 2 万亿元的台阶，并在此基础上继续保持两位数以上的高速增长，短短 3 年间，即 2014 年，国内旅游总收入就迅速迈过 3 万亿元的门槛，达到 3.38 万亿元；2015 年突破 4 万亿元；2017 年达到 5.4 万亿元；2018 年达到 5.97 万亿元；2019 年已经达到 6.63 万亿元（见图 2-1）。可见，在国民经济整体增速开始出现下行的背景下，旅游休闲经济却一骑绝尘，逆势而上，旅游休闲经济的表现与宏观经济新常态的表现明显不同。

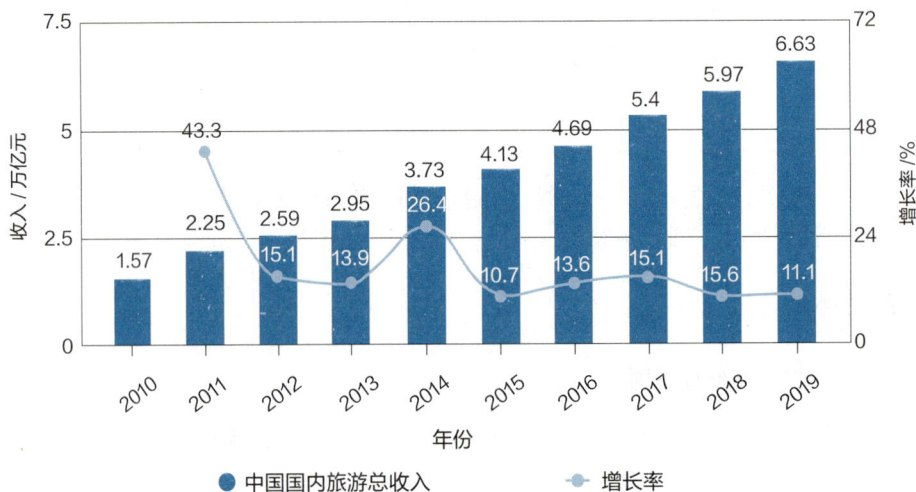

资料来源：中国文旅部　前瞻产业研究院整理

图2-1　2010—2019年中国国内旅游总收统计及增长情况

2020年开始，由于受全球性新冠肺炎疫情的影响，旅游业首当其冲受到冲击，国际国内旅游双双"腰斩"。2020全年国内旅游28.79亿人次，同比下降52.1%；旅游收入2.23万亿元，同比下降61.1%。当然，随着疫情的好转与消失，旅游业一定会重回正常轨道。

（二）旅游休闲计划的内容

旅游休闲计划，也称休闲计划，就是通过制订有关扶持政策，采取各种激励措施，让广大人民群众切实享受到改革开放的成果，最大限度地调动全社会参与旅游休闲活动的积极性，满足人民群众日益增长的旅游休闲需要，使旅游休闲真正成为广大群众日常的生活方式和健康消费行为，进一步提升国民的生活质量、生命质量和幸福指数。推行"旅游休闲计划"不仅是让每个人都享受了假期，而且能够刺激消费、拉动内需，带动众多行业的发展。

1. 原则

（1）国民性。指要让不同的阶层和群体都能够参与到"计划"中来。

（2）福利性。指要通过鼓励开展奖励旅游和福利旅游等，降低公民旅游成本，对低收入阶层和弱势群体予以资助。

（3）阶段性。指休闲计划要立足现实，突出重点，有步骤地实施。

2. 意义

（1）享受假期，刺激消费。推行"旅游休闲计划"不仅是让每个国民都享受到假期，而且能够刺激消费、拉动内需。"旅游休闲计划"是综合性旅游休闲生活的安排，不仅给旅游业带来机会，还能带来综合性消费，对企业也有促进作用。

（2）提高生活品质，提升国民素质。实施"旅游休闲计划"，刺激出境游和境内游旅游消费，不但能更好地满足人们不断攀升的精神与物质文化需求，提高生活品质和幸福指数，而且能有效提升国民素质，更是国民年休假政策得以贯彻落实的保证，是推动旅游经济发展成为旅游产业的基础与前提，有助于抵消金融海啸对于中国经济发展的负面影响，达到拉动内需的根本目的。可以说，旅游是拉动内需的"排头兵"。

3. 试点

（1）2009 年北京推进国民休闲计划试点工程。2009 年 1 月 20 日，北京市旅游局发布公告，从 2009 年开始全力推进北京市民休闲计划试点工程，倡导"北京人游新北京"。通过组织北京人"逛北京""拍北京""画北京""唱北京""写北京"等活动，激发市民参与热情。同时，还开展"北京周末时光"活动，推荐北京特色旅游线路和优惠的旅游消费促销信息，带动北京周末旅游市场的繁荣。此外，还开展"城乡互动和谐游"活动。市旅游局负责人表示，北京市充分利用全年的黄金周和各种节庆日策划和确定了 10 个旅游主题月，并推出旅游主题，同时策划和举办一系列配套活动，以配合"休闲计划"的实施。

（2）2009 年广东实施国民休闲旅游计划。广东省是我国最早试行旅游休闲计划的省份。在 2009 年 2 月 21 日，广东省出台了"粤府〔2009〕19 号"文件《关于试行广东省国民旅游休闲计划的若干意见》，提出 18 条实现国民旅游休闲计划的措施，其中有 2 条主要强调如何落实带薪休假的问题。自 2013 年 2 月 2 日国务院《国民旅游休闲纲要》出台后，广东省旅游局相关负责人表示，下一步广东将根据实际，制定落实《国民旅游休闲纲要》的实施细则，在落实带薪休假的同时，进一步提高旅游服务质量，净化旅游环境，保证旅游市场的有序、健康发展。

（3）2011 年山东发布《山东省国民休闲发展纲要》。2011 年 7 月 31 日，山东省人民政府以"鲁政发〔2011〕30 号"印发《山东省国民休闲发展纲要（2011—2015）》（以下简称《纲要》）。根据《纲要》要求，山东把职工带薪年休假纳入考核，确保职工带薪年休假制度落实到位。当时正值暑期，《纲要》激起了山东人民对带薪休假的无限遐想。时任山东省旅游局局长于冲对《纲要》也寄予厚望："让1亿多山东人也像广东人、重庆人、湖南人一样，大家都玩起来、都乐起来。"

二、旅游休闲度假

（一）旅游休闲度假的概念

旅游休闲度假是指以消遣娱乐、康体健身、休憩疗养、放松身心为主要目的，到某一特定目的地进行较少流动性的旅游消费活动。它是一种利用假日外出、以旅游休闲为主要目的和内容，让精神和身体放松的休闲方式。

（二）休闲度假与观光旅游的区别

观光旅游是指欣赏自然景观和文化古迹、领略民俗风情，并以增长见识、开阔眼界和愉悦心情为主要目的的旅游。随着我国经济不断地快速健康发展，人们的旅游观念也已经发生了重大变化，越来越多的人已经厌倦了走马观花式的观光旅游，转而开始爱上休闲、放松和娱乐为主的休闲度假式的旅游。相对于观光旅游而言，休闲度假旅游是一种更高层次的旅游形式，其更强调安全宁静的优美环境、丰富多彩的娱乐生活、增进身心健康的游憩设施和高品质的服务。

（三）旅游休闲度假未来的发展趋势

近年来，旅游休闲度假已经越来越成为旅游业重要的组成部分。统计显示，2016年有52.7%的游客将休闲度假作为出游目的，比例高于观光旅游。2017年休闲度假旅游在整体旅游市场占比已经超过60%。

当前，全球旅游正由传统的观光旅游向以休闲减压或放松身心为目的、以个人散客和家庭小团体为主、一地停留时间相对较长、以个性化私人定制为主要特征、以大平台大APP为渠道的休闲度假旅游转变。未来旅游休闲度假必将向全球化、无景点化、平台移动化、非标准化、个性化等方向发展。如2019年通过携程预定旅游打包产品的游客中，有近7成选择了休闲度假属性更强的自由行、定制、自驾、邮轮、私家团等旅游形式。

三、旅游休闲文化

（一）旅游休闲文化的概念

旅游休闲文化是指人们在旅游休闲活动过程中了解、鉴赏、体验得到的文化综合，是将人类的休闲生活作为一种文化现象来加以分析时所包含的文化总和。休闲作为一种文化活动，是一种文化化了的生活。因为休闲的具体内容都必须用文化来表达，如民族的语言文字、历史沿革、名胜古迹、方志人物、宗教民俗、音乐艺术等。因此，可以说旅游休闲作为一种文化，是社会物质文明和精神文明的结晶，是人类社会传统文化的继承和现代文明的创造。它是以个人的文化修养为背景，以探求和享受文化生活为目的，以获得现实生活中个人心理的满足、精神的愉悦、身体的健康为目标的生命活动的过程，而不是"谋生"的过程。

可见，旅游休闲文化是人类生活的一种重要特征。它不仅是一个国家生产力水平高低的标志，更是衡量社会文明的尺度；它是作为"人"的一种崭新的生活方式、生活态度。目前，它已成为全社会关注的领域，特别是发达国家和地区。在我国这样的发展中国家，在飞速发展的时代面前，旅游休闲的价值观也已经发生了明显的调整和变化。

（二）旅游休闲文化的本质和发展

1. 旅游休闲文化的本质

人类对休闲的认识有着悠久的历史。在西方，最原始的休闲观可以追溯到古希腊的亚里士多德。他把休闲誉为"是一切事物环绕的中心"，"是科学和哲学诞生的基本条件之一"。现在，这一思想已成为西方休闲观念和西方文化的传统。"休闲"，在人类文明进化的历史中具有重要的文化价值，它是人类精神家园的一种境界；它是人类自省与沉思的产物，是探索人的本质、生活目的的一把"钥匙"。从诗经、易经、孔子、庄子的文章中，都可以看出人们记录休闲文化的内容十分广泛而丰富，如衣食住行、诗词歌赋、琴棋书画等，都是休闲文化的创造物。

"休闲"的本质主要体现人的一种精神生活。在一般意义上是指两个方面：一是消除体力上的疲劳；二是获得精神上的慰藉。"休闲"的目的是追求更高质量的享受与创造，从"柴、米、油、盐、酱、醋、茶"中摆脱出来，实现更美好的生活愿望和人生价值。休闲，更多的是一种平静、自主自在的状况，是一种不需要考虑生存问题、心无羁绊的自由状态。有了这种状态，不管是去花鸟鱼虫市场，还是去野外探险，抑或是在室内读书、网游等，都是一种快乐。因此，休闲，从本质上说，是内心对生命意义和快乐的探索。

2. 旅游休闲文化的发展

休闲、休闲文化等是人类工业发展的产物。在资本主义初期，资本家主要依靠延长劳动工时的剥削而获取超额利润，但是，随着大工业的发展，人们逐步认识到，提高劳动生产率，不能仅靠延长工时。正像马克思所说："实现财富的创造较少地取决于劳动时间和已耗费的劳动量，较多地取决于劳动时间内所运用的动因的力量，而这种动因自身——它们的巨大效率——与生产它们所费的直接劳动时间不成比例，相反取决于科学在生产上的应用。"也就是说，它主要体现在生产实践中不断提高的管理水平、科技水平和劳动者的综合素质上。只有如此，才能使生产者逐步缩短工时，从繁重的劳动中解放出来。

纵观全球劳动时间的改革，最早提出新工时改革的美国，早在 1933 年就将全国标准工作时间改为每周 40 小时；从 20 世纪 40 年代起，西欧的发达国家也相继不同程度地缩短工时，大多平均每周工作 5 天，每天工作 7 小时；苏联及东欧各国从 20 世纪 60 年代开始也相继将原来每周工作 48 小时减少到 40 小时。之后，一些发达国家又开始推行每周 4 天工作制。如德国大众汽车公司宣布，从 1993 年 11 月起，把每周 36 小时工时改为 28.8 小时；比利时政府宣布，从 1995 年 4 月起，有 8 万名联邦政府雇员有权享受每周工作 4 天、共 32 小时的新工时制。到 21 世纪初，全球 200 多个国家和地区中，至少有 120 个国家和地区已经实行了 5 天工作制，其中包括所有发达国家和绝大多数的发展中国家。我国自 1995 年 5 月 1 日起，实行 5 天工作制，即职工每天工作 8 小时，每周工作 40 小时。我国是世界上第 145 个实行五天工作制的国家。

到 2015 年，发达国家已经全面进入"休闲时代"。我国虽然是发展中国家，但改革发展的飞速，使得休闲与休闲产业的发展势头趋势也超乎人们的想象。面对人类共同期盼的休闲时代，也需要对一些传统意义上的旅游城市的整体发展和形象定位提出更高的要求。正是在这一大背景之下，具有全球意义的大众化休闲时代正在到来。因此，积极地引导人们文明、健康、科学的旅游休闲，已成为中国社会现实而急迫需要研究解决的课题。

四、旅游休闲战略

进入 21 世纪以来，我国越来越重视推进国民的旅游休闲。2007 年国务院《政府工作报告》首次提出要培育休闲消费热点；2009 年《政府工作报告》和中央经济工作会议进一步强调，并出台了《关于加快发展旅游业的意见》。之后，广东、浙江、江苏等经济强省相继出台推进国民旅游休闲的相关文件。这些都标志着国民的旅游休闲已上升到国家战略的高度，标志着我国进入休闲社会的步伐正在大大加快。

（一）在推进国民休闲上抢得先机，争取主动

1. 把国民休闲放在转变发展方式的战略位置，培育成为扩大消费需求的制高点

休闲是当今社会公认的一种文明生活方式，也是社会发展进步的重要标志。随着经济发展和收入增加，休闲需求越来越迫切。从一定程度上讲，谁能在推进国民休闲上抢得先机，谁就顺应了消费需求演变的规律，谁就能取得转变发展方式的主动权。经验表明，当一个国家和地区人均 GDP 超过 5000 美元，休闲消费将进入快速增长时期。2017 年，我国人均 GDP 已突破 9000 美元，2019 年人均 GDP 更是突破 1 万美元。从实际发展情况看，我国休闲消费增长迅速，2019 年实现旅游总收入 6.63 万亿元，旅游业对 GDP 的综合贡献为 10.94 万亿元，占 GDP 总量的 11.05%。可以预见，在扩大内需成为我国经济发展长期战略方针和基本立足点的大背景下，休闲消费必将以更快的速度成为最大的消费热点。

2. 把国民休闲放在保障和改善民生的突出位置，培育成为提高群众幸福指数的新亮点

近些年，我国保障和改善民生事业取得显著成效。但从总体来看，我国社会民生建设还存有短板，与满足人民群众过上更好生活的新期待还有很大差距。其中，既存在有钱没时间、没地方花的问题，也存在想休闲而花不起钱的现象。要全面满足群众消费需求，必须在切实解决好关系群众切身利益的重大民生问题的同时，从以人为本和保障公民权益的战略高度，来认识和谋划国民休闲，加快丰富休闲产品，完善产业体系，促进人的全面发展。

3. 把国民休闲放在产业升级的优先位置，培育成为服务业加快发展新的增长点

据有关部门估算，我国国民的休闲支出和市场容量在相当长时期内仍将保持快速增长态势。研究表明，与休闲产业相关联的行业至少超过 110 个，可见休闲产业具有很强的产业关联性和带动作用，同时还直接或间接吸纳大量劳动力就业。为此，我国已经有越来越多的省市将其作为新的经济增长点和推进小城镇建设的有力支点，摆上重要议事日程，强调休闲产业的战略性支柱产业地位，以便作为产业优化升级的先导产业和城乡统筹发展的重要内容，尽快使其成为服务业加快发展的新领域。

（二）休闲权与劳动权一样，是必须保障的基本权利

1. 以人为本，保障权利

国民休闲权是当今世界普遍的价值观，与劳动权、受教育权和医疗权一样成为必须保障的基本权利。各级党委和政府要着力营造推进国民休闲的良好环境，真正把满足群众的休闲需求作为维护群众利益的重要内容，作为构建和谐社会的重要着力点。

2. 政府主导，社会参与

满足国民休闲需求的休闲产品，既有诸如公园广场、图书馆、博物馆、文化馆、体育馆等公共产品，也有诸如风景名胜、森林公园、地质公园等准公共产品，还有影视娱乐、观光度假、逛街购物等社会产品。这些类型各异的休闲产品结构，客观上要求各级政府必须不断加大财政投入，同时还要鼓励支持社会资本投资休闲领域。

3. 统筹规划，有序推进

目前我国的休闲资源分布在各行各业，涉及旅游、建设、交通、国土、农业、林业、海洋渔业、文化、体育、卫生等十几个部门，基本上处于分头规划、各自发展的状态，从而导致休闲资源开发不到位、利用率低下等现象。因此，需要有相关部门牵头、制定一个总体的部署安排，从而提高资源利用率，并增加产品供给，也要防止重复建设，实现高效发展。

（三）因地制宜，突出特色，全面放开公共休闲资源

1. 以开放公共产品为重点，提高城市休闲功能

当前，公共休闲产品之所以不足，关键是现有的资源设施没有得到充分利用。因此，提高城市的休闲功能，不仅要持续增加公共产品的供给能力，更重要的是需要全面开放公共休闲产品，使分散在各个领域的公共休闲资源真正公共化、社会化，切实还之于民。其中，当务之急是要先摸清家底，分类排列，制订免费开放的时间表。原则上凡是全部由政府投资建设的都要免费，由政府投资和社会资本共同建设的尽可能低价，完全实行市场运作的也要搞好价格调控。从广东、浙江等地先试先行的经验来看，开放公共休闲资源，运作得当政府不仅不会增加补贴，反而会带来更大的社会效益和经济效益。如目前广州市所有的城市公园和森林公园基本免费开放，个别象征性收费也只是为了调节旺季景区（点）流量；浙江杭州的西湖景区取消门票后，虽然每年少三四千万元的门票收益，但其综合效益却每年增加十几亿元。实践证明，加快开放公共休闲产品，既能最大限度提高城市休闲功能，又能带来良好的经济效益和社会

效益，可谓一举多得。

2.以加快绿道建设为抓手，建立可供户外活动的景观游憩线路

绿道通常是指沿河滨、溪谷、山脊、风景道路等自然或人工廊道，建立可供户外活动的景观游憩线路，并连接城乡，途经公园、保护区、风景区等休闲场所。目前广东省珠三角各市已累计建成省级绿道几千公里，城际交界全部实现互通互联，并在宜于休闲的沿河、沿湖、林地等，建设行人、自行车和自驾车专用线，深得游客和居民的喜爱。我国地大物博，自然环境和人文景观千差万别，绿道建设完全可以因地制宜，物尽其用，各得其所。如可重点依托山边、林边、城边、海边、湖边、河边、园边等，由城市逐步向农村延伸，形成连接城乡的绿道网。在发展模式上，积极推广"藤结瓜"模式，即以绿道为"藤"，以沿线村庄为"瓜"，带动发展"农家乐""渔家乐""牧家乐""洋家乐"等。在配套设施上，加强绿道沿线驿站和游憩点建设，加强停车场、自行车租赁、餐饮、安保等设施和服务。

3.以度假区和大项目为载体，打造休闲精品综合体

应充分发挥各级各类旅游度假区开放性、集聚性、创新性、引领性和成长性强的特点，把旅游度假区发展与大项目建设有机结合起来，努力发展成为国内休闲的精品聚集区。

4.以设施建设为突破口，增强休闲产品供给能力

从我国城乡休闲设施建设情况来看，城市应按照宜居宜游的理念，在加强公共休闲设施和产品建设的同时，加快中央休憩区、休闲社区和特色休闲街区的建设；广大乡村的重点是围绕建设环城游憩带，并加强相关设施建设，打造更多的农村休闲载体。从休闲发展新趋势看，还应积极适应散客成为客源主体的现实，加快游客集散中心建设，为大众休闲提供便利服务；积极适应自助游、自驾游成为时尚出行方式，加强交通、住宿等网络化服务，加强旅游休闲营地的规划建设，并逐步培育成为集休闲、健身、游戏、娱乐、社交等多功能于一体的新型休闲业态。

（四）全面落实带薪休假制度，针对休闲发展的突出问题提出相应的对策措施

1.针对《国民旅游休闲纲要》中的困难，提出切实可行的方案

国民休闲涉及政治、经济、文化、社会等各个领域，推进国民休闲客观上要求全社会共同努力。把各方面力量凝聚起来必须要有一个共同的行动纲领，才能促使各相关部门和单位统一思想，形成合力。2008年开始国家旅游局在山东、广东、江苏和

浙江等地进行试点，2013年初国务院办公厅正式颁布《国民旅游休闲纲要》（2013—2020年）。但现实的情况是《纲要》中的不少条目实施起来尚有困难，还需要在发展中寻求解决的办法，在发展中提出切实可行的方案。

2. 大力培育国民休闲意识

首先要求各级领导率先解放思想，更新观念，切实摆脱一切休闲就是追求安乐享受、就是不务正业的观念束缚，真正树立发展休闲就是发展生产力的理念，科学认识和对待休闲；其次要全面加强宣传引导，积极营造浓厚的社会氛围，培育全民参与休闲的兴趣和热情；最后要加强国民休闲教育，促进学生"德、智、体、美、劳"的全面发展。

3. 创新休闲投融资机制

（1）逐步增加政府投入。重点发展公共休闲产品，特别是大型休闲基础设施，并通过贴息等形式鼓励社会资金投向经营性休闲项目。同时，结合休闲设施建设规划，积极整合农林水、新农村建设、国土治理等资金，建设完善一批休闲设施，提高资金使用效率。

（2）做大做强休闲企业。公开支持休闲经营主体公开上市发行股票，拓宽筹集渠道，优化资本结构；支持有条件的企业发行债券等。

（3）盘活国有休闲资产。目前我国不少的地方和行业，存在休闲投入不足与设施长期闲置的矛盾或问题，应该采取有效措施加以解决。建议在保持设施休闲属性和政策允许的前提下，可分门别类，或引入社会资本进行股份制改造，或租赁给有条件的市场主体，或划拨转为其他急需的公共休闲项目使用。

4. 全面落实带薪休假制度

全面落实公休日休假，是推进国民休闲的内在要求和基本前提。当前，我国无论是党政机关还是企事业单位，无论是各级领导还是干部职工，带薪休假制度落实得都不够到位，有的甚至连正常的公休日都得不到休闲。建议首先把带薪休假落实情况列入同级文明单位考核；其次要加强对企事业单位的监督检查，保障职工带薪休假权利。同时，积极创新带薪休假形式，弹性安排休假时间，鼓励根据个人意愿分段灵活安排年度休假，可上移下错，实现与法定节假日相连接，增加集中休闲时间。

5. 积极办好国内、国际休闲大会

（1）山东举办全国首届"国民休闲大会（汇）"。2011年8月，山东省举办了全国首届"国民休闲大会"（又称"国民休闲大汇"），这不仅是推进山东省国民休闲发展的难得机遇，也有利于培育全体国民的休闲意识，推介休闲产品，扩大旅游休闲在生活中的知名度和影响力。

（2）浙江举办首届中国"休闲度假大会"。2017 年 10 月 28 日，由中国旅游协会、浙江省旅游局、丽水市政府共同主办的 2017 首届中国"休闲度假大会"在浙江省丽水市召开，大会以"休闲度假：新时代、新思想、新生活"为主题。与会嘉宾深度探讨了休闲度假时代的挑战、机遇与对策，共话新时代下，如何"敢为天下闲"。可见，休闲度假产业面临前所未有的发展机遇。在可以预见的不久的将来，以休闲度假为主的旅游消费必将迅速占领旅游市场，成为新常态下旅游业转型发展的新的"风口"。

（3）北京市平谷区举办第一届中国（北京）休闲大会。2017 年 9 月 22—24 日，第一届中国（北京）休闲大会由中国旅游协会、北京市旅游委、平谷区政府主办，2020 北京·平谷世界休闲大会执行委员会办公室承办，旨在将专业会议与休闲活动相结合，打造一场精彩纷呈的休闲业盛会，为休闲产业、休闲企业、休闲市民搭建共同参与、互动、沟通的平台，着力塑造、提升"北京休闲"形象，推动城市休闲产业健康发展，促进休闲领域理念、学术、观点互动融通，为顺利举办 2020 北京·平谷世界休闲大会预热、助力、备战。

世界休闲大会已经成为由世界休闲组织举办的最具代表性、专业性、权威性的学术盛会。旨在通过对休闲理念、休闲生活方式、休闲产业发展、休闲与人类发展、休闲与城市建设等内容进行研究与研讨，让人们的生活更有趣，让人们的生活更加丰富多彩。本届中国（北京）休闲大会的主题为"休闲提升生活品质"，口号为"我休闲、我健康"。

（4）杭州相继承办三届"世界休闲博览会"。2006 年 4 月 22 日（周六）至 10 月 22 日（周日），历时半年。2006 首届杭州世界休闲博览会由世界休闲组织、国家有关部委、浙江省政府、杭州市政府等联合举办，杭州市政府、萧山区政府和杭州宋城集团等具体承办。主要内容包括杭州世界休闲博览园和世界休闲风情园展示、世界休闲用品博览会、世界休闲大会、世界休闲峰会、世界休闲奖评选、世界休闲研究和培训及中国杭州西湖国际狂欢节、烟花大会等，是融休闲、旅游、娱乐、会议、展览、大型活动为一体的国际盛会。会议主题是"休闲——改变人类生活"；其目的是引进先进的休闲理念，倡导健康的休闲方式，提高城市的休闲服务水平，丰富人们的休闲体验，享受更加美好的生活。会议提出"相约中国杭州，共享休闲时光""国际博览盛会，精彩休闲体验""感受休闲生活，领略世界风情""办好西湖博览会、迎接世界休闲博览会、接轨上海世界博览会"等口号；其目的是扩大世界休闲博览会的国际影响，促进世界各国尤其是发展中国家休闲科学的交流与传播，促进休闲经济发展，提高人们生活质量；提高浙江省的国际知名度，引领中国休闲产业发展，促进旅游产业结构优化和旅游产品转型，打造杭州"东方休闲之都"等。世界休闲组织还与杭州达成协议，将世界休闲博览会永久落户杭州，每5年举办一届。

以"休闲——提升生活品质"为主题的第二届世界休闲博览会于2011年9月17日在杭州湘湖城山广场隆重开幕，并与第十三届西湖国际博览会合并举办。本届休博会由世界旅游组织、世界休闲组织、联合国教科文组织等重要国际机构和国家体育总局、浙江省政府等部门共同举办，设立了萧山湘湖、滨江白马湖、淳安千岛湖三大主园区。其中萧山湘湖主园区以休闲体验为主；滨江白马湖主园区以展示休闲文化为主；淳安千岛湖主园区以休闲活动为主。本届休博会从9月17日到11月18日，为期63天，共有240多项活动，大致分为休闲展示、休闲论坛、休闲活动和休闲体验等四大板块。

2017年10月20日至11月12日，以"休闲——让生活更美好"为主题的第三届世界休闲博览会在杭州隆重召开，并与第十九届杭州西湖国际博览会合并举办。本届休博会的开幕式及世界休闲案例馆设在G20杭州峰会的主会场——杭州国际博览中心，而杭州及各分会场则作为休闲案例示范体验主园区。

本届休博会由世界休闲组织（WLO）和杭州市政府主办，其总体目标是进一步扩大世界休闲博览会的品牌效应，加强国内外城市之间的合作与交流，建立休闲产业展示平台，引领中国乃至世界休闲经济发展；通过休闲体验，大力发展休闲旅游，推进杭州城市国际化建设，打造国际休闲案例示范区，加快建设国际重要的旅游休闲中心；倡导先进的休闲理念，以举办高层次休闲论坛为抓手，推进休闲学术理论研究，着力打造东方文化国际交流重要城市；通过休闲展示和休闲活动的举办，带动国际、国内城市休闲产业的发展，从而推进独特韵味和别样精彩的世界名城建设。

本届休博会由四大核心内容组成，分别是"一展、一会、一线、一节"。"一展"是指世界休闲案例馆。邀请了国际友好城市、国内特色城市、休博会分会场城市及知名休闲企业、休闲特色小镇等参与案例展示。"一会"即世界休闲发展国际高峰论坛。论坛结合休闲理论研究、特色小镇休闲案例建设分析，邀请国内外专家共同进行休闲学术研讨。"一线"指的是休闲案例示范区体验路线。大会整合了杭州市及各分会场等资源，推出一条第三届休博会休闲案例示范区体验路线，展示国际休闲案例示范区。"一节"就是市民休闲节。主要用来集中展示"后峰会"休闲发展新理念、新方式、新途径、新成果，以期开启休闲发展新篇章。

如果说第一届休博会开启了我国休闲元年，让老百姓了解休闲，懂得休闲；那么，第二届休博会，则全面展示了杭州休闲产业建设的成果；而第三届休博会则着力打造成为"全球休闲理念、文化研究成果的发布平台，世界最新休闲产业发展的展示平台，引领各国国民休闲活动的体验平台"。

前两届休博会的举办，不仅让世界进一步"触摸"到了杭州这座城市的迷人风景和灿烂文化，也让杭州"最美休闲城市"这一称号更加深入人心。而第三届休博会更是一届扩大休闲博览会的品牌效应、推进世界休闲理论研究、引领中国乃至世界休闲经济发展的盛会。

五、旅游休闲产业

旅游休闲产业是指以旅游为需求目标的休闲产业。它多以旅游业、娱乐业、服务业、健身产业和文化传播产业为主体而形成的产业系统；它是休闲产业的主体或支柱。

习近平总书记在党的十九大报告中，指出"中国特色社会主义进入了新时代"，我国社会主要矛盾已经转化为人民日益增长的美好生活需要和不平衡不充分的发展之间的矛盾。而旅游、休闲或旅游休闲恰恰反映了人们美好生活的需求和向往，因为旅游和休闲是人们生活的基本权利，也是人类文明进步的标志，更是实现"人"的全面发展的必要条件。为满足人民日益增长的旅游和休闲需求，促进旅游休闲产业的均衡发展，政府不断出台相关的政策和文件，以落实与旅游相关的休闲权利。应该说，我国的旅游休闲产业作为一个新的产业集群，呈现出新的、蓬勃发展的态势，在调整产业结构、促进产业转型升级方面已经发挥了积极作用，成为服务业的重要增长点。

旅游休闲产业的发展，不仅能够促进经济发展方式的转变，而且也可以满足现代人对旅游休闲的渴望。为进一步加快我国旅游休闲产业的发展，还应当采取以下的措施：

1. 全面贯彻实施《国民旅游休闲纲要》，大力推动国内旅游休闲产业的发展

要进一步解放思想、开拓创新、破除观念制约和歧视性的障碍，树立科学的旅游休闲理念，培养健康向上的消费方式，惠聚全民、服务全民的旅游休闲共建体系和保障机制，满足人民群众日益增长的多样化、多元化、多层次的旅游休闲需求，统筹协调、有序推进、调整整合各行各业和社会旅游休闲资源，推动公共休闲和商业休闲的发展，促进消费型的旅游发展并形成特色。

2. 全面开展国内休闲宣传行动，提高国民休闲意识

旅游休闲对政治、经济、文化、社会等各个方面都有重要的推动和促进作用，但由于历史的原因，社会上至今对休闲存在一定的偏见，如往往与大家熟悉的游手好闲、好逸恶劳、好吃懒做、无所事事等相提并论，因此需要加强舆论宣传，从提升生活质量、促进城乡和谐、推动社会进步的角度唤起社会各界对休闲的正确认识。进一步加大宣传，组织形式多样、丰富多彩的活动在全社会营造认识休闲、重视休闲、珍惜休闲、尊重休闲的氛围，让休闲登上大雅之堂。

3. 强化旅游休闲品牌建设，加快完善旅游休闲的产品体系

市场竞争就是品牌竞争，对旅游休闲来说同样如此。要大力推进旅游休闲产业发展，一要重视创新；二要重视品牌建设。近年来，我国的旅游市场、休闲市场都已经悄然发生了变化：旅游需求急增，旅游层次、旅游诉求和旅游方式等都在快速转型，旅游者的品牌意识也在不断提高。目前，旅游市场中选择品牌、追求品牌已经成为时尚。而当前市场竞争中品牌建设往往存在两种情况：一种是有待提升的品牌，即需要通过市场多年的培育，有的已经具有一定的知名度。当然，随着社会公众、旅游休闲消费需求的不断增加或提升，这些企业还需要对创新问题提供符合旅游消费者多元化、多层次、个性化服务的要求；另一种是已有品牌，即已经形成知名度和竞争力的品牌，也要根据市场和社会需求，不断创新、不断革命，力求使品牌更响、知名度更高，并能引领旅游休闲品牌和产品体系的建设，这是推广旅游休闲、产业发展中品牌建设极其重要的一环。总之，在推进旅游休闲产业发展的过程中，品牌建设尤其显得重要。

第三章

休闲旅游资源

第一节 | 世界遗产

一、世界遗产的概念及分类

（一）世界遗产的概念

世界遗产是指被联合国教科文组织和世界遗产委员会确认的人类罕见的、目前无法替代的财富。它是全人类公认的具有突出意义和普遍价值的文物古迹及自然景观。

为保护世界文化和自然遗产，联合国教科文组织于 1972 年 11 月 16 日在第十七次大会上通过了《保护世界文化和自然遗产公约》（以下简称《公约》），并于 1976 年成立了"世界遗产委员会"，同时建立了《世界遗产名录》。

被世界遗产委员会列入《世界遗产名录》的都是世界遗产，都可接受"世界遗产基金"提供的援助，还可组织游客进行游览。由于被列入《世界遗产名录》的地方能够得到世界的关注与保护，提高知名度并能产生可观的经济效益和社会效益，因而激发了各国积极申报"世界遗产"。我国于 1985 年 12 月 12 日加入《公约》，1986 年开始向联合国教科文组织申报世界遗产项目；1999 年 10 月 29 日当选为世界遗产委员会成员。

（二）世界遗产的分类

从传统意义讲，世界遗产包括文化遗产、自然遗产、文化与自然双重遗产、文化景观遗产四大类；从广义的角度而言，根据其形态和性质，世界遗产又可分为物质遗产（文化遗产、自然遗产、文化和自然双重遗产、记忆遗产、文化景观）和非物质文化遗产两大类。

1. 世界文化遗产

世界文化遗产是指由联合国支持、联合国教科文组织负责执行的国际公约，以保存对全人类都具有杰出普遍性价值的自然或文化为目的的处所。它是文化的保护与传承的最高等级，是世界遗产的一类。

世界文化遗产分为有形文化遗产和无形文化遗产，即物质文化遗产和非物质文化遗产。物质文化遗产是指具有历史、艺术和科学价值的文物，即看得见、摸得着的文化遗产。如历史文物、历史建筑、人类文化遗址等。非物质文化遗产是指各种以非物质形态存在的与群众生活密切相关、世代相承的传统文化表现形式，即似乎是看不见又摸不着的文化遗产。如口头文学、传统美术、民俗礼仪、文化艺术等。

（1）物质文化遗产。又可分为不可移动文化遗产（如遗址、文物和建筑等三类）和可移动文化遗产两大类。

（2）非物质文化遗产。又可分为节庆礼仪、民间美术、表演艺术、技术工艺和传说故事等多种类型。

2. 世界自然遗产

世界自然遗产是指从审美或科学的角度具有突出普遍价值的由物质和生物结构或这类结构群组成的自然景观；从科学或保护的角度具有突出普遍价值的地质和地文结构及其明确划为受到威胁的动物和植物生境区；从科学、保存或自然美的角度具有突出普遍价值的天然名胜或明确划分的自然区域。世界自然遗产又可分为三大类：

（1）地学遗产。包括地史、地质、地貌等。如中国丹霞、中国南方喀斯特、江西三清山等。

（2）生物遗产。包括动物和植物等。如四川大熊猫栖息地、青海可可西里、中国澄江化石地、湖北神农架等。

（3）自然景观遗产。包括湖南武陵源、云南三江并流和四川九寨沟等。

3. 世界文化与自然双重遗产

世界文化与自然双重遗产是指满足上述文化遗产和自然遗产两方面条件的，即可列为"双遗产"（又称"混合遗产"或"复合遗产"）。"双遗产"深刻体现了人与自然、人与文化和谐的价值观念。按照《实施保护世界文化与自然遗产公约的操作指南》，只有同时部分满足《保护世界文化与自然遗产公约》中关于文化遗产和自然遗产定义的遗产项目才能成为文化与自然混合遗产。如我国山东泰山、安徽黄山、福建武夷山和四川峨眉山—乐山大佛等。

4. 世界文化景观遗产

世界文化景观遗产是指被联合国教科文组织和世界遗产委员会确认的人类罕见的、目前无法替代的文化景观，是全人类公认的具有突出意义和普遍价值的"自然和人类的共同作品"。它是世界遗产中的一种类型。如江西庐山、山西五台山、杭州西湖文化景观和左江花山岩画景观等。它是 1992 年 12 月在美国圣菲召开的联合国教科文组织世界遗产委员会第 16 届会议上提出并纳入《世界遗产名录》中的。它又可分为三大类：

（1）由人类有意设计和建造的景观。包括出于美学原因建造的园林和公园景观，它们经常（但并不总是）与宗教或其他概念性建筑物或建筑群有联系。

（2）有机进化的景观。它产生于最初始的一种社会、经济、行政以及宗教需要，并通过与周围自然环境的相联系或相适应而发展到目前的形式。它又包括两种次类别：一是残遗物（化石）景观。代表一种过去某段时间已经完结的进化过程，不管是突发的或是渐进的。它们之所以具有突出、普遍价值，就在于显著特点依然体现在实物上。二是持续性景观。它在当地与传统生活方式相联系的社会中，保持一种积极的社会作用，而且其自身演变过程仍在进行之中，同时又展示了历史上其演变发展的物证。

（3）关联性文化景观。这类景观列入《世界遗产名录》，以与自然因素、强烈的宗教、艺术或文化相联系为特征，而不是以文化物证为特征。 此外，列入《世界遗产名录》的古迹遗址、自然景观一旦受到某种严重威胁，经过世界遗产委员会调查和审议，可列入《濒危世界遗产名录》，以待采取紧急抢救措施。

二、我国的世界遗产

我国是世界上拥有世界遗产类别最齐全的国家之一，也是世界文化与自然双重遗产数量最多的国家（与澳大利亚并列，均为 4 项）。

我国首都北京是世界上拥有遗产项目数最多的城市（7 项），苏州是中国至今唯一承办过世界遗产委员会会议的城市（2004 年，第 28 届）。

（一）我国的世遗名录

截至 2019 年 7 月 6 日，我国的世界遗产已达 55 项，其中世界文化遗产 37 项、世界文化与自然双重遗产 4 项、世界自然遗产 14 项。暂时与意大利并列为拥有世界遗产最多的国家（55 项）。此外，中国还是世界上拥有世界遗产类别最齐全的国家之一，是世界文化与自然双重遗产数量最多的国家（暂时与澳大利亚并列，均为 4 项）；世界自然遗产位居世界第一（14 项）。但可以肯定的是，幅员辽阔、文化灿烂、拥有 5000 年历史的泱泱中华，在不久的将来，其世界遗产的数量一定会永久性排名世界第一。

（二）我国未来预备申报的名单

从 2018 年起，世界遗产委员会修改和调整了世界遗产的申报规则，这对包括中国在内的世界遗产大国的申遗提出了更加严峻的考验（挑战）。世界遗产委员会长期致力于解决《世界遗产名录》中世界遗产类型不均衡、区域分布不平衡、时代分布不协调的问题，先后数次调整申报规则。2016 年通过决议实行新的"限额制"：最多每年审查每个缔约国的 1 项申报项目，即根据以往的规律或经验，每年审查申报项目由 45 项降至不超过 35 项，并更多鼓励自然遗产、混合遗产、跨国项目的申报，且向世界遗产数量过少的国家、新近加入《世界遗产公约》的国家、若干年内未申报的国家倾斜等。新"限额制"已于 2018 年开始正式执行。中国等世界遗产数量较多的国家在今后的申遗道路上将因此而面临更加严峻的挑战。

2020 年突如其来的全球新冠肺炎疫情，也影响了每年一届的世界遗产大会的正常召开，2020 年 11 月 2 日，第十四届世界遗产委员会特别会议宣布，原定于 2020 年 6—7 月举办的第四十四届世界遗产大会延期至 2021 年 6—7 月在中国福州召开。各国预备申报的世遗名单也只能相应延后。

1.2021 年中国世遗预备申报名单

世界文化遗产申报项目：宁夏回族自治区宁川市西夏王陵。

2.2022 年中国世遗预备申报名单

世界文化遗产申报项目：福建省泉州市宋元中国的世界海洋贸易中心。

（三）世界遗产的国际影响

世界遗产的作用和价值除了保护"具有突出意义和普遍价值的文物古迹及自然景观"以外，它还是一个地方或一个国家的一种荣誉，也有利于当地旅游业的发展，并给当地商品的销售带来机会。不少中国的名胜因被冠上"世界遗产"之名而吸引了四面八方的旅客，但旅游的过度开发及人为破坏，对古迹及自然风貌产生了诸多不良的影响。当然，也有部分原来不太知名的古迹因被列入世界遗产名录而受到学者、政府，乃至各地人民的特别关注和保护，如中国的丽江古城、平遥古城和福建土楼等就因此而受益。

三、世界遗产旅游开发

世界遗产是人类文明或自然景观的珍贵遗存，往往是不可替代、不可再生的资源。对联合国教科文组织而言，其发起遗产保护公约的初衷在于保护和抢救濒危文化或自然资源。但实践证明，申遗成功助推了遗产地的旅游发展，特别是在我国体现得更加淋漓尽致。如故宫、秦始皇陵、丽江古城、布达拉宫、敦煌莫高窟、平遥古城等地都是如此。相对于教科文组织的保护目的，我国则以保护和开发作为共同目标，以期实现"在发展中保护，在保护中发展"的双赢效果，旅游则在这一过程中充当了手段，甚至往往是唯一重要的手段。

开发世界遗产地的旅游是我国近些年来政府和企业非常热衷的工作，也是旅游业中发展最快的新型旅游产品之一，已经成为我国旅游业的重要组成部分。当前，我国世界遗产旅游开发中存在的最突出问题是门票价格过高，形成了所谓"门票经济"。产生这一问题的原因是多方面的，有理论研究不到位、管理体制不健全、开发模式单一和产业融合度低等问题。因此，必须结合我国的实际情况，突破我国世界遗产旅游发展中的非良性路径的依赖，推动我国世界遗产旅游开发保持良性互动。

（一）加强理论研究

世遗旅游作为旅游研究领域中的一个重要组成部分，对于旅游业的发展起着至关重要的作用。因此，要大力加强对世遗旅游的研究，正确认识世遗旅游各构成要素之间的相互关系，特别要认清当"旅游景区参观游览收入"在整个产业链中一枝独大时，整个产业链结构就会发生变异，导致旅游行业其他要素萎缩。门票收入虽然是旅游收入中的重要组成部分，但并不是主体部分，至少不是最重要的部分。如美国迪士尼乐园的门票收入仅占其所有收益的 20% 左右，而主要收益则来源于购物、餐饮、服务、娱乐设施等，其中仅乐园中的 5000 多种纪念品一年的销售额就可达上亿美元。

（二）完善管理体制

我国世遗旅游景区管理体制要在所有权与使用权关系上取得突破性进展，增加世遗旅游资源保护专项基金，提高公共财政投入水平，加强基础旅游设施建设，保障公共产品供给，实行积极的旅游财政支持政策。我国在世遗旅游景区开发过程中应借鉴国外的先进经验，在大规模的旅游开发过程中承担起政府应尽的职责，特别是要加强对世遗旅游景区门票价格的管理，进一步完善和健全世遗景区管理体制。

（三）打造产业链

旅游业包括"吃、住、行、游、购、娱"等六大传统要素，还包括"商、养、学、闲、情、奇"等六大新要素，它们都是一个完整的产业链条。旅游者在游览过程中除了欣赏当地景色外，要解决住宿、餐饮、交通等生活问题，还要欣赏地方戏剧歌舞、购买当地旅游纪念品和土特产品，更要休闲、养生等，从而带动地区经济的发展。因此，世遗旅游景区所在地应大力整合当地旅游资源，以市场需求为导向，从现在的以观光型产品为主导的产品体系，逐步转变为以观光旅游为基础、以休闲度假、康体养生旅游为主导的综合性旅游产品体系，形成并延长旅游产业价值链，以促进经济增值、增效。

四、世界遗产与旅游

世界遗产与旅游业本没有关系。但世界遗产是旅游业的客体（即旅游资源），是旅游业不可或缺的三大要素（主体、客体和媒介）之一，对旅游业意义重大。而旅游为人们认识遗产价值提供了最直接、最有效的途径。当然，在世界遗产与旅游发展之间需要寻求平衡。一方面，不至于因为开发旅游而使遗产遭到破坏；另一方面，通过旅游获得的收益可投入到遗产的永久性的保护之中。然而，也不是所有的世界遗产都适合（可以）开展旅游，有些遗产特别脆弱，一些特定的自然遗产如自然保护区就不应该对游客开放，而只有那些出于研究和教育需要的人员才能获得准入。我国的世界遗产面临最大的问题就是旅游业的过度、无序开发，以至于危及遗产本身。

在世界文化遗产地的保护和开发的过程中，不可避免地会遇到资金问题。完全依靠政府的拨款似乎也不太现实。为了解决这个问题，遗产地的旅游业应运而生。旅游业可把文化遗产快速地推广到全世界，让世界人民得以了解；且在旅游业这一经济杠杆的推动下，大量资金随之而来，这对世界文化遗产的开发和保护有着积极的作用。有了资金，就可以引进先进的开发设备与技术，同时也可以吸引优秀的人才加入到开发和保护的工作之中。旅游让人们结识世界遗产，世界遗产让人们的旅游增添趣味。如今，"世界遗产旅游"作为一种旅游形式或旅游品牌，从一开始就具有超出其他旅游产品的魅力。作为可持续发展的一种旅游形式，"世界遗产旅游"已经成为游客增长见识、开阔眼界、丰富知识、提升品质、获得精神上的最高享受的必不可少的重要一环。

五、世界遗产保护

（一）世界遗产公约

世界遗产公约的全名是"保护世界文化和自然遗产公约"。公约主要规定了文化遗产和自然遗产的定义、文化和自然遗产的国家保护和国际保护措施等条款；公约规定了各缔约国可自行确定本国领土内的文化和自然遗产，并向世界遗产委员会递交其遗产清单，由世界遗产大会审核和批准。凡是被列入世界文化和自然遗产的地点，都由其所在国家依法严格予以保护。

1. 制订公约

联合国教育、科学及文化组织于 1972 年 10 月 17 日至 11 月 21 日在巴黎举行的第十七届会议注意到人类的文化遗产和自然遗产受到越来越严重的破坏或威胁。其因年久腐变所致，同时变化中的社会和经济条件使情况恶化，造成更加难以应对的损害或破坏。考虑到任何文化或自然遗产的坏变或丢失都有使全人类遗产枯竭的有害影响，考虑到国家一级保护这类遗产的工作往往不很完善，原因在于这项工作需要大量投入，而列为保护对象的财产的所在国却不具备充足的经济、科学和技术力量，回顾本组织的《组织法》规定，本组织将通过保存和维护世界遗产和建议有关国家订立必要的国际公约来维护、增进和传播知识，考虑到现有的关于文化和自然遗产的国际公约、建议和决议表明，保护不论属于哪国人民的这类罕见且无法替代的财产，对全人类都很重要。考虑到部分文化或自然遗产具有突出的重要性，因而需作为全人类世界遗产的一部分加以保护；考虑到鉴于威胁这类遗产的新危险的规模和严重性，整个国际社会有责任通过提供集体性援助来参与保护具有突出的普遍价值的文化和自然遗产，这种援助尽管不能代替有关国家采取的行动，但却可以成为有效的补充。考虑到为此有必要通过采用公约形式的新规定，以便为集体保护具有突出的普遍价值的文化和自然遗产建立一个根据现代科学方法制定的永久性的有效制度，在大会第十六届会议上曾决定应就此问题制订一项国际公约，并于 1972 年 11 月 16 日的第十七届会议上通过本公约。

2. 公约内容

公约内容主要包括文化和自然遗产的定义、文化和自然遗产的国家保护和国际保护、保护世界文化和自然遗产政府间委员会、保护世界自然和文化基金、国际援助的条件、安排和教育计划、报告和最后条款等八个方面。

（二）濒危世界遗产

自 1994 年以来，为保护文化遗产，联合国教科文组织加强了文化遗产的监测工作，将存在严重问题的遗产列入《濒危世界遗产名录》，敦促遗产所在国家采取措施修复和保护文化遗产。《濒危世界遗产名录》的设立是为提醒国际社会，部分文化遗产正在受到威胁。

1.《濒危世界遗产名录》

截至 2017 年，经过更新的《濒危世界遗产名录》中共有 34 个国家的 55 项世界遗产（包括文化遗产 38 项和自然遗产 17 项），其中濒危遗产数最多的国家是叙利亚，现有 6 处遗产进入濒危名录，第二多的是刚果（金）和利比亚各有 5 处遗产进入濒危名单；美国大沼泽地国家公园第二次进入名单；目前我国没有世界遗产位列"濒危名单"。

2. 威胁世界遗产的主要因素

世界遗产受到的威胁是多种多样的，如"年久腐变""蜕变加剧"等就是威胁一些世界遗产的因素，同时世界遗产还遭受到自然灾害、战争与武装冲突、环境污染、日益城市化与迅速发展的旅游业等的影响，都使世界遗产保护工作面临着空前的挑战。但是，对世界遗产最大的威胁来自人类自身，即人们中间的许多人对遗产的漠视和模糊认识。因此，在所有人特别是在年轻人中普及世界遗产知识，唤起和提高大家对世界遗产的保护意识，是人类目前共同的最迫切的任务。具体来说，世界遗产遭到破坏的因素主要有两类：

（1）不可抗拒因素。即不以人的意志为转移的因素，也就是不在人类的控制中的因素。大多数属于"天灾"。如火山爆发、地震、洪水等。

（2）人为因素。即人为造成的破坏。如战争、采矿、城市旅行和旅游开发等。

3. 濒危世界遗产的界定

《保护世界文化与自然遗产公约》的实施，为全人类共同保护具有突出、普遍价值的文化和自然遗产建立了一个有效的保护制度。遗产地被列入世界遗产名录，不仅是"金榜题名"，更意味着保护的责任。根据上述公约，自 1994 年开始，世界遗产委员会加强了世界遗产的监测工作。监测工作是根据国际公认的世界遗产保护准则对各个世界遗产地的保护状况定期进行专业检查、审议和评估，向世界遗产委员会提出详尽的报告。世界遗产委员会根据报告对该遗产地保护状况做出评定，包括肯定与鼓励、情况通报、建议国际援助或合作，乃至将存在严重保护问题的世界遗产地列入《濒危世界遗产名录》等，以保障该国的世界遗产被持续、永久地保存。

世界遗产委员会依据检测结果进行评估，一旦该遗产地具备如下条件，则它可以被认定是濒危世界遗产。

（1）遗产地具备世界遗产的资格。即遗产地本身就是世界遗产。

（2）由于以下原因，面临被毁坏的危险。其中包括：蜕变加剧、大规模公共或私人工程的威胁、城市或旅游业迅速发展造成的消失危险、土地的使用变动或易主造成的破坏、未知原因造成的重大变化、随意摒弃、武装冲突的爆发或威胁、灾害和灾变（如火灾、地震、山崩、火山爆发、水位变动、洪水、海啸等）。

（3）有关该遗产保护的国际合作已经十分必要。

（4）有本国濒危遗产地的援助申请，且这种援助必须是有效的。其中要求援助的申请可以由世界遗产委员会任何一名成员或其秘书处——世界遗产中心提出。

（三）世界遗产公约的出台与意义

1. 保护"世遗"公约的出台过程

有人以为世界遗产名录是红榜，濒危世界遗产清单是黑榜，显然是一种误会。实际上，它们是同一方向的名单，不过在两个等级上，前者是保护名单，后者是紧急保护名单。联合国教科文组织倡议《保护世界文化与自然遗产公约》（以下简称"公约"）的基础不是为旅游项目授勋，而是注意到文化遗产和自然遗产越来越受到破坏或威胁。考虑到任何遗产的坏变或丢失都有使全人类遗产枯竭的有害影响，考虑到国家一级保护遗产的工作往往不很完善，为此，"公约"规定缔约国的责任包括对遗产的确定、保护、保存、展出和遗传后代等，并且为此目的要竭尽全力，最大限度地利用本国资源，必要时利用所能获得的国际援助和合作。

1901年，人类第一次在埃及与苏丹交界处修建阿斯旺水坝时，具有超过3000年历史的努比亚遗址就面临被淹没的危险。1959年，埃及政府决定重建阿斯旺水坝。按照这个计划，努比亚遗址将永远长埋于尼罗河水面下。应埃及和苏丹两国古迹保护组织的要求，联合国教科文组织主持了第一次保护人类文化遗产的行动，争取到50个国家的支持，筹集了8000万美元，自1964年开始，用整整10年时间，将努比亚遗址中最有价值的拉美西斯神庙与纳菲尔泰利神庙完整切割，易地重建。这次看上去有些无奈的国际合作直接导致了"公约"在1972年的诞生。

1976年，为落实"公约"的规定，联合国教科文组织成立了世界遗产委员会。世界遗产委员会的最重要工作就是"制定、更新和出版"《世界遗产名录》和《濒危世界遗产清单》。1978年，世界遗产委员会公布了第一批共12项世界遗产。截至2019年7月10日，世界遗产名录涵盖了167个国家的1121项遗产。其中文化遗产（含文化景观遗产）869项，自然遗产213项，文化与自然双重遗产39项。有39项遗产为两个或两个以上国家共有。自此，我国以 55 项世界遗产后来者居上，与意大利并列世界第一。

2. "世遗"意味着更大的责任而非更高的荣誉

如果动机不纯粹，如果利用开发第一，保护就可能沦为旗号，与"公约"的初衷背道而驰。进入《世界遗产名录》，意味着花钱而不是挣钱、用心而不是放心。进入"世遗"，意味着在世界的众目睽睽之下，意味着高标准严要求，稍不留神，就升入濒危榜，再不留神，就万劫不复了。世界遗产是人类的记忆，记忆是不可复制的。濒危世界遗产清单上的 55 桩事例，足以警醒人们的心智。

全世界关注世界遗产的命运，从长城到莫高窟，从昆曲到古琴，从武当山遇真宫大火拷问到都江堰建坝风波，每每是年度报道的大事。2004 年 6 月 28 日在苏州召开的第 28 届世界遗产委员会会议（简称"苏州会议"），世界遗产专家组深入考察了中国"世遗"保护项目的运行，探究"世遗"保护的法理和实例，推广"世遗"的文明理念。

以上提到的中国的世界遗产都曾为"申遗"做出过贡献，它们的共同点是：很少见到人的身影。但事实却是：没有一处世界遗产能回避人类的脚步。在我国的"五一"、"十一"和春节长假，作为"最好的地理环境点"的遗产地，往往是最热门的旅游目的地。早在 1972 年，"公约"就表达了对世界遗产面临来自"旅游业迅速发展计划造成的消失威胁"的深深忧虑。

（四）保护"世遗"的历史担当

保护世界遗产，不能求一时一地的商业利益，求的是子孙后代还能受益于这份宝贵的遗产，求的是自然和历史的馈赠不要在我们手中消失。

1. 我国的"世遗"数量后来居上，排名世界第一

继 2017 年我国青海的可可西里和福建厦门的鼓浪屿"历史国际社区"申遗成功之后，于 2018 年 7 月 2 日在巴林首都麦纳麦召开的第 42 届世界遗产大会，我国贵州的梵净山进入世界自然遗产名录；2019 年 6 月 30 日，第 43 届世界遗产大会在阿塞拜疆巴库开幕，我国黄（渤）海候鸟栖息地（第一期）和浙江省杭州市余杭区良渚古城遗址通过了审议，被列入世界遗产名录。至此，中国的世界遗产数量已达 55 个。如此之多的世界遗产，该以怎样的面貌传给后代？面对文化生态的变化，又该如何守护历史文化记忆？类似的问题开始进入公众视野。

中国申遗的心态经历了一个变化过程。最早长城、故宫等申遗，是希望得到国际社会认可；随后丽江、张家界等地申遗成功后的旅游开发，则更看重背后的商业价值、品牌效应，一些地方甚至将世界遗产当成"摇钱树"，引发了人们对过度开发的批评。《保护世界文化和自然遗产公约》将"突出的普遍价值"作为评选世界遗产的主要依据，如何保护这种超越国家界限的普遍价值，使之有益于全人类的当下和未来，或将是大家更应思考的问题。

2. "世遗"数量的多少，意味着责任的大小

世界遗产不只是一地一国的遗产，更属于全人类。所以，保护世界遗产要有大格局，不能求一时一地的商业利益，求的是子孙后代还能受益于这份宝贵的遗产，求的是自然和历史的馈赠不要在我们手中消失。以鼓浪屿为例，它展示了以闽南文化为代表的中国传统文化与外来多元文化，在建筑、技术、园林景观方面能看出广泛而深入的交流和融合。西风东渐、华侨反哺，闽南白话字和早期的汉语拼音在这里传播；中国的现代医学、音乐教育在这里生根；弘一法师、林语堂、马约翰、林巧稚等在这里留下足迹……人类文明交流史，在这个不足两平方公里的小岛上浓墨重彩地演绎。美丽，但是脆弱；珍贵，却又易逝。这正是我们要保护历史文化记忆的原因，也是世界遗产设置的初心所在。

把文化遗产原原本本地保存下来并不简单。1964年的《威尼斯宪章》奠定了对遗产保护的"原真性"原则，提出"将文化遗产真实地、完整地传下去是我们的责任"。在保护世界遗产上，中国还有不少路要走。首先，世界文化遗产保护，应该软件、硬件保护并举，不能"见物不见人"，更不能破坏当地原有社区的生活方式。文化遗产和原生态的居民生活是不能割裂的，否则人文底蕴、保护价值就消失了。鼓浪屿的文化遗产，不止于菽庄花园的"藏海"和"补山"等有形物，还在于街角一位老人便可向你娓娓道出家族闯南洋的故事；老屋里赫然摆放的钢琴，让你明白"琴岛"之称名不虚传。

3. "世遗"的保护，也需要现代高科技的支持

移动互联时代，世界遗产保护还要在精细化、智能化上下功夫。如江西的三清山为强化遗产地的环境综合整治，采取了"山上游、山下住""净菜上山、洗涤下山、垃圾下山"等一系列措施。鼓浪屿动用了数字化手段实施保护监测，订制专门的APP调控游客量的峰值、监控房屋的特征要素。作为旅游者，也当有敬畏之心，理解、遵守这些规定，毕竟保住了世界遗产的原始风貌肌理，才会有更好的再聚。目前，鼓浪

屿的登岛游客数量已被限制到每天 5 万人；莫高窟在 2014 年也做出参观预约、限流的规定，以减少游客过多带来的湿气、二氧化碳等对千年壁画的损害。这些措施都是必需的，也是所有人的共同责任。

55 项世界遗产，是国际社会对中国自然和文化资源的认可，也是中国向世界做出的文化承诺。把世界遗产保护放在人类命运共同体的坐标上，不断提高文化遗产保护水平，才能更好发挥文化遗产在见证和提升人类文明中的积极作用。

第二节 | 主题公园

主题公园是根据某个特定的主题，采用现代科学技术和多层次活动设置方式，集诸多娱乐活动、休闲要素和服务接待设施于一体的现代旅游目的地。它是为了满足旅游者多样化休闲娱乐需求和选择而建造的一种具有创意性活动方式的现代旅游场所。它主要以文化复制、文化移植、文化陈列以及高新技术等手段，以虚拟环境塑造与园林环境为载体来迎合消费者的好奇心，以主题情节贯穿整个游乐项目的休闲娱乐活动空间。

一、特点与类型

（一）特点

1. 主题的独特性

独特性是主题公园的命脉。鲜明特色和独特个性的主题是主题公园的灵魂，也是影响旅游者休闲娱乐取向的魅力之所在。成功的主题公园都有自己鲜明的主题特性，也是有别于同类产品的独特形象。如深圳"锦绣中华"的"一步迈进历史，一日畅游中国"；长沙世界之窗的"世纪之光"等，都是典型的独创性主题。为了满足游客的多样化需求与选择，深入挖掘主题，创造独特主题，已成为世界各国主题公园发展的立足点。

2. 特色的大众性

主题公园具有通过"主题"解释文化和传递文化的功能，它着重满足的是旅游者精神生活上的需求，提供的是一种对文化的体验过程。由于面向的是大众旅游者，所以无论选择的是民俗文化、历史文化、科幻文化还是休闲娱乐文化，都必须注重其文化特色的大众性，而不能刻意追求文化的诡异或高深。另外，所选取的主题文化必须尽可能与地方的文脉相适应，以体现地方文化，展示地域特色。如在恐龙故乡四川自贡选取恐龙文化为公园主题文化就不失为一种好的选择。

3. 效益的广泛性

主题公园的良性发展带来了奇迹般的高效益，这种高效益是经济、环境、社会的高度融合。一是主题公园和其他的旅游企业一样，通过其外溢贡献促进地方经济的发展，成功的主题公园在大区域范围内对创造就业、刺激消费、促进经济发展等的作用显著。主题公园的开发也会使邻近的地区受益，不仅交通运输和宾馆酒店受益显著，主题公园邻近的土地也会迅速升值。二是主题公园属于绿色事业，它拥有包容大面积绿地和造就高素质生态环境的能力。为了能成为游客旅游、休闲、娱乐的中心，主题公园十分重视环保工作，为营造更美好的生态环境往往会大量种植植物，引进动物，有些主题公园甚至直接把生态作为主题。三是成功的主题公园是遵从人类审美规律，并运用文化、美学、高科技等手段构筑的一个理想化的世界。它在吸引万千游客前来游玩的同时，也以其特有的文化价值形式影响着游客，进而影响到整个社会。

4. 参与的体验性

主题公园内的人造景观本身多数由静物组成，具有一定的文化内涵和艺术欣赏价值，但作为旅游景区，还应具备趣味性、娱乐性及参与性等基本属性，才能吸引不同层次、不同目的、不同兴趣的游客。世界三大主题公园（迪士尼、环球影城和环球嘉年华）之一的环球嘉年华在每年巡回展中都能够推出适合当地游客的参与性强的软游艺项目。这些游艺项目不仅方式新颖，而且奖品丰厚，在嘉年华乐园疯狂与欢乐的氛围内，游客们争先恐后地参与这些软游艺项目。因此，主题公园需要设计一些能够突出自身主题特色的参与性强的有益项目。

5. 经营的高要求性

主题公园的兴建是一项庞大的系统工程，一般投资规模比较大。主题公园的投资主要包括四个环节：主题策划的费用、制造建设的成本、项目更新的投入、数量众多的管理人员和工作人员的培训费与薪酬等。以国外的主题公园为例，在主题策划阶段，国外的主题公园要花费大量的时间和费用进行调研、可行性分析和主题的策划及项目规划。建设中，由于场景的真实性要求，公园建设的成本很高，而且这些场景一旦建成，很难再改作他用，这也是主题公园成本的主要构成。主题公园建成以后，投资并未结束，还要源源不断地注入资金进行项目的更新。另外，维持日常运营的费用也比较高。

（二）类型

1. 按旅游体验类型划分

（1）游乐型。指各种以游乐为主题的公园或游乐园。它提供了刺激的游乐设施和机动游戏。如迪士尼乐园、丹麦的蒂沃利公园、我国大连的发现王国等。

（2）情景模拟型。指以情景模拟为主题的公园。目前国内外大多以各种影视城为主题。如江苏无锡的三国水浒城、浙江横店的影视基地、上海的科技馆等。

（3）观光型。指以著名景观或特色景观的浓缩为主，让游客在短时间内欣赏最具特色的景观。如深圳的锦绣中华、世界之窗等。

（4）主题型。指内容明确的各种各样的水族馆和野生动物园。如大连的老虎滩极地海洋公园、香港的海洋公园等。

（5）风情体验型。指以风情体验为主的公园。它将不同的民族风俗和民族色彩展现在游客眼前。如民俗村、洋人街、欢乐谷、渔人码头等。

2. 按功能和用途划分

（1）微缩景观类。主要指选择世界各地或国内有代表性的景观进行微缩，以方便展示。如深圳的锦绣中华、北京的世界公园等。

（2）影视主题公园。指不以影视拍摄功能为主，而是成为以影视拍摄场景、场地、道具、服饰、片段等为资源，以影视文化为主题的娱乐公园。如美国加州的好莱坞环球影城，江苏无锡的三国城、唐城、水浒城等。

（3）活动参与类。指通过丰富的互动性、竞技性和娱乐性来吸引世界各地游客的公园。如意大利的 AC 米兰主题公园，中国江苏的苏州乐园，中国广东的深圳华侨城、欢乐谷等。

（4）民俗景观和仿古建筑类。指以民俗景观和仿古建筑来吸引游客的公园。如深圳的中华民俗文化村、北京的民族园等。

（5）科幻探险类。指以科幻、探险等来吸引游客的公园。如贵州贵阳的东方科幻谷、江苏常州的中华恐龙园等。

3. 按主题内容划分

（1）文化历史型。以模拟某个特定历史时代的场景，或以文学名著为主题，或以中华民族传统文化、古典名著和历史故事为原型进行创意发挥，将其形象再现。如浙江杭州的宋城、河南开封的清明上河园等。

（2）名胜微缩型。微缩景观是主题公园最早和最常见的造园手法，通过将异国异地的著名建筑、景观按一定比例缩小建设，方便参观者在短时间、全方位领略并了解不同的文化。如荷兰的马多洛丹、中国深圳的世界之窗等。

（3）民俗风情型。以野外博物馆的形式模拟民俗风情和生活场景，具有较高的参与性，常加入演员反映民俗民风的表演，使主题表达更生动。如中国云南的民族村和广东的民俗文化村等。

（4）科技娱乐型。利用声、光、电、气等科技来表现未来、科幻、太空、海洋等主题。虽然在设计、建造等方面难度较大，投入较多，但可寓教于乐，深得市场青睐。如中国广东深圳的欢乐谷、世界各地的迪士尼乐园等。

（5）影视娱乐型。源于环球影城，游客通过游览电影拍摄场景、体验电影涉及的内容和过程等，使游览体验更丰富，视觉冲击力更强烈。如美国的好莱坞环球影城、中国宁夏回族自治区的镇北堡西部影城等。

（6）自然生态型。以自然界的生态环境、野生动植物、海洋生物等为主题，展示其独特的观赏和游览特性。如泰国的鳄鱼公园，我国北京的海洋馆和广东番禺的香江野生动物园等。

（7）综合旅游主题型。主题公园发展到后期，多以整合若干不同类型的较成熟的主题公园为主要形式，并通过旅游整合，结合旅游与其他产业，以达到满足游客不断增长的对美好生活的需要。如中国广东深圳的华侨城整合的主题公园，将旅游主题公园与酒店、演艺、地产等进行了完美的结合，形成了旅游产业新的亮点。

二、主题与定位

（一）主题确定

主题公园主题的确定，大多基于以下六要素：一是准确的主题公园设计的选择；二是恰当的主题公园园址的选择；三是独特的主题公园创意；四是丰富的主题公园文化内涵；五是灵活的营销策略；六是深度的主题公园产品开发。只有这样，主题公园的设计才能独具一格，才能受到市场的青睐。由于主题公园的设计是依靠创意来推动的，是依靠旅游产品来营销的，故主题公园的主题选择就显得尤其重要。实践证明，世界上成功的主题公园都是个性鲜明、各有千秋，就像在画中行走，给人留下难忘的印象。当然，反观不成功的国内外主题公园，基本都是主题重复、缺乏个性，以照搬照抄、模拟仿效为主。不但它们的内容相差无几，而且往往缺乏科学性、真实性、艺术性和趣味性，更缺少认真的市场分析和真正的创意，为造景观而造景观，结果自然是惨淡经营或仓促收场，从而造成人力、物力、财力的巨大浪费。

主题公园的主题选择是一个主观判断与理性市场分析相结合的决策过程，是投资商修养、学识和创新能力的综合反映。它要求投资商具有敏锐的市场感知能力以捕捉潜在的市场需求，并运用娴熟的商业运作经验，组织专业人员对主题进行提炼、包装和设计。同时，还需要依赖有关专业人员所作的市场调查结果等。因为市场调查可帮助主题公园的主题选择以主动迎合或引导消费者的需求，摆脱简单抄袭、模仿的阴影。

（二）市场定位

主题公园可供选择的主题线索有很多，如何提炼出既能体现地方资源特色，又能迎合游客需求的主题类型，是主题公园主题选择和市场定位的首要问题。一句话，主题公园市场定位的选择取决于区域的地脉、文脉和人脉。在主题策划过程中，还要以环境调查、提炼亮点、主题选择、项目策划为路径，才能合理地确定其主题和定位。

1. 着眼景区性质

旅游区性质主要取决于区域风景资源的构成和特色、旅游开发的区位优势、旅游区的主体、旅游区的区域地位与分工等，即旅游景区性质确定取源于两方面：一是构成旅游景区旅游资源的类型与特征；二是旅游景区在区域旅游系统中的地域分工。也就是说，旅游景区性质的确定不但要考虑资源本身特色，还要符合区域旅游产业发展的总体布局。

2. 挖掘资源特色

特色是旅游目的地的吸引力、竞争力和生命力的核心。主题公园的主题策划要深入挖掘区域内的资源特色，尤其要针对外地客源市场的旅游景区及其旅游资源多做文章。对旅游资源的分析不能仅仅停留在表面所具有的特征上，还要把注意力集中在对抽象人文要素的挖掘与整理上，力求从整体上把握资源特色。

3. 适应市场需求

旅游资源是旅游景区产品创新开发与销售的主要原材料，其本身并不是旅游产品。旅游资源开发以市场为导向，是由旅游产品的商品性质决定的。在市场经济条件下，市场需求决定产业的发展方向、发展规模、发展速度和发展前景。这就要求主题公园规划要进行准确而细化的市场定位，以客源市场的现实和潜在需求为导向，去发现、挖掘、评价、筛选和开发旅游资源，提炼主题公园的开发主题，设计、制作和组合旅游产品，最终推向旅游市场，进而引导市场、开拓市场。

三、文化内涵

一个主题公园设计有没有发展潜力，有没有生命力，其蕴涵的文化内涵起着非常重要的作用。因此，必须将旅游业和文化紧密地糅合在一起，将文化作为旅游来经营，通过挖掘和宣传文化来综合地发展旅游，以经营旅游的方式多方位地展示文化，赋予主题公园以丰富的文化内涵，从而创造具有鲜明特色的旅游文化。

现代旅游者不仅要追求身体的感官体验，还要有心灵的精神体验。从这个层面上看，独特的文化内涵也是吸引游客的核心内涵。因此，在设计建设一个主题公园之前，必须对选址进行充分的考察，对该地的历史、原有的旅游资源进行分析，力求主题与其文脉相吻合。只有不断地挖掘文化内涵，旅游产品才能得到提升、充实和更新，才能吸引顾客，才能创造良好的经济效益和社会效益。

主题公园是现代旅游业在旅游资源的开发过程中所孕育产生的新的旅游吸引物，是自然资源和人文资源的一个或多个特定的主题。它是现代化的科学技术和多层次的空间活动的设置方式，是集诸多娱乐内容、休闲要素和服务接待设施于一体的现代旅游目的地。

主题公园大多作为旅游资源相对贫乏，但潜在游客多、旅游能力强的地区的旅游投资行为，同时也是为了适应旅客多种需要与选择的一种补充。主题公园在我国的产生和发展，始终有旅游业这只"看得见的手"发挥着极其重要的作用。

四、发展趋势

（一）背景分析

1989 年我国第一家主题公园"锦绣中华"诞生，得益于荷兰"马都洛丹"小人国的启发。"锦绣中华"将中国的名山大川和人文古迹以微缩模型的方式展现出来，取得了轰动性的成功，开业一年就接待了超过 300 万的游客，1 亿元的投资一年不到就全部收回。主题公园良好的经济效益和社会效益起到了强烈的示范作用，整个中国从 20 世纪 90 年代，特别是进入 21 世纪后，全国似乎刮起了一场主题公园的旋风。如今上海迪士尼乐园的建成、开张、盈利，"东方梦工厂"的落户等，中国主题公园建设从自创品牌到引进品牌，经过 30 多年的发展，从最初的华侨城，到后来的华强集团以及如今的房企大佬万科、世茂、碧桂园、中弘地产等，都在涉足以主题公园为主的旅游地产。据统计，截至 2020 年底，中国主题公园数量已超过 3000 家，但遗憾的是，其中大约七成亏损、二成持平，只有一成左右盈利。

（二）发展趋势

1. 主题的文化性和多元化

公园的主题具有三个方面的作用：一是具有亲和力的逻辑关系，即主题公园与目标游客能进行互动；二是具有震撼力的游园线索，即游客置身其中就能体验到特殊的感受；三是具有扩张力的产品链条，即主题公园能不断完善产品体系并提升产品功能。

实际上，旅游本质上就是旅游者寻找与感悟文化差异的行为和过程。主题公园在主题选择方面将更加关注旅游动机的原本，并体现旅游行为的本质，突出主题的文化性。因为随着社会开放程度的加快和无国界经济合作的不断深化，游客对异域文化的好奇心与求知欲将越来越强烈，跨地域空间的文化将成为主题公园选择主题的主导方向。同时，随着社会转型冲击的加剧和人际关系隔膜的增长，游客对传统文化的认同感与反思欲将越来越深入，返璞归真的传统文化将成为主题公园选择主题的价值取向。

随着造园技术的日益进步和表现手段的日益丰富，在生态文化、器物文化、哲学文化等的营造方面，主题公园选择主题的自由度在不断扩大，而且一个主题、多个内容或一园多个主题的现象将成为现实。可以说，主题的选择在空间维度、时间维度、要素维度的架构中将日益多元化。其主要趋势表现为在本土文化与异域文化之间，往往会趋向异域文化；在传统文化、现代文化与未来文化之间，往往会趋向传统文化；在生态文化、器物文化与哲学文化之间，则往往会趋向器物文化。

2. 产品的互动性和现代化

随着科学技术的快速发展及信息技术和虚拟技术的日益普及，主题公园也在不断提高产品的科技含量，并增强技术与技术之间、技术与项目之间、项目与游客之间的互动性。其总体趋势表现为：一是在手工产品形态、机器产品形态和信息产品形态的体系中将更加具有互动性，其相互渗透、相互作用，促进产品形态的多样化；二是在高科技的支持下，新动力、新材料、新功能的机器产品形态也在不断涌现，高度更高、坡度更大、速度更快、晕眩感更强、安全更有保障的娱乐性或刺激性产品将更加丰富，甚至在一定时段内可能成为主流；三是随着信息时代的到来和虚拟技术的成熟，主题公园产品形态的智能化和虚拟化进程也在不断加快。可见，在现代技术的配合下，主题公园产品的形态已经进入了全新的发展阶段。

3. 娱乐的创意性和多样化

主题公园最初是从杂耍的概念中孕育出来的。一开始，人们的游玩就是为了寻求快乐，这就是主题公园天然的属性，即快乐是第一要务。由于游客追求快乐的人生理念没有变，所以主题公园营造快乐、奉献快乐的本性也不能变。在未来的发展中，主题公园在产品的设计和开发中务必体现娱乐性。随着文化多元化、技术现代化及游客娱乐化的发展，主题公园还需要在导览系统、餐饮系统、购物系统、表演系统、娱乐系统、氛围营造系统等方面提升并丰富娱乐性和表演性的内容，强化游客的参与性，增强互动性。当然也可推出具有创意的亲子娱乐、情侣娱乐、团队娱乐和家庭娱乐等旅游产品，日益提升主题公园的旅游吸引力。

4. 活动的参与性和个性化

主题公园的成败主要受景区知名度、交通便捷度和游客满意度等三大因素的影响。其中景区知名度和游客满意度在很大程度上取决于有效产品的供给，而参与性和娱乐性是决定产品有效性供给的基本条件。因为产品只有具有参与性和娱乐性，才能形成感召力和亲和力，从而促进主题公园与游客之间的良性互动关系。我国的主题公园发展过程经历了景静人静、景动人静、景静人动、景动人动、动静结合的演变过程。在这个过程中，项目的参与性获得了空前的提升。如我国深圳华侨城从锦绣中华、中国民俗文化村、世界之窗到欢乐谷的发展历程，就是一个不断强化参与性的典型代表。在20世纪90年代，深圳的主题公园就是为20世纪60年代出生的社会群体而量身定制的，因为这个群体是一个坚持己见、积极乐观、求新求变、注重自主性选择的群体，其核心特征就是个性化。随着现代科技手段的全方位应用，主题公园产品形态演变的总体趋势将表现为参与性越来越强、个性化越来越突出。

5. 游乐的刺激性和场景化

随着个性化时代的到来，年轻人渴望体验一种"酷"的感觉，玩酷、炫酷、酷玩等将成为时尚。只有提供"酷"的感觉，才能对年轻人真正产生震撼力和感召力，主题公园才具有旺盛的生命力。实际上，主题公园从诞生的那一天开始，就致力于通过营造娱乐氛围来强化这种"酷"的感觉。可以说，主题就是娱乐氛围的故事线，视觉就是娱乐氛围的风景线，动感就是娱乐氛围的情感曲线。在"玩酷"一代成长为市场主导力量的背景下，主题公园将更加注重娱乐氛围的创新和营造，其总体趋势表现为：一是具有更加鲜明的主题和内容，并构成剧情化的主题体系。二是根据主题体系，实行分区营造，形成互为补充、相互叠加的有机组合。三是分区营造的氛围，将更加场景化，且每个场景都具有独立的个性。当然，场景的造型、色彩、尺寸、材料、性能等都将更有创意和刺激，即造型视觉化、颜色多彩化、材料逼真化、性能精致化、故事文本化，让神话故事、童话故事、传奇故事、历史故事等有文献依据的故事立体化、有形化。四是声光电技术的广泛应用，让场景的艺术效果更加真实且精彩。

6. 消费的便捷性和超市化

从人口统计学的角度看，我国当前的社会群体根据出生年代的不同，可划分为五个世代：红色一代、解放一代、"文革"一代、"文革"后一代、E 时代（"e"是英文 electronic（电子）的缩写，即指的是电子时代，又可称为"新生代"），这五个世代的群体在价值观和消费特征方面具有显著的差异。在未来的十年或更长的一段时间内，我国主题公园游客的主体将仍然是"文革"时期出生的 X 世代（"X"是由英文 Excluding 中的字母 X 而来，一般写作 eXcluding，有着"被排挤的世代"的隐喻。实际上多指 20 世纪 50 年代后期和 20 世纪 60 年代之间出生的世代）、"文革"后出生的新人类和 20 世纪 90 年代出生的新新人类。这三个世代的游客群体是在信息技术不断发展的条件下成长起来的。一方面他们始终对现实世界中新兴事物抱有极大的兴趣；另一方面在信息不充分、不对称的环境中，他们的消费心理和消费行为会产生经常性的波动。针对这种现象，主题公园就要不断创造新兴事物以激发他们的消费兴趣，同时还要不断改善经营管理手段，为他们经常性变动的消费行为创造更便捷的条件，以便于在网络技术的支持下，随着电子化货币和数字化管理的日益普及，让他们习惯消费的付款方式进入"刷卡刷手机的时代"。与此同时，游客对主题公园产品的消费应选择互动性比较强的超市模式。因此，主题公园可通过提供更加丰富的产品形态实现超市化，从而促进游客的重复消费，以提高景区的盈利能力。

7. 滞留的扩张性和多日化

随着主题公园文化的多元化、技术的现代化、娱乐的多样化、项目的个性化、氛围的场景化以及园林的自然化的发展，景区内的活动丰度会不断提高。这样就必然引起主题公园投资额度和用地规模的扩大，甚至形成主题公园集群。这种主题公园的扩大必将导致主题公园产业链向房地产、零售业、金融保险业、技术咨询业、文化艺术业等边缘产业延伸，从而出现以主题公园群为依托的主题社区，成为独具形态的旅游目的地。可见，游客活动时间必将从原来的一日（6~8 小时）游向多日游延伸，"多日游"概念的主题公园将成为未来具有发展潜力的一种模式。

8.游乐的安全性和舒适度

人类社会在与自然的长期博弈中逐步走向理性和人性化，生命和健康已经成为现代社会公认的第一要务，其次才是尊重和宽容。作为仅仅满足人们休闲娱乐需求的主题公园，必须从根本上确保其安全性和舒适性，才能成为现代社会游客的必然选择。所以，主题公园在游乐产品、娱乐内容、活动方式、氛围渲染等方面的设计、制造、安装、运行、维护、经营、管理等过程中，务必充分体现安全理念并落实安全保障，全程化确保游客的生命安全。园区内游客活动的安排、服务设施的配置、游乐项目的组合、园林环境的建设等，必将更加注重游客休闲娱乐的方便度和舒适性，充分弘扬顾客第一的人性化服务理念，使主题公园真正成为人们实现幸福理想的旅游目的地。

第三节 | 风景名胜区

一、概念及分级

（一）概念

风景名胜区是指具有观赏、文化或者科学价值，自然景观、人文景观比较集中，环境优美，可供人们游览或者进行科学、文化活动的区域。如具有观赏、文化或科学价值的山河、湖海、地貌、森林、动植物、化石、特殊地质、天文气象等自然景物和文物古迹，革命纪念地、历史遗址、园林、建筑、工程设施等人文景物和它们所处的环境以及风土人情等。

（二）分级

风景名胜区可分为国家级风景名胜区和省级风景名胜区。国家级风景名胜区是指自然景观和人文景观能够反映重要自然变化过程和重大历史文化发展过程，基本处于自然状态或保持历史原貌。具有国家代表性的，可以申请设立国家级风景名胜区。国家级风景名胜区由国务院批准公布。而具有区域代表性的，可以申请设立省级风景名胜区。省级风景名胜区由省、自治区、直辖市人民政府批准公布。

二、类别及规定

（一）类别

1. 山岳型风景名胜区

山岳型风景名胜区是指以山岳地貌为主要特征的风景名胜区。此类风景名胜区具有较高的生态价值和观赏价值。如安徽黄山、山东泰山和福建武夷山等。

2. 湖泊型风景名胜区

湖泊型风景名胜区是指以宽阔水面为主要特征的风景名胜区，包括天然或人工形成的水体。如江西鄱阳湖、湖南洞庭湖和杭州西湖等。

3. 河川型风景名胜区

河川型风景名胜区是指以天然或人工河流为主要特征的风景名胜区，包括季节性河流、峡谷和瀑布等。如长江三峡、鸭绿江和黄河壶口瀑布等。

4. 海岛海滨型风景名胜区

海岛海滨型风景名胜区是指以海岛海滨地貌为主要特征的风景名胜区，包括海滨基岩、岬角、沙滩、滩涂、潟湖和海岛岩礁等。如青岛海滨、厦门鼓浪屿和西沙群岛等。

5. 森林型风景名胜区

森林型风景名胜区是指以特色森林景观为主要特征的风景名胜区。如西双版纳、蜀南竹海和张家界国家森林公园等。

6. 特殊地貌类风景名胜区

特殊地貌类风景名胜区是指以典型、特殊地貌为主要特征的风景名胜区，包括火山熔岩、热田气泉、沙漠碛滩、蚀余景观、地质珍迹、草原、戈壁等。如以喀斯特地貌为特色的桂林山水、以雅丹地貌为特色的新疆克拉玛依魔鬼城和以丹霞地貌为特色的甘肃张掖七彩丹霞景区等。

7. 壁画石窟类风景名胜区

壁画石窟类风景名胜区是指以古代石窟造像、壁画、岩画为主要特征的风景名胜区。如甘肃敦煌莫高窟、河南洛阳龙门石窟和宁夏贺兰山岩画景区等。

8. 著名纪念地风景名胜区

著名纪念地风景名胜区是指以名人故居、军事遗址和遗迹为主要特征的风景名胜区，包括其历史特征、设施遗存和环境等。如毛泽东故居——湘潭韶山冲、刘少奇故居——宁乡花明楼、万里长城和遵义会议会址等。

9. 陵寝类风景名胜区

陵寝类风景名胜区是指以帝王、名人陵寝为主要内容的风景名胜区，包括陵区的地上、地下文物和文化遗存、陵区环境等。如北京十三陵、西安秦始皇陵和宁夏西夏王陵等。

10. 民俗风情类风景名胜区

民俗风情类风景名胜区是指以特色传统民居、民俗风情和特色物产为主要特征的风景名胜区。如深圳的锦绣中华、世界之窗及各地的中华民俗村等。

11. 其他类型的风景名胜区

其他类型的风景名胜区是指未包括在上述类别中的风景名胜区。如宗教寺庙、休闲疗养避暑胜地、古城、古镇、古村及花海等。如河南的少林寺、青海的塔尔寺、山西的平遥古城、江南的六大古镇（周庄、同里、甪直、西塘、乌镇、南浔）、安徽黟县的西递和宏村、江西婺源的油菜花等。

（二）规定

1. 明确监管责任

国家有对风景名胜区实行科学规划、统一管理、严格保护、永续利用的责任。国务院建设主管部门要负责全国风景名胜区的监督管理工作。国务院其他有关部门要按照国务院规定的职责分工，负责风景名胜区的有关监督管理工作。

2. 设立管理机构

国家要求风景名胜区所在地县级以上地方人民政府要设置风景名胜区管理机构，并负责风景名胜区的保护、利用和统一管理等工作。

3. 确立保护机制

各省、自治区人民政府建设主管部门和直辖市人民政府风景名胜区主管部门要负责本行政区域内风景名胜区的监督管理工作。省、自治区、直辖市人民政府其他有关部门按照规定的职责分工，负责风景名胜区其他有关的监督管理工作。全社会任何单位或个人都有保护风景名胜资源的义务，并有权制止、检举破坏风景名胜资源的行为。

第四节 | 地质公园

一、概念及意义

（一）概念

地质公园是指以具有特殊地质科学意义、稀有的自然属性、较高的美学观赏价值，具有一定规模和分布范围的地质遗迹景观为主体，并融合其他自然景观与人文景观而构成的一种独特的自然区域。它既可为人们提供具有较高科学品位的观光旅游、度假休闲、保健疗养、文化娱乐的场所，又是地质遗迹景观和生态环境的重点保护区，同时还可以是地质科学研究与普及的基地。

（二）意义

建立地质公园的主要意义有三个，即保护地质遗迹、普及地学知识、开展旅游并促进地方经济的发展。

二、类别及规模

（一）类别

地质公园分四级：世界地质公园、国家地质公园、省地质公园和县市级地质公园。世界地质公园是指由联合国教科文组织组织专家实地考察，并经专家组评审通过，最后经联合国教科文组织批准的地质公园。它具有在世界范围的示范性和代表性。其他级别的地质公园相类推。

（二）规模

作为世界地质公园的创始国之一，截至2019年9月8日，在全球147处世界地质公园中，中国拥有39处，位居第一。此外，我国已经正式命名的国家地质公园有214处，正式命名的国家矿山公园达34处。据统计，2018年，全国地质公园年接待游客量已经超过5亿人次，成为名副其实的自然或科普教育基地，也是很有潜力的旅游地。

第五节 | 自然保护区

自然保护区是指对有代表性的自然生态系统、珍稀濒危野生动植物物种的天然集中分布、有特殊意义的自然遗迹等保护对象所在的陆地、陆地水域或海域，依法划出一定面积予以特殊保护和管理的区域。

自然保护区是一个泛称，根据建立的目的、要求和本身所具备的条件不同，可分成多种类型。如按保护的主要对象来划分，可分为生态系统类型保护区、生物物种保护区和自然遗迹保护区等 3 类；按保护区的性质来划分，可分为科研保护区、国家公园（即风景名胜区）、管理区和资源管理保护区等 4 类。

一、作用和意义

（一）作用

（1）为人类提供研究自然生态系统提供场所。

（2）提供生态系统的天然"本底"，可对人类活动的后果提供评价的准则。

（3）是各种生态研究的天然实验室，便于进行连续、系统的长期观测和对珍稀物种的繁殖、驯化的研究等。

（4）是宣传教育的活的、现成的自然博物馆。

（5）可在保护区中根据情况划出部分地域开展旅游活动，提高社会和经济效益。

（6）可在涵养水源、保持水土、改善环境、保护生态平衡等方面发挥重要作用。

（7）可在很大程度上保护生物的多样性。

（二）意义

1. 保护自然"本底"

自然保护区保留了一定面积的各种类型的生态系统，可以为子孙后代留下天然的"本底"。这个天然的"本底"是今后在利用、改造自然时应遵循并用作参考的"标准"，从而为后人提供评价标准及预测人类活动可能引起的后果。

2. 展示美学价值

自然界的美景令人心旷神怡，而良好的情绪则能使人精神焕发，燃起生活和创造的热情，成为人类健康、灵感和创作的源泉。

3. 贮备物种

自然保护区是生物物种的贮备地（贮备库），更是拯救濒危生物物种的庇护所。

4. 开辟基地

自然保护区是研究各类生态系统自然演变过程基本规律和物种生态特性的重要基地，也是环境保护工作中观察生态系统动态平衡、取得监测基准的场所。当然也是开展自然和生态教育实验的基地。

二、分类和保护

（一）分类

根据《自然保护区类型与级别划分原则（GB/T 14529-1993）》（国家标准），我国自然保护区可分为 3 大类别、9 个类型。

1. 自然生态系统类自然保护区

自然生态系统类自然保护区是指具有一定代表性、典型性和完整性的生物群落和非生物环境共同组成的生态系统作为主要保护对象的一类自然保护区。如广东省的鼎湖山自然保护区，保护对象为亚热带常绿阔叶林；甘肃省的连古城自然保护区，保护对象为沙生植物群落；吉林省的查干湖自然保护区，保护对象为湖泊生态系统等。

2. 野生生物类自然保护区

野生生物类自然保护区是指以野生生物物种，尤其是珍稀濒危物种种群及其自然生境为主要保护对象的一类自然保护区。如黑龙江省的扎龙自然保护区，保护对象是以丹顶鹤为主的珍贵水禽；福建省的文昌鱼自然保护区，保护对象是文昌鱼；广西壮族自治区的上岳自然保护区，保护对象是金花茶等。

3. 自然遗迹类自然保护区

自然遗迹类自然保护区是指以特殊意义的地质遗迹和古生物遗迹等作为主要保护对象的一类自然保护区。如山东省的山旺自然保护区，保护对象是生物化石产地；湖南省的张家界森林公园，保护对象是砂岩峰林风景区；黑龙江省的五大连池自然保护区，保护对象是火山地质地貌等。

（二）保护

我国自然保护区分国家级自然保护区和地方级自然保护区（地方级包括省、市、县三级自然保护区）。此外，由于自然保护区建立的目的、要求和原来所具备的条件的不同而又分成多种类型（如按保护对象的划分、按保护区性质的划分等）。

我国的自然保护区内部大多划分为核心区、缓冲区和外围区3个部分。其中，核心区是指保护区内未经或很少经人为干扰过的自然生态系统之所在，或是虽然遭受过破坏，但有希望逐步恢复成自然生态系统的地区。其目的既是以保护种源为主，又是取得自然"本底"信息的所在地，而且还是为保护和监测环境提供评价的来源地。核心区内严禁一切干扰。

缓冲区是指环绕核心区的周围地区。只允许进入从事科学研究及观测活动。而外围区，即实验区，位于缓冲区周围，是一个多用途的地区。既可以进入从事科学试验、教学实习、参观考察、旅游以及驯化、繁殖珍稀的濒危野生动植物等活动，还可以有一定范围的生产活动，包括可以有少量居民点或旅游设施等。

截至2019年底，我国加入联合国"人与生物圈保护区网"的自然保护区有福建的武夷山、广东的鼎湖山、贵州的梵净山、四川的卧龙山、吉林的长白山、内蒙古自治区的锡林郭勒、新疆维吾尔自治区的博格达峰、湖北的神农架、贵州的茂兰、江苏的盐城、黑龙江的丰林、浙江的天目山、四川的九寨沟、云南的西双版纳等34处。到2016年底，我国已建成国家级自然保护区474个，面积约100万平方千米，占国土总面积的约10%；地方级的省、市、县三级自然保护区数量更是多达几千处。各级各类自然保护区无论是数量还是面积，均居世界第一位。

第六节 | 生态旅游区

生态旅游区是指基本没有受到过度的人类活动干扰，能为游客提供享受并了解自然（包括与其密切相关的社区文化）的自然区域。社会各界在经营和管理过程中应最大限度地减少对生态环境和社会文化造成的负面影响，并为当地社区提供经济参与机会，支持开展自然保护的旅游。它具有自然性、可持续性、社会责任感、学习性等四个核心特质。

一、特点

（一）具有生态美的自然及文化客体

生态美是指由具有旺盛生命力的生物与其环境和谐共生而表现出来的美。生态旅游区对游客的核心吸引力是其自然生态景观或具有生态美的人文景观。如传统的农村田园风光、植物园、动物园、古代园林、名山胜水等。因此,具有生态美的自然及文化客体是生态旅游景区与一般旅游景区的最大区别。

（二）具有资源及环境保育功能

以旅游可持续发展作为终极目标的生态旅游区,从开发伊始即奉行环境保护的原则,并规划设计出一整套资源及环境的保育措施,从旅游开发者、旅游者和当地居民三个层面采取相应措施,确保生态旅游区能达到可持续发展的效果。

（三）具有区位的郊野性

相对于传统旅游区而言,生态旅游区大多处于郊野,如国家公园、自然保护区、森林公园等。那些人与自然和谐共建的生态旅游地,如风景名胜区、农村田园风光、生态农业区、民俗风情文化地等往往离城市更远。可见,生态旅游具有郊野性的特点。

（四）具有设施的简朴性

生态旅游强调自然、和谐,在生态旅游区开发过程中,力争避免大兴土木等有损自然景观的做法,景区内所有景观要素（包括旅游设施）,都力求简朴、自然、大方、随性,并强调与环境的协调。景区内的交通工具要环保,旅游接待设施要简易,取材要努力做到因地制宜,从而体现简朴性。

二、分类

（一）山地型

山地型是指以山地环境为主而设立的生态旅游区。其适于开展科考、登山、探险、攀岩、观光、漂流、滑雪等带有山地特征的各种活动。

（二）森林型

森林型是指以森林植被及其生境为主而建立的生态旅游区。它还包括大面积竹林（竹海）等区域。其适于开展与森林有关的科考、野营、度假、温泉疗养、科普、徒步等各种活动。

（三）草原型

草原型是指以草原植被及其生境为主而建立的生态旅游区。其还包括草甸类型,适于开展与草地有关的体育娱乐、民族风情等活动。

（四）湿地型

湿地型是指以水生和陆栖生物及其生境共同形成的湿地为主而建立的生态旅游区。它主要指内陆湿地和水域生态系统，也包括江河出海口等。其适于开展与湿地有关的科考、观鸟、垂钓、水上活动等。

（五）海洋型

海洋型是指以海洋、海岸生物与其生境为主而建立的生态旅游区。它包括海滨、海岛等。其适于开展与海洋有关的海洋度假、海上运动、潜水、观鲸和欣赏海洋生物等各种活动。

（六）荒漠型

荒漠型是指以沙漠或戈壁生物及其生境为主而建立的生态旅游区。其适于开展与荒漠相关的各种观光、探险和科考等活动。

（七）人文生态型

人文生态型是指在与自然和谐共生基础上形成的，以突出的历史文化等为特色的人文生态旅游区。其主要适于开展与人文相关的历史、文化、社会、人类等学科的综合研究和一些特种旅游项目。

第七节 农业示范区

农业示范区，又称农业示范园。在我国，农业示范区多为现代农业科技示范区，它是以科技为支撑的农业发展的新型模式，是农业技术组装集成的载体，是市场与农户连接的纽带，是现代农业科技的辐射源，是人才培养和技术培训的基地。它对周边地区农业产业升级和农村经济发展具有示范、引领和推动作用。

一、园区特征

我国的现代农业示范区多以现代产业发展理念为指导，以新型农民为主体，以现代科学技术和物质装备为支撑，采用现代经营管理方式的可持续发展的区域，并要求具有产业布局合理、组织方式先进、资源利用高效、供给保障安全、综合效益显著等特征。

二、问题和措施

（一）存在的问题

1. 缺乏科学规划和指导

我国不少的农业示范区在未进行充分科学论证的情况下，盲目效仿，花费大量资金引进国外的成套设备、工艺和管理系统，结果引进的高档设施与当地自然环境或经济文化条件等并不匹配。其主要原因是园区建设前期缺乏科学、务实的论证及没有制订科学、合理的规划，没做到优化配置及科学谋划，导致功能定位不准确、发展目标不清晰、技术手段不先进，加上多部门介入，从而导致"盆景效应"，成为"形象工程"。

2. 产业化水平不高，可持续发展理念不突出

部分园区受领导或上级部门的干预过多、运作效率低下，未建立起现代化的企业管理制度和运行机制。而且在其发展期间，常常只求短期掠夺式的经济效益，从而造成生态资源的浪费，达不到实现园区可持续发展的目标。

3. 缺乏科学的综合评价指标体系

有的农业园区存在"只进不出""重建设、轻管理"的现象，不但起不到示范、推广作用，而且由于不讲究经济效益，连自给自足都做不到，反而成为地方的经济负担。究其原因是对园区宏观管理目标不明确、奖惩体系不到位，缺乏监督、管理和跟踪评价机制等。

4. 建设资金不足、政策扶持未落实

不少地方或农业示范区由于农业基础投入过少，投资效益偏低，示范带动作用有限，后续发展能力受到较大影响。加上园区建设基本上是由企业自筹开发建设，政府和其他社会力量介入不多，资金到位率不够理想，投融资渠道不畅，项目资金使用分散，从而难以形成规范化管理和有序发展的区域格局，最终导致园区建设进展缓慢，基本起不到示范作用。

（二）相应的措施

1. 着力发展优势特色产业

紧紧围绕当地农业主导产业、特色产业、新兴产业等，立足发挥区域优势，大力发展优势特色产业。园区建设要突出主体产业，特别是对综合性产业园区，必须明确其中的主体产业；专业性园区要形成鲜明特色，明确主导、特色及新兴产业的梯次结构。此外，园区也要讲究规模效应，要实行连片开发、批量生产。

2. 积极应用现代科技与物质装备

要加强园区基础设施建设，其基础设施要达到高标准农田建设标准；道路交通要畅通，特别是水、电、通信等必须配套。要充分运用人工智能技术，对温室、钢架大棚、喷滴灌、养殖设施等实现智能控制，以提高园区的产业发展水平。此外，园区还要积极引进、集成和推广国内外先进农业科技成果，引领本地现代农业发展；要引进新品种、新技术、新模式等，开展对农民技术的培训，使其提高科技创新与推广应用能力；要建立与产业发展相适应的种子种苗中心等。

3. 大力培育市场竞争主体

园区建设要实行政、企分开，政府着重抓好园区规划和基础设施建设，充分发挥园区载体优势，生产性投入以农业龙头企业、合作经济组织等为主体，并逐步做大做强。要突出对农民合作经济组织的培育，要依托入园农业龙头企业、农民经纪人、种养大户等，组建并创办各种类型的农民专业合作社等；鼓励园区及其周边农户以土地承包经营权入股，建立土地股份合作社；要发挥园区技术优势，成立各种类型的专业化服务组织；要积极推进农业标准化生产，强化品牌创建，打造并带动优势特色产业发展的知名品牌，推动园区产品通过无公害、绿色或有机农产品认证等。

4. 加快发展农产品加工流通业

园区建设要坚持农业产业化经营思路。在建设特色产业、优势农产品生产基地的基础上，统筹谋划发展农产品精深加工和流通服务业，有条件的可以在园区内配套建设农产品加工、物流设施等，切实提高园区农业产业化水平；要高度重视农产品流通销售工作，加强与农产品批发市场、物流企业的衔接，建立稳定的农产品市场销售渠道等。

5. 加强园区产业服务体系建设

紧密结合本地实际，突出地方特色，加强对现代农业示范区建设的规划指导、业务支持和资源整合，推进现代农业示范区加快发展；大力培育园区技术服务、农资供应、病虫害防治、农机作业等服务组织，提高服务水平，促进产业发展；强化对入园企业、合作经济组织等的指导服务，切实帮助解决实际困难；全面掌握园区建设有关情况，及时总结成功经验，加强典型宣传推广，提升园区建设水平等。

三、跟旅游的关系

（一）可建成的农业旅游项目

农业示范区相对优良的生态环境是满足人们在乡村休闲的重要前提。对其进行休闲提升就是倡导将"农业"与"旅游业"相结合，强化观光或休闲旅游功能，使农业示范区向休闲农业发展，即将农业生产、农业生活、生态环境三者合一，进行旅游休闲的开发，并以农业生产为基础，形成集科普、生产、销售、加工、观赏、娱乐、度假等为一体的综合性农业园区，成为休闲农业的一种新型农业形态。

农业示范区休闲功能的提升就是由旅游地观光、住宿、餐饮、购物、娱乐等消费带动农业景观建设、农产品生产加工、乡村田园环境改善，并由此形成示范区生产、生活（休闲）与生态三位一体功能的园区综合发展。

1. 园区农业景观

园区农业生物资源与气候、水文、土壤、地貌等景观要素相结合，构成了园区内独具观赏性的种植业景观，并受多样自然环境及不同耕作习俗的综合影响，形成了各种不同风格和特色的农业景观。

2. 乡村田园环境

多数农业示范区建设在乡村或城乡接合部，沿园区周边有的是原始的自然村落，有的是沿河、沿山、沿景观带周边发展。园区综合了植被、村庄、房屋、人家等乡村田园生活的环境。

3. 绿色农产品和经济作物

园区一般都具有较大规模的农业产业资源或特色经济作物，是绿色产品、经济作物生产的"仓库"。

（二）可提升的农业旅游内容

农业示范区的禀赋为休闲农业及旅游的发展注入了全新的消费空间。如园区农业景观、宜人的环境、农产品的吸引力等，从而达到实现观光、游览、住宿、购物、餐饮消费的目标。目前，农业示范区可提升的内容主要包括：

1. 主题的提升

主题提升就是强化示范区的农业景观或强化园区的观光休闲功能。前者如各种类型的观光采摘园，如茶园、果园、蔬菜园等；后者则包括观赏型、品尝型、购物型、娱乐型、疗养型的观光农业园。

2. 空间的提升

空间提升要求跳出示范园的区域范围而考虑示范区的建设发展。除了示范区核心的种植园区外，需要考虑示范区的周边辐射范围。如周边的乡村聚落可考虑延伸发展乡村风情区，用以发展民宿、餐饮和农家乐等休闲产品；沿路、沿河、沿山、环景观带的周边可延伸发展休闲度假娱乐板块等。

3. 活动的提升

活动提升主要包括休闲项目和乡村节庆活动。休闲项目是示范区除生产活动以外的各种游憩活动的设计，如观光游览、采摘体验、科普教育、度假休闲、养生疗养及各种 DIY（自己动手）的活动、乡村俱乐部等；乡村节庆活动则要在深度挖掘地域文化特征与传统节日的基础上设计相关的节庆活动，从而突出地方特色。

4. 景观的提升

景观提升是指在强调示范区以农业生产功能为主的同时，通过园林造景等手法，使示范园区的观赏效果、景观特性等得以大大提升，从而营造一个完美的、使园区的自然性与文化性相结合的游览空间，确保示范区景观建设与周边环境的协调，达到园林景观感染人、愉悦人的效果。

第八节 | 旅游度假区

旅游度假区是指人们在工作之余，集休闲、娱乐、康体等多功能于一体的整体旅游区。其中休闲区，主要包括游戏、放松等内容，更接近自然。旅游度假属中高端旅游形式，其针对的人群"非富即贵"，大多具有一定的社会地位。

一、旅游度假区的特征

（一）主题性

主题性是指旅游度假区发展的主要理念或核心内容。其主要目的是形成或强化旅游度假区形象或特色，增强旅游度假区的竞争优势，满足旅游度假区核心客源市场的休闲度假需求，以便让旅游度假区的主题与其形象联系在一起。随着旅游度假区需求的日益多样化，其类型也日益增多。目前，除综合性的旅游度假区继续发展外，具有特定主题和专门内容的旅游度假区也得到了较快的发展。

（二）文化性

文化是旅游的灵魂，也是旅游度假区的灵魂。文化是度假区能够存在与发展的源泉，是度假区形成特色的主要组成部分。文化既体现在旅游度假区的特色之中，又成为度假区旅游吸引物的主要内容。度假区的文化一般由地域特色文化和现代休闲文化两部分组成，从而形成既具有地方特色又能满足特殊客源市场的需求。

（三）生态性

优良的生态环境和人文环境是旅游业赖以生存和发展的前提。度假区的生态包括自然生态与文化生态，度假区生态保护就是要尽可能保护度假区内外的原生环境，保护动植物的多样化和文化的多样性，其中主要体现在提高度假区的绿化率、对生态环境脆弱地区进行生态保育、注意建筑风格与周围环境的协调一致并尽量减少旅游活动的负面影响、重视环保规划以及生态产品的生产等。自然生态的改善、文化生态的营造、生态旅游资源的开发与保护、生态旅游项目的设计等，是支撑生态旅游项目的技术体系策划。

对度假区生态环境建设的重视，一方面源自度假区生态环境的退化，另一方面则是旅游者对良好生态环境的追求。度假区必须将"生态环境、旅游设施、旅游服务"视为旅游产品整体框架的一部分，重视旅游产品的生态含量，克服旅游业发展中忽视环保与生态的短视行为，才能真正实现旅游业的可持续发展。

（四）景观性

对旅游度假区而言，其吸引物主要包括舒适康益的度假环境、丰富多彩的休闲活动和保健康疗服务等三个方面。而其中都少不了优美风景作为前提。强调度假区的景观性：一是因为景观本身是度假环境的重要组成部分；二是因为它本身就是休闲度假的重要内容。故开发度假区内的风景资源并着力营造一种令人赏心悦目的景观已成为旅游度假区建设的一大趋势。

（五）休闲性

严格地说，休闲与度假还是有区别的。休闲是指在闲暇的消磨，而闲暇的消磨方式是可以多种多样的。如逛街、观光、游览、游戏、看报等，当然也可以出门旅游，还可以出席各种其他活动。而度假是指利用假日外出休闲，目的是让精神和身体得以放松的康体休闲方式。将休闲性作为旅游度假区的一大特征，正是由于消磨闲暇已成为度假旅游的主要内容，而度假区所具有的良好的环境和丰富的旅游内容则为游客的休闲提供了一项特殊的经历与体验。随着休闲时代的到来，度假区将成为人们消磨闲暇的重要场所。因此，针对度假区旅游时间较长和重游率较高的实际，增加度假区的休闲设施和内容，已显得越来越重要。

（六）康益性

从旅游动机和旅游目的地选择的市场调查来看，选择逗留时间长、重游率高的度假区旅游的中高端客户已经越来越多，其对环境和康体设施的要求都比较高，可见度假环境的康益性已经成了旅游度假区吸引游客的重要因素。目前，国内外对旅游度假区环境的康益性越来越重视。除了选择温泉、森林、山地等自然环境优美的地区作为度假区外，在度假区内建设高尔夫球场、运动健身场、保健康疗中心等人工设施与服务，以增强度假区的康益性功能也越来越普遍。

（七）安全性

安全是包括度假区在内的旅游区存在和发展的前提。即使是以追求惊险刺激为主要目的的探险旅游项目，也往往以"软性"探险为时尚，即在使游客体验惊险刺激的同时，必须确保游客生命的绝对安全。这也是旅游经营者和地方政府相关部门批准其经营的基本条件。应该说，安全性对于旅游度假区的重要性绝对高于舒适性和康益性等。对旅游度假区而言，其安全性除了自然环境条件的安全性以外，还包括使游客在度假区内的旅游活动具备较好的安全条件等。因此，旅游度假区大多选择自然环境相对封闭和独立，具备安全的人文环境（度假区所在地的社会治安、当地居民对游客的亲善态度等）、安全的旅游设施及安全的监控系统与快速救援系统等。所有这些，都成了旅游度假区选择与建设的重要内容。

二、旅游度假区的类型

旅游度假区除了应具备传统旅游景区软、硬件条件外，其对所处区域的自然生态环境条件的要求更苛刻，具体涉及自然环境、地貌特征、土壤植被、水体水质等，其生态环境作为度假区不可或缺的基础条件，不仅决定了度假区旅游的舒适度，而且可直接转化为度假旅游产品。综合考虑各种自然和人文环境条件，大致可分为十种类型。

（一）海滨海岛型度假区

海滨海岛型度假区是指在靠近海边或沿海、海岛为主体景观的度假旅游目的地。

我国是沿海国家，是海洋大国，我国的大陆海岸线，北起鸭绿江口，南至北仑河口，长达 1.8 万多千米；我国海岛逾 1.1 万个，岛屿海岸线长 1.4 万千米，海岸线总长度超过 3.2 万千米。海滨海岛型度假区就是利用海洋资源，通过营造良好的环境和选择优越区位，以满足游客休闲度假的需要。

（二）河湖型度假区

河湖型度假区是指以河流、天然湖泊或人工水库为主体景观的度假旅游目的地。我国河流湖泊众多，这些河流、湖泊不仅是中国地理环境的重要组成部分，而且还蕴藏着丰富的自然资源，也是旅游度假区的重要旅游资源。

（三）山地型度假区

山地型度假区是指位于山地区域并主要依托山地自然资源形成的旅游度假区，即以山地自然旅游资源为吸引物，以完善的山地旅游基础设施和休闲度假设施为载体，为游客提供休闲度假为取向的综合性旅游地。我国是一个多山的国家，山地、丘陵和高原的面积占全国土地总面积的近 70%，从而为我国建设山地型旅游度假区提供了广阔的空间。

（四）温泉型度假区

温泉型度假区是指以温泉资源为核心，包括周边自然环境和社区为一体，充分利用温泉中的微量元素及其矿物质，发挥其水疗、保健、养生等天然功能，为游客提供疗养、康体等为主的地域综合体。我国是世界上温泉最多的国家之一。据不完全统计，我国温泉有近 2000 处，遍布全国，其中云南、广东、福建和台湾四地约占全国温泉总数的近 50%。这也为温泉型旅游度假区的建设提供了更多的选择机会。

（五）森林型度假区

森林型度假区是指以森林景观资源为核心形成的旅游度假区，即充分利用良好的森林资源和森林生态环境，为游客开发建设旅游度假活动设施，提供避暑产品、康体疗养等相应旅游产品或服务。这类度假区通常与山地、湖泊或河流组合共生，以便提高产品品质。此外，森林型度假区多以林中住宿为主要方式，以林中游憩娱乐为主要消遣，以享受森林环境为主要目的。森林环境是天然无污染的原生态环境，是当下人们远离喧闹城市的最佳场所之一，具有不可小觑的市场潜力。我国的森林覆盖率大约 23%，森林面积逾 2.2 亿公顷，人均森林面积虽然不足世界人均的 1/4，而且森林总体质量不高，分布不均，但由于我国人口多、幅员广，森林面积总量在全球排名跻身第 5 位，森林蓄积量名列全球第 7 位。故建设森林型度假区的选择余地还是很大的。

（六）古镇型度假区

古镇型度假区是指依托古镇独特、深厚的文化底蕴，借助山 – 水 – 镇的和谐统一、人与自然完美融合的特点，结合古镇优美的环境、宜居的生态，配置旅游服务设施，为社区和游客提供集文化教育、医疗服务、行政功能、休闲娱乐、休闲度假等为主的综合性旅游地。我国有 5000 年的发展史，是全球公认的少有的文明古国之一，加上各地不同的地域特色和地质地貌条件，孕育了我国众多的地域文化和特色古镇，从而为古镇型度假区的建设创造了良好的条件。

（七）乡村型度假区

乡村型度假区是指以乡村自然景观、乡村生态环境、乡村生活与生产、乡村风土人情为背景和主线构建的原生态旅游休闲度假区。它是度假旅游目的地的一种生产经营形态，具有康体健身、休闲度假、参观游览等多项功能，具有明确的地域范围和统一建设管理的经营组织，是提供休闲度假设施与服务的、相对独立的旅游社区。其特点主要体现出乡村性，即农业生产、乡村生态、农舍建筑、农事活动、生活方式、民俗风情等，具有乡村范围的物质或非物质形态所具有的原真性、包容性和生态性。

改革开放 40 多年来，尽管我国已经成为世界第二大经济体，城市人口已经多于农村人口（约 6：4），但我国还是全球最大的发展中国家，依然属于农业大国。目前，我国大约有近 3000 个县（市、区等），逾 40000 个乡（镇、街道等）和近 70 万个行政村，加上我国地大物博、地域特色明显、气候类型多样，独特的自然环境和人文风情造就了独具特色的乡村度假背景条件，为乡村型旅游区的发展提供了广阔的空间，并与都市型度假区形成相互补充、互为特色的格局。

（八）都市型度假区

都市型度假区是指依托大都市内商业经济及人口聚集的优势，利用其白天或假日人流集中、商业发达、交通方便等条件而建成的度假区，即以大都市特有的信息流、物流、人才流、资金流和技术流等社会资源为依托，以产品设计、技术开发、加工制造、营销管理和技术服务为主体，以工业园区、文创园区、商用楼宇等为活动载体，在都市繁华地段或中心区域内生存和发展，其往往增值快、就业面广、适应性强，可通过发挥大都市发达的基础服务设施等条件，构建时尚、流行、现代化的度假区，并与乡村型度假区互为补充。

目前，全国共有 34 个省级行政区（4 个直辖市、23 个省、5 个自治区、2 个特别行政区）和 333 个地级行政区划单位（293 个地级市、7 个地区、30 个自治州、3 个盟），都市众多，从而为我国都市型度假区的建设提供了充足的选择。

（九）阳光型度假区

阳光型度假区是指依托特殊的地理位置而形成的独特的气候条件和地理环境，尤其是利用其具有冬暖、冬季阳光充足、别具一格的条件（日照充足、太阳辐射强、气候温暖等）和特征，结合秀美的山川、奇特的民俗、丰富的温泉和"反季节"果蔬、鲜花等资源，加上完善的旅游服务设施及服务而形成的旅游度假区。它可为游客提供阳光度假、运动养老、康体疗养、观光休闲等内容的旅游产品，适合构建我国高端、精品的旅游度假区。而我国幅员辽阔，东西、南北相距都在 5000 千米以上，海拔高差大，地貌类型多样，为我国提供了众多适合建设阳光型度假选择。

（十）综合型度假区

综合型度假区是指经过严格而统一的规划，可为游客提供全方位、全时空的旅游服务的聚合体。除接待设施以外，度假区还配备有各种各样的服务设施，如商务中心、娱乐与运动设施、文化设施、会议中心及其他会议设施等。其通常表现为以上多种（如山地、温泉、森林、湖滨 / 河滨 / 海岛、阳光、古镇、乡村、都市等两种及以上要素的综合，同时整合其他环境条件进行开发建设，为游客提供休闲度假为取向的综合性旅游度假区。如山地森林度假区、森林湖滨 / 河滨度假区、温泉乡村度假区、阳光湖泊度假区、古镇温泉度假区等。

第九节 | 节庆活动

节庆活动是指在固定或不固定的日期内，以特定主题活动的方式，约定俗成、世代相传的一种社会活动。它是在不同国家、不同民族、不同区域的长期生产和实践活动中产生的一种特定的社会现象，是在特定时期举办的、具有鲜明地方特色和群众基础的大型文化活动。它是一个国家、一个民族在某个特定区域、某一特定历史、经济及文化现象的综合表现。故大多节庆都有着丰富的历史、经济和文化内涵。

一、节庆活动的种类

我国节庆种类很多，按节庆性质可分为单一性和综合性节庆；按节庆内容可分为祭祀节庆、纪念节庆、庆贺节庆、社交游乐节庆等；按节庆时代性可分为传统节庆和现代节庆等。

（一）根据时序划分的传统节庆

1. 春节

春节，即农历新年，是一年之岁首、传统意义上的年节，俗称新春、新年、新岁、岁旦、年禧、大年等，口头上又称度岁、庆岁、过年、过大年。春节历史悠久，由上古时代岁首祈年祭祀演变而来。在古代民间，人们从年末廿三或廿四的祭灶便开始"忙年"了，新年到正月十九才结束。在现代，人们把春节定于农历正月初一，但一般至少要到正月十五新年才算结束。春节是中华民族最隆重的节庆，大致为三个阶段：从腊月二十三到除夕是准备阶段，贴对联挂年画，张灯祭祖先等，忙着为迎接春节做准备，俗称"腊月忙年"。第二阶段是核心，从年三十到初三。年三十夜称作除夕，人们有吃团圆饭、坐夜守岁的习惯。第三阶段从初四到十五，主要是游憩、娱乐，如扭秧歌、跑旱船、舞狮等，形式多样，热闹非凡。

春节与清明节、端午节、中秋节并称为中国四大传统节日。春节民俗经国务院批准列入第一批国家级非物质文化遗产名录。

2. 清明节

清明节，又称踏青节、行清节、三月节、祭祖节等，节期在仲春与暮春之交，时间在公历 4 月 5 日前后。清明节源自上古时代的祖先信仰与春祭礼俗，兼具自然与人文两大内涵，既是自然节气点，也是传统节日。扫墓祭祖与踏青郊游是清明节的两大礼俗主题，这两大传统礼俗主题在中国自古传承，至今不辍。清明节是传统的重大春祭节日，扫墓祭祀、缅怀祖先，是中华民族自古以来的优良传统，不仅有利于弘扬孝道亲情、唤醒家族共同记忆，还可促进家族成员乃至民族的凝聚力和认同感。清明节融自然节气与人文风俗为一体，是天时地利人和的合一，充分体现了中华民族先祖们追求"天、地、人"的和谐合一，讲究顺应天时地宜、遵循自然规律的思想。

3. 端午节

端午节，又称端阳节、龙舟节、重午节、龙节、正阳节、天中节等，节期在农历五月初五，是中国民间的传统节日。端午节源自天象崇拜，由上古时代祭龙演变而来。

后因传说战国时期的楚国诗人屈原在五月初五含恨跳汨罗江自尽，从而亦将端午节作为纪念屈原的节日；当然，也有纪念伍子胥、曹娥及介子推等的说法。

端午文化在世界上有着广泛的影响，有不少的国家和地区也有庆贺端午的活动。2006年5月，国务院将端午节列入首批国家级非物质文化遗产名录；自2008年起，端午节被列为国家法定节假日。2009年9月，联合国教科文组织正式批准将其列入《人类非物质文化遗产代表作名录》。从此，端午节成为中国首个入选世界非遗的节日。

4. 中秋节

中秋节，又称祭月节、月光诞、月夕、秋节、仲秋节、拜月节、月娘节、月亮节、团圆节等，是中国民间的传统节日。中秋节源自天象崇拜，由上古时代秋夕祭月演变而来，并普及于汉代，定型于唐朝初年，盛行于宋朝以后。中秋节自古便有祭月、赏月、吃月饼、玩花灯、赏桂花、饮桂花酒等民俗，流传至今，经久不息。

受中华文化的影响，中秋节也是东亚和东南亚一些国家尤其是当地的华人华侨的传统节日。2006年5月20日，中秋节被国务院列入首批国家级非物质文化遗产名录。自2008年起，中秋节被列为国家法定节假日。

此外，时序传统节日还有腊八节、元旦、元宵节，部分少数民族的"泼水节"和欧美国家的"狂欢节"等。

（二）根据内容划分的各类节庆

1. 农祀节会

农祀节会是指以农事祭祀为特征的节庆活动。我国作为农业大国，我国的农祀节会不仅种类繁多，而且各有特色，特别是少数民族的农祀节会。如除夕、腊八节、清明节、端午节、中秋节等。

2. 纪庆节会

纪庆节会是指具有一定纪念和庆典内容的节会活动。其大多是感情外露且热烈的。如元旦、国际妇女节、植树节、国际劳动节、青年节、护士节、儿童节、建军节、教师节、国庆节等。

3. 交游节会

交游节会是指结交朋友的活动。它是青年男女显露才华、交流感情的最重要场所。如观光游、考古游、寻根游、探险游等。

4. 现代节庆

现代节庆主要是指改革开放以来举办的各种节庆活动。如春节、元宵节、清明节、端午节、中秋节等；还有教师节、"五一"劳动节、"六一"儿童节、"七一"建党节、"八一"建军节、"十一"国庆节等。

此外，还有形式多样的各种文化活动、商贸活动和会展活动等。

二、节庆活动的经济价值

节庆活动，作为会展的组成部分，其旅游功能和经济价值是有目共睹的。节庆活动往往伴随着节庆旅游和节庆经济对社会产生影响。

（一）节庆旅游

随着旅游业的深入发展，越来越多的旅游地需要通过节庆活动来支撑。以往旅游风景区不太在乎节庆旅游，但由于旅游竞争的日趋激烈，节庆活动及文艺表演成为旅游竞争或聚集人气的重要形式，且有与日俱增之势。曾经，许多城市将节庆活动作为"文化搭台，经贸唱戏"的手段，或以此来实现招商引资的目的。但近些年来，各地已对节庆活动越来越重视，并将节庆活动视为专项旅游产品来开发和培育，甚至将它与地方或城市形象及旅游宣传口号等的塑造结合在一起。

1. 可迅速塑造旅游地的形象

节庆活动作为特殊的旅游产品，与其他旅游产品迥然不同，它能在较长时间内引起公众的关注，甚至可以在一段时间内成为公众关注的焦点。它可使旅游地形象得以迅速提升。如"西湖国际博览会"创办于1929年6月，此后停办71年。2000年10月重新开办，从而迅速让杭州的秀丽风景在国际上的知名度获得提升；同样的道理，"大连国际服装节"经过多年的举办后，在公众心目中已将"服装节"与大连的城市形象画上了等号，从而使大连市成为美丽、浪漫、精彩纷呈的象征。

此外，节庆旅游活动还可促进旅游地的环境不断改善，使旅游地在游客心中的形象不断提升。如促进城市绿化面积的增大、档次的提升、市政管理的加强、城市形象及标志的形成、景区软硬件环境的改善等。

2. 可塑造旅游地精神，使旅游地具有文化使命感

节庆活动不仅会成为旅游地的特殊吸引物，更重要的是将之成为旅游地的象征，成为地方文化和精神的寄托，是地方的名片和骄傲。此外，节庆活动促使地方居民具有文化使命感，会自觉地保护、传承民族文化或工艺美术及民间技艺等。从根本

上看，节庆活动非但不会破坏地方的传统文化，反而会使地方传统文化更有活力、更利于传承。

3. 可提高城市知名度，增强旅游竞争力

由于节庆活动具有独特性，一般情况不会在一个区域内重复，它是民族文化或地域文化的合理延伸，因此多数节庆活动具有唯一性、排他性、垄断性或互补性。旅游地往往可通过节庆活动的营销，增强旅游地的形象，提高知名度，增强竞争力。

（二）节庆经济

节庆经济是指人们利用节庆集中购物、集中消费的行为。它是带动供给、带动市场、带动经济发展的一种系统经济模式。节庆经济产业体系涵盖面很广，几乎涉及大部分的第三产业。除核心的旅游业外，餐饮业、商业、娱乐业、影视业、广告业、展览业、体育产业、交通运输业等都一一涵盖，甚至彩票业也是节庆经济的组成部分。如今，节庆活动作为经济活动的一种方式，不仅作为一地招商引资的点缀，而且切实在促进地方经济的发展。

1. 把节庆当作旅游产品来经营

节庆，作为主题性节日盛事，是一种动态的文化旅游产品，可以作为独立的旅游产品来设计、打造和经营。所谓的"节庆产品"，主要指利用节庆影响和效应，精心策划主题鲜明、富有感召力的特殊节目，并在节庆的过程中展示出来，同时，节庆内容也要接受市场检验。凡是受欢迎的、市场前景明朗的，就可考虑逐渐培育成常规性的旅游产品并持续保留下去。

2. 对节庆进行市场化运作

要让节庆做到可持续发展，必须做到市场化运作。但也不是所有的节庆活动只要进行了市场化运作就可以"活"下去、"火"起来的。实践证明，只有那些主题鲜明、形成品牌和特色、积聚了人气和消费力的节庆活动才会吸引赞助商的眼球，才可能在市场经济的条件下走得更远。因为节庆运作的市场化程度关系到节庆的品牌建设、经营效果与长远发展；节庆主题活动的策划与定位，也会影响到节庆的市场化运作水平。因此，只有在尊重节庆的个性特色的基础上来策划主题活动，并进行出色的商业运作，节庆才能实现社会效益与经济效益的双丰收。一个节庆活动要长盛不衰，必须把握时代的脉搏，与时俱进，坚持创新。

3. 节庆活动要常办常新

时代在不断变化，由节庆带动的边缘产业也在跟着变化。要让节庆保持活力，必

须坚持常办常新：一是要有"亮点"的主题活动，以提高大众的关注度和期望值。因为大众的关注度和参与性是节庆的生命线，必须在节庆的各个环节中寻找亮点并进行重点策划，以广泛吸引业内人士和大众。二是要有"热点"的主题活动，以形成社会焦点。节庆活动有了亮点和热点，自然会形成商业的焦点。三是要有"卖点"的主题活动，以增强商务运作能力。在策划主题活动时，还应着眼于社会效益与经济效益，从中挖掘有卖点的好项目，以吸引大众和赞助商，提高节庆的竞争力和经营能力。

万物皆有源，节庆也是如此。纵观世界各国各地区承袭至今的各类节庆活动，都有其产生、发展和壮大的潜在原因。现在，几乎每一天，人类都有源自不同文化的节庆活动上演，且乐此不疲，循环往复，试图让生活在短期内换一个频率或节奏。20世纪法国著名的社会学家和汉学家葛兰言说："节庆促进了万物的和谐统一，即物质世界与人类世界的和谐状态。"从现实的角度来看，节庆的存续意义还在于创造了人类生生不息的经济盛宴。无论昔时的氛围保留几许，节庆经济都已经成为经济发展的新亮点。如何在市场经济条件下，使各种类型的节庆活动在传承历史文化的同时，能成为一个地方重要的旅游资源并提高其经营水平，已经成为推动经济与社会发展的动力，也是摆在各级政府面前的重要任务。

第十节 | 康体俱乐部

康体俱乐部是指为消除疲劳、恢复身心、休闲娱乐、锻炼身体的团体或场所。它为具有某种相同兴趣的人进行社会交际、文化娱乐等活动提供平台，从而让有共同兴趣的人在一起聚集活动。它往往由企业经营者或社会团体出面组织，会员在自愿、互助、互惠的基础上自主参加，并有相应的权利和义务的协会或团体。它涵盖了体育健身、休闲娱乐、户外运动、观赏和体育旅游等内容，它把大众娱乐和体育锻炼有机地结合起来，不仅具有娱乐身心的娱乐性，还有强健体魄的健身性。

一、主要功能

俱乐部可以是营利性或非营利性组织。从某种意义上讲，俱乐部比较容易活动，没有许多规定或限制，可以是私人间的活动，也可以是集体的活动。虽然也有章程，但是更多的是个人意思的表达，随意性较大，不像协会是集体的，要照章办事。

（一）社交功能

俱乐部是一个交际场合，具有社交功能。特别是以运动为主要活动内容的俱乐部，就更具有良好的社交功能。许多人参加团体运动项目是为了运动中那种亲密无间的情谊或希望有一个归属。

（二）娱乐功能

康体俱乐部除了健身、社交等功能外，还有一个重要活动内容就是娱乐。

（三）心理功能

成功的俱乐部能够起到满足安全、地位、社交三种需求的作用。

（四）力量功能

一个人一旦成为某一俱乐部的成员，就可能树立更强的信心，感到集体力量的强大。

二、主要类型

（一）运动类康体产品

受经济条件的制约，以往人们参与的康体娱乐活动大多是对场地要求不高、费用较低的传统康体娱乐活动，如篮球、足球、游泳、健身、保龄球等。这些活动适合任何年龄层次的人参与，在锻炼身体的同时，还利于促进人们之间的友谊，所以一直受到追捧。

随着我国经济的快速发展和人们生活质量的迅速提高，新兴、高消费的运动类康体娱乐产品已经受到越来越多高端客户的欢迎和重视。这类康体娱乐产品对场地和设施要求都比较高，收费也高，对象基本为金领和白领等成功人士，如马术、击剑、帆船、游艇、海钓、潜水、高尔夫、飞行等。这些新兴康体娱乐活动往往投资巨大，所以发展仍然比较缓慢。

（二）娱乐类康体产品

面对快速的生活节奏，为了缓解生理和心理上的巨大压力，人们对娱乐类康体产品的需求也在不断增加。在忙碌的工作之余，大家也会相约到 KTV 消遣，以缓解工作的压力。近些年，随着大型主题娱乐场所兴起，人们更多地会到这些主题乐园，以满足精神的享受。如迪士尼乐园、未来世界、环球影城、嘉年华游乐园等。

（三）美容类康体产品

随着社会经济的快速发展和生活水平的不断提升，人们越来越注重对美的追求，愿意投入更多的资金用于对外在美的塑造，以提升个人形象。传统的美容类康体产品主要包括美容美发、桑拿按摩、修甲等。而现在随着科技的进步，美容产品也与时俱进，并融入高科技手段，为人们塑造更完美体形创造了条件，从而悄然兴起了新兴的美容康体产品，如日光浴、SPA、泰式按摩等。近些年来，随着城市化的发展，我国城市的康体娱乐产业也得到迅猛的发展，市民健身热情高涨，发展势头良好，投资潜力巨大。

第十一节 | 工业遗产旅游基地

工业遗产是指为工业活动所造的建筑与结构中所含工艺和工具及这类建筑与结构所处城镇与景观，包括所有其他的物质和非物质表现都具备至关重要的意义。它包括具有历史、技术、社会、建筑或科学价值的工业文化遗迹，也包括建筑和机械、厂房、生产作坊和工厂，矿场及加工提炼遗址，仓库货栈，生产、转移和使用的场所，交通运输及其基础设施，用于居住、宗教崇拜或教育等和工业相关的社会活动场所等。由此可见，工业遗产无论在时间、范围或内容方面，都具有丰富的内涵和外延。而基地是指开展某种活动的基础性地点，是某种活动的集中性支撑点，如同某种活动的家园。如军事基地、工业基地、旅游基地等。可见，工业遗产旅游基地是指通过工业遗产作为旅游吸引物而形成的旅游地点。

一、工业遗产的价值

（一）历史价值

工业遗产具有重要的历史价值。它见证了工业活动对历史和今天所产生的深刻影响。它是人类所创造并需要长久保存和广泛交流的文明成果，是人类文化遗产中与其他内容相比毫不逊色的组成部分。无视或回避这一宝贵遗产，就是抹去人类一部分最重要的记忆，使一个地方（或城市）出现一段历史空白。而更好地保护工业遗产，发掘其丰厚的文化底蕴，必将让曾经绚丽多彩的历史画卷更加充实。同时，这些深刻变革的物质证据对后人认识工业活动的产生和发展，研究某类工业活动的起步和过程具有普遍的价值。

（二）科技价值

工业遗产具有重要的科技价值。它见证了科学技术对于工业发展做出的突出贡献。它在生产基地的选址规划、建筑物和构造物的施工建设、机械设备的调试安装、生产工具的改进、工艺流程的设计和产品制造的更新等方面都展示出其中的科技价值。保护好不同时期、不同阶段具有标志性或突出价值的工业遗产，可以给后人留下相对完整的工业领域科学技术的发展轨迹，提高人们对科技发展史的认识和研究水平，也有利于保护某种特定的制作工艺或具有开创意义的范例。

（三）艺术价值

工业遗产具有重要的艺术价值。它见证了工业景观所形成的无法替代的城市特色。认定并保存好有多重价值和个性特点的工业遗产，对提升城市文化品位、维护城市历史风貌、改变"千城一面"的城市形象、保持生机勃勃的地方特色等都具有特殊的意义。工业遗产虽然不能像一般的艺术作品那样进行端详、观赏，但城市的个性主要取决于文化的差异，工业遗产的特殊形象就可成为众多城市形象识别的鲜明标志。作为城市文化的一部分，工业遗产无时不在提醒人们城市曾经的辉煌或当时的面貌，同时也为城市居民留下更多的记忆。不少的国家或地区已经充分地认识到工业遗产这种价值，将其作为一种文化资源，走出了与满足社会文化需求相结合的工业遗产的保护之路。

（四）文化价值

工业遗产具有重要的文化价值，是人类文化基因的代表。近年来，国际社会正在鼓励多样化地理解文化遗产的概念并明确文化遗产的重要价值，从而使越来越多的人认识到工业遗产是普遍意义上的文化遗产中不可分割的组成部分。保护工业遗产就是保护人类文化的传承，培植社会文化的根基，维护文化的多样性和创造性，从而促进社会不断进步。

（五）经济价值

工业遗产具有重要的经济价值。它见证了工业发展对经济社会的带动作用。工业的形成与发展往往需要投入大量的人力、物力和财力，而对工业遗产的保护可以避免资源的浪费，防止城市改造中因大拆大建而把具有多重价值的工业遗产变成建筑垃圾，有助于减少环境的负担并促进社会经济的可持续发展。同时，保护工业遗产能够在城市衰退地区的经济振兴中发挥重要作用，并保持地区活力的延续性，给社区居民提供长期稳定的就业机会。通过对城市中工业遗产重新进行梳理、归类，在合理开发、利用和改造中为城市保留丰富的历史底蕴，注入新的活力。保留工业遗产的物质形态，弘扬工业遗产的文化精神，既是为后世留下曾经承托经济发展、社会成就和工程科技的历史形象记录，也能为城市经济未来发展带来许多思考和启迪，更能成为拉动经济发展的重要源泉。

（六）社会价值

工业遗产具有重要社会价值。它见证了人类巨大变革时期社会的日常生活。工业活动在创造了巨大物质财富的同时，也创造了取之不竭的精神财富。工业遗产记录了普通劳动者难以忘怀的人生，成为社会认同感和归属感的基础，并构成了不可忽视的社会影响。工业遗产蕴含了务实创新、兼容并蓄，励精图治、锐意进取，精益求精、明礼诚信等工业生产中铸就的特有品质，为社会添注一种永不衰竭的精神气质。因此，工业遗产不仅承载着真实和相对完整的工业化时代的历史信息，帮助人们追述以工业为标志的近现代的社会历史，帮助未来更好地理解这一时期人们的生活和工作方式。此外，保护工业遗产也是对民族历史完整性和人类社会创造力的尊重，是对传统产业工人历史贡献的纪念和崇高精神的传承。同时，工业遗产对长期工作于此的众多技术人员和产业工人及其家庭来说还具有特殊的情感价值，对它们加以妥善保护将给予工业社区的居民以心理上的慰藉。

二、我国的十大工业旅游示范基地和十大工业遗产旅游基地

2017 年 11 月 28 日，第二届全国工业旅游创新大会在湖北省黄石市举行。国家旅游局《全国工业旅游创新发展三年行动方案 (2018—2020)》公布：计划到 2020 年，全国要培育 100 个国家工业旅游示范基地、国家工业遗产旅游基地等示范品牌；全国工业旅游年接待游客量达 2.4 亿人次，旅游年收入超过 300 亿元，成为全域旅游发展新的增长极；工业旅游体系初步建成并得到完善，产品品质全面提升，工业旅游并入大众旅游发展轨道，促进就业、社会教育等社会功能得到展现。

国家工业旅游示范基地是指具有观赏、研学、展示、休闲、康养、购物等功能，能提供较高水平的旅游设施与服务，代表国家工业旅游发展最高水平，对全国工业旅游发展具有较强示范引领作用的企业或企业聚集区，并具有较高的历史文化价值或观赏价值、科普价值等，其旅游产品具有一定独创性，有吸引力较强的体验性、参与性

项目，游览线路应对工业生产、工艺流程、建筑景观、科技成果、工业遗产等内容进行充分的展示，并具有独特魅力。会议宣布授予首批 10 家国家工业旅游示范基地和首批 10 家国家工业遗产旅游基地。

（一）我国首批十大工业旅游示范基地

1. 山东省烟台张裕葡萄酒文化旅游区

1987 年，烟台成为亚洲唯一的"国际葡萄—葡萄酒城"。2008 年，展示"国际葡萄酒城烟台"葡萄酒风情的标志性景观——张裕国际葡萄酒城落成并开放。它由张裕卡斯特酒庄、酒城之窗、葡萄公园等部分组成，是亚洲首座葡萄酒主题乐园，集生产高档葡萄酒、旅游观光、葡萄酒科普等功能于一体。常年举办葡萄酒修学之旅、体验之旅、风情采摘节、体验购物节等特色活动，是地方乃至全国性的工业观光、商务考察及休闲度假的好去处。

2. 江苏省苏州"隆力奇"养生小镇

中国的江南是世人向往的人间天堂，是心灵自由的和谐家园。"隆力奇"就诞生在这片天地恩赐的梦幻江南。"隆力奇"养生小镇，是以"隆力奇"大产业为依托，以标准的城镇化建设为载体，呈现出一片欣欣向荣、活力四射的景象，成为远近闻名、具有强大吸引力的养生小镇。2004 年被国家旅游局批准为"全国首批工业旅游示范点"，并大力引导开发建设美丽健康产业和工业旅游，成为以工业旅游为主体，弘扬中国养生文化为特色，集多种业态于一体的旅游综合体。其中设有工业旅游区、养生保健区、休闲游憩区等，还配备有智能化新工厂、研发中心、爱家生活体验馆、培训中心、有机农场、真武观（道教的一种宫观）等。其已经成为管理现代化、产品多样化、生产智能化、人才高端化、厂区景观化、市场国际化的样板。

3. 福建省漳州"片仔癀"中药工业园

由福建省漳州市"片仔癀"中药工业园独家生产的、具有近 500 年历史的国宝名药——福建三宝之一的"片仔癀"，经过半个多世纪的磨砺，其清热解毒、凉血化瘀、消肿止痛功效明显，在治肝炎、抗肝癌、囊肿消毒等方面也独具特色，是国宝级名药、名牌，堪称经典。其工艺和处方列入国家"双绝密"。"片仔癀"商标在 1999 年 1 月被评为"中国驰名商标"；2006 年入选商务部首批"中华老字号"。其传统制作技艺于 2011 年 6 月入选第三批国家级非物质文化遗产名录，成为国家一级中药保护品种，品牌价值荣登"2014、2015 胡润品牌榜"，蝉联 2015、2016 年中国品牌价值500 强榜单，入选 2014、2015 年中国最有价值品牌 500 强榜单。

4. 内蒙古自治区伊利集团·乳都科技示范园

伊利·乳都科技示范园分为东、西两区。目前伊利大部分工厂分布在东区，总占地面积 1500 亩。伊利集团自 1993 年进驻呼和浩特市金川开发区以来，几十年间陆续建设了冷饮、奶粉、液态奶、原奶四个事业部，伊利的酸奶事业部设在北京。2005 年伊利在东区率先建成了国内最早实现自动化生产的液态奶生产基地，日处理鲜奶总量达到 2000 吨，是全球自动化程度最高、生产规模最大的液态奶生产基地之一。它的建成开创了我国液奶生产的新纪元，国内后续建设的液态奶生产厂都是效仿金川伊利液态奶生产线的模式与布局。

5. 云南省天士力"帝泊洱"生物茶谷

中国现代中药领军企业——天士力集团，针对现代人饮食过剩、生活不规律等出现的亚健康状态，推出了饮品领域"全新品类"——"帝泊洱"。"帝泊洱"选用云南省普洱市高海拔优质大叶种普洱茶，经过生态种植与生物科技结合，制成接近纳米级的纯天然、高倍普洱茶精华是蕴含丰富的茶多酚、茶色素、茶多糖、咖啡碱的普洱因子，无任何添加剂，更有益人体吸收，充分发挥健康效能。"帝泊洱"有瞬间水溶性，完全溶解无杂质，其醇美茶香、琥珀汤色、甘甜滋味、滋养功效，能为人们紧张繁忙的现代生活舒缓身心、调节代谢等提供健康保障。"帝泊洱"把来自一片茶、溶于一滴水、承载一份真情的深度健康关怀，奉献给每一位消费者。

6. 山西省汾酒文化景区

汾酒文化景区，隶属于山西杏花村汾酒集团，位于吕梁市下辖汾阳市杏花村，距离汾阳市区约 15 公里。景区主要景点有汾酒博物馆、复古生产线、现代化汾酒酿造车间、陈年酒库、万吨酒海、醉仙楼和园林式汾酒工业园区。山西杏花村汾酒集团是我国最大的名白酒生产基地之一，其生产的中国驰名商品"杏花村"汾酒、竹叶青等白酒，远销几十个国家和地区。汾酒是我国清香型白酒的典型代表，素以入口绵、落口甜、饮后余香、回味悠长而著称。

7. 新疆生产建设兵团伊帕尔汗薰衣草观光园景区

新疆生产建设兵团伊帕尔汗薰衣草观光园景区隶属新疆伊帕尔汗香料股份有限公司，是地处新疆维吾尔自治区伊犁哈萨克自治州的新疆生产建设兵团第四师国有股份制香料企业，集种植、生产、加工、游览、销售于一体。景区依托薰衣草资源优势及技术优势，经过几年的努力和创新，目前已开发出 7 大类 166 种薰衣草系列产品，涉及美容、保健、香薰、理疗、家居饰品、礼品等诸多领域，产品已荣获"新疆著名商标""新疆名牌产品""中国驰名商标""国家农业产业化重点龙头企业"等多项殊荣，成为中国薰衣草行业的领军品牌和旗帜。

8. 黑龙江省齐齐哈尔市中国"一重"工业旅游区

中国第一重型机械集团公司是以生产冶金、轧钢、锻压、矿山、电力、石化等重型设备为主体的特大型全能装备制造企业，其总部位于黑龙江省齐齐哈尔市富拉尔基区，它是我国"一五"期间由苏联援建的 156 项重点建设项目之一，也是亚洲最大的重型机器制造企业。如今，公司经营本部、设计研究院和大型设备出海口生产基地位于辽宁省大连市。"一重"集团公司素有"国宝"美称，属于国有特大型企业，为我国基础工业做出了重大贡献。

9. 辽宁省大连市海盐世界公园

辽宁省大连市大连盐化集团旗下大连海盐之乡盐文化旅游发展有限公司成立于 2017 年 5 月 22 日，位于复州湾的海盐世界公园一期部分项目已于 2018 年 6 月 27 日正式开园，开创了国内盐行业盐文化旅游的先例，成为东北首家海盐世界公园。海盐世界公园为大连打造了一张海盐文化旅游的新名片，使大连又多了一个休闲旅游的好去处。根据规划，盐化集团将在盐场内的四个片区打造四个定位不同的工业园区，整个公园计划 2030 年前全部完工。已经开放并接待游客的是海盐世界公园一期工程。园内开放了旅游观光小火车、古法制盐体验区、浓海水康体度假基地等项目。

10. 安徽省合肥市荣事达工业旅游基地

作为中国知名的家电品牌——荣事达，其位于安徽省合肥市高新技术开发区的总部和生产基地已经将"参观工厂"和工业旅游结合起来，园区以净水机科创中心、全价值链双创中心以及智能家电研发中心三大展厅为核心，形成了集观赏、研学、展示、休闲、健康、体验、购物于一体的工业研学旅游中心。为了让消费者更好地了解净水产品，荣事达自 2014 年起开始推出"参观工厂，健康饮水"等活动，让消费者亲临荣事达生产一线，见证产品生产过程；参观净水展厅，聆听净水知识讲解；品尝现制净水，感受产品实际效果等，广受游客或消费者的欢迎。

（二）我国首批十大工业遗产旅游基地

1. 湖北省黄石国家矿山公园

湖北省黄石国家矿山公园位于湖北省黄石市铁山区境内，"矿冶大峡谷"为黄石国家矿山公园核心景观，形如一只硕大的倒葫芦，东西长 2200 米、南北宽 550 米、最大落差 444 米、坑口面积达 108 万平方米，被誉为"亚洲第一天坑"。2005 年 8 月，国土资源部批准黄石国家矿山公园为全国首批国家矿山公园。其中有 3 个矿业地质遗迹、3 个矿业生产遗址和 2 个矿业活动遗址。公园内建有日出东方、矿业博览、井下探幽、石海绿洲、千年古杏、灵山古刹、雉山烟雨、九龙洞天等八大景观。

公园以独具特色的矿业遗迹资源为主体景观特色，结合公园内美丽的覆绿景观资源、独特的博物馆设计和高品位的雕塑艺术，挖掘公园绚丽多彩的自然和人文景观资源，重点再现矿业发展的历史内涵。

2. 河北省唐山市开滦国家矿山公园

河北省唐山市开滦国家矿山公园位于河北省唐山市市中心区域，坐落在有着 136 年开采历史、被誉为"中国第一佳矿"的开滦唐山矿业公司，是一座集工业遗迹保护、煤炭文化、近代工业文明展示于一体的近代工业主题的国家级矿山公园。它是由国土资源部于 2005 年批准建设的全国首批 28 家国家级矿山公园之一。它是一项政府主导、企业筹建、依托开滦丰厚的矿业文化底蕴，集旅游、休闲、历史文化与科普展示、旅游地产开发于一体的新型工业旅游景区。

开滦国家矿山公园开始兴建于 2005 年 8 月，总规划面积近 70 万平方米，分两大园区进行建设。一是在唐山矿 A 区建设"中国北方近代工业博览园"；二是在原唐山矿储煤场旧址建成"老唐山风情小镇"。两大景区由矿用自备铁路连接，形成一个完整的旅游园区。园区内建有博物馆和三个分展馆，内容涵盖煤炭的生成与由来、古代采煤史拾萃、开滦煤田地质构造及赋存、煤炭开采流程及煤炭开采史、电的使用、电学知识与电力发展史、蒸汽机车史和中国铁路运输史等。还包括井下探秘游、采煤塌陷知识等。

3. 吉林省长春长影旧址博物馆

吉林省长春长影旧址博物馆是长影集团在完整保留 1937 年原建筑的基础上，本着"修旧如旧"的原则修缮完成的。它是记录长春电影制片厂发轫、进展、繁荣、变迁整个过程的艺术殿堂。长影旧址博物馆建筑面积 46137 平方米，包括长影电影艺术馆、长影摄影棚展区、长影电影院、长影音乐厅和配套的长影文化街区及原主办公楼、洗印车间等。通过文物保存、艺术展览、电影互动等形式，呈现电影艺术、电影道具、电影特技、电影工艺、电影生产等多重主题。长影旧址博物馆真实客观地反映了中国电影艺术的创业史和发展史，全面展现了长影几十年的历史文化成就。2014 年 8 月 19 日，长影旧址博物馆在长春电影制片厂老厂区正式落成开放。

4. 上海国际时尚中心

上海国际时尚中心位于上海市杨浦区杨树浦路 2866 号，是原"十七棉"改建项目，占地 12.08 万平方米，建筑面积约 13 万平方米，是目前亚洲规模最大的时尚中心。中心被定位成以时尚为核心立意，集创意、文化及现代服务经济于一体，跨界融合国际名品和各界休闲娱乐业态，引导时尚潮流，以建筑形态与人文环境促进文化交流，成为远东地区规模最大、时尚元素最为丰富、以纺织概念为主的时尚创意园区，也是国际时尚业界互动对接的地标性载体和营运承载基地。该中心具备时尚多功能秀场、接待会所、创意办公、精品仓、公寓酒店和餐饮娱乐等六大功能，不仅是我国设施最完备、配套最齐全的专业秀场，也是世界顶级品牌发布首选地，更是举办上海国际服装文化节、上海时装周的主场。

5. 浙江省新昌达利丝绸世界旅游景区

浙江省新昌达利丝绸世界旅游景区坐落于山清水秀、风景迤逦的浙江省新昌县南岩寺风景区旁，离著名的新昌大佛寺景区仅 8 千米，毗邻上三高速新昌出入口，景区生态园占地约 320 亩，园内古桑林立，四季鸟语花香，生态清新和谐，是全国首家以丝绸文化旅游为特色的国家 4A 级景区。景区以"走江南丝绸之路，赏丝绸美丽风华"为主题，以丝绸文化传播、丝绸产品展示、丝绸旅游购物为核心，以百年石磨群、千年桑树园、万年乌沉木雕、亿年木化石为亮点，由千年桑树园生态景区、丝绸文化博览馆、丝绸文化特色街、达利生态体验休闲区和丝绸世界展示购物区五部分组成，是集蚕桑文化园林、丝绸博览馆、现代丝绸文明生产、丝绸文化科普教育、生态农业体验和休闲娱乐购物等多种旅游元素和形态的综合性生态旅游景区。

6. 江西省萍乡市安源景区

江西省萍乡市安源景区位于江西省萍乡市东郊，沪瑞高速公路及 320、319 国道和浙赣铁路贯穿境内，距湖南省长沙黄花机场约 100 千米、江西省南昌昌北机场约 280 千米，其整体规划面积近 80 平方千米，核心面积约 3 平方千米。主要景点有安源路矿工人运动纪念馆、工人补习夜校、路矿工人俱乐部旧址、总平巷、谈判大楼、盛公祠、路矿工人消费合作社、红军标语墙、革命烈士陵园、安源影视城、中国红色之旅万里行纪念碑等。按照地理位置和景观特点，景区共分历史文化区、横龙洞宗教文化区、鹅湖林业科普区、五陂生态农业科技示范区、杨岐山景区等五个区域，是集纪念、教育、旅游、休闲、观光、娱乐为一体的现代化多功能旅游区，也是休闲观光、生态旅游、民俗活动和科普教育的理想去处，更是我国首批百家爱国主义教育基地、全国百个红色旅游经典景区、国家森林公园等。

7. 湖南省株洲市醴陵瓷谷

湖南省株洲市醴陵瓷谷坐落于湖南省株洲市醴陵市经济开发区 A 区凤凰大道，总占地面积约 650 亩，总建筑面积 100 万平方米，总投资 27 亿元人民币。一期建筑由国际陶瓷展览中心、图兰朵酒店、醴陵瓷谷美术馆、醴陵市陶瓷博物馆等 11 个单体巧妙地在内部连成一个整体，是中国陶瓷行业规模最大的艺术建筑群。项目整合岳阳市湘阴县的岳州窑、长沙市望城区的铜官窑、株洲市醴陵市东堡乡沩山村的古窑等湖湘陶瓷文化的历史资源，以打造湖湘陶瓷文化旅游精品线路；二期建筑主要为瓷器口古文化街及艺术家别墅群落定制与状元府人文社区等。

8. 广西壮族自治区柳州工业博物馆

柳州工业博物馆坐落于柳州市鱼峰区文昌大桥东侧南面，毗邻阳光 100CBD 商务区，与窑埠古镇隔街相望，目前为国家 4A 级景区，也是免费向公众开放的博物馆。该馆集工业历史展示、工业遗产保护、科学知识普及、旅游休闲等于一体，总用地面积近 11 万平方米，总建筑面积超过 6 万平方米，设有工业历史馆、生态宜居馆等主题展馆。博物馆分室外展区、景观区和服务区三个板块，集中突出了观赏、旅游、休闲、购物的功能。以仿柳州钢铁厂 20 世纪 60 年代 1 号高炉建筑为室外景观区视觉中心，配以室外老式蒸汽机车、内燃机车、大型装载机、3000 吨汽车纵梁油压机以及化工、纺织、车床等大型展品，营造出了浓郁的工业氛围，突出了工业旅游观光的特征。

柳州工业博物馆大量工业文物具有广西、全国"第一"和"唯一"的特性。这些珍贵的工业文物从不同角度记录了广西及中华民族复兴的历史，也是柳州艰苦创业、敢为人先、自强不息、实业兴邦精神的真实写照。博物馆于 2012 年 5 月 1 日建成并对外开放，填补了广西工业类博物馆的空白，成为广西乃至全国第一所城市综合性工业博物馆。

9. 四川省成都市东郊记忆景区

东郊记忆景区坐落于四川省成都市成华区二环东外侧建设南支路 4 号，占地 205 亩，建筑面积约 19 万平方米。其前身是始建于 20 世纪 50 年代的成都国营红光电子管厂（代号 773 厂，106 信箱），2009 年开始，成都市利用东郊老工业区中的原成都红光电子管厂旧址，将部分工业特色鲜明的厂区作为工业文明遗址予以保留，并与文化创意产业结合，打造成音乐产业基地等，2011 年 9 月 29 日，东郊记忆景区正式开园运营。它是拥有音乐、美术、戏剧、摄影等文化形态的多元文化园区，是工业遗址主题旅游地、艺术文化展演聚落、文艺创作交流园区和成都文化创意产业高地。它分成东郊记忆馆、星光墙、成都舞台、火车头广场和锦颂东方艺术展览中心等板块。

10. 贵州省仁怀市"茅酒之源"旅游景区

贵州省仁怀市"茅酒之源"旅游景区坐落在茅台镇的茅台酒厂区，始建于明代，因战乱几次被毁，重建于清同治元年，是国酒茅台从两汉迄今为止的最早酿造体系的实物见证，它是 1985 年茅台酒厂在原址上改建成制酒一车间生产房，属砖石结构台梁式小青瓦顶仿古建筑，大门上刻有"茅酒之源"四个大字，面积约 450 平方米，保存完好。现使用的窖池就是原烧房窖池扩建，在生产空地上还有填埋的原烧坊窖池。2013 年 5 月 3 日，以"茅酒之源"为代表的茅台酒酿酒工业遗产群被国务院批准为"第七批全国重点文物保护单位"。它是中国酒文化的源点，是中国酒文化的根。

第四章

休闲产业

第一节 | 休闲产业的作用

休闲产业是以人为主体和中心的服务型产业，是从人本关怀的角度发展的现代产业，是对我国全面建成小康社会与现代化建设具有重要价值的幸福产业。其主要体现在对经济建设、社会建设和生态文明建设的推动上。

休闲产业作为一种集资金密集、技术密集和劳动密集等特性于一体的新兴产业，对于刺激消费、扩大就业、拉动经济发展都有着积极的作用。其一，对于刺激消费、扩大内需具有重要作用。随着国民收入的提高和闲暇时间的增多，人们更加重视生活和生命质量以及自身的全面发展，会更多地把收入和时间用于旅游、健身、游戏、艺术、影视文化、教育等休闲活动，休闲消费的比重必将越来越大。大力推动休闲产业的发展，可以满足人们对于休闲和全面发展的需要，同时又起到刺激消费、扩大内需的作用。其二，对于缓解就业压力、维护社会稳定具有重要作用。休闲产业是新型劳动密集型产业，而我国是一个劳动力资源十分丰富的国家，存在着大量的就业需求，休闲产业的发展则很好地契合了这一问题的解决，至少可以很大程度上纾解社会的就业压力。其三，对于优化国民经济产业结构、促进社会经济良性循环具有重要作用。由于产业间的连带关系和相互作用，休闲产业的带动几乎会涉及所有产业。如休闲产业可直接带动酒店、航空、铁路、公路、出租车、餐饮、银行、保险、电信、旅游纪念工艺品等相关产业，还可以间接带动更多其他产业的发展。

一、休闲产业是推动经济发展的新动力

早在 2300 多年前，古希腊哲学家亚里士多德就说过："休闲是一切事物环绕的中心。"1925 年诺贝尔文学奖得主萧伯纳也说："工作是我们必须做的事，而休闲是我们喜欢做的事。"我国古代思想家、教育家，儒家学派创始人孔子提倡"志于道、据于德、依于仁、游于艺"，而"六艺（礼、乐、射、御、书、数）"中的"礼、乐、射、御"都属于休闲娱乐；我国当代马克思主义经济学家于光远先生是国内最早提出

现代休闲理论的学者,他把休闲概括为"玩",他推崇"人之初,性本玩";"活到老,玩到老";"玩是人类基本需求之一,玩是人的一种本能,玩是人处于放松和自由的一种状态"。于光远先生还提出:"要玩得有文化,要有玩的文化,要研究玩的文化,要掌握玩的文化,要发展玩的文化。"我国著名学者,原科技部秘书长、党组成员、科技日报社社长、国际欧亚科学院院士张景安先生指出:"休闲不仅是一个经济问题、科学问题和哲学问题,而且是一个社会文明的问题。"

可见,"玩"绝不是不务正业,而是人与生俱来的本能需求,更是社会经济发展到一定程度的必然要求。按照美国著名未来预测学家格雷厄姆·T.T.莫利托的说法,休闲是新千年全球经济发展的五大推动力中的第一引擎;知名休闲专家、加拿大阿尔伯塔大学教授艾德·杰克逊博士也表示:"在21世纪,以休闲、旅游、娱乐、体育、健身、艺术、文化传播等为主的'休闲经济',将成为下一个经济大潮,休闲产业将名副其实地成为世界支柱产业。"

事实也的确如此。随着国民收入的提高和闲暇的增加,人们更加重视生活和生命质量以及自身的全面发展,往往愿意把更多的收入和时间用于旅游、健身、游戏、艺术、影视文化、教育等休闲活动,休闲消费的比重将越来越大。此外,休闲产业的产业链很长,休闲消费具有很大的产业关联带动作用,是服务业的重要组成部分,也是孕育新型服务业态的重点领域,蕴藏着巨大的市场空间;它是集各种要素于一体的综合消费,休闲产业"一业兴"带动"百业旺",进而使内需成倍增加。同时,休闲产业还能有效降低经济增长对能源、原材料的依赖程度,有助于优化经济结构,促进经济增长方式的转变,带动相关产业的升级。休闲消费属可持续性消费,对经济的调节是内在的、自然的,对内需的刺激是良性的、和缓的,不会对社会经济的发展造成剧烈的冲击和过度的反应。从经济意义上来说,休闲是经济发展的新动力,休闲产业是未来的"黄金产业"。

二、休闲产业是展示国家形象的好平台

国民休闲关乎国民形象和国家形象,其发展状况反映一个国家国民的精神风貌。人们对一个国家或地区的基本印象,除了经济状况、城乡面貌、交通条件、衣食住行、环境卫生和社会秩序等以外,国民的生活方式和行为习惯也是其评价的重要因素。改革开放前,我国的国民基本没有真正意义上的休闲生活,无论是洋溢红色激情的广场舞,还是步调一致的全民统一的广播操、乒乓热或革命样板戏等,其显著特点就是形

式单一、千篇一律，缺乏个性化和丰富性等。改革开放四十多年来，随着党和国家指导思想的转变和拨乱反正等措施的持续实施，国民休闲逐渐摆脱了政治从属的状况，成为我国国民生活中的一种自觉的价值目标选择。

实现中华民族的伟大复兴，既要有经济社会发展有关的衡量和统计指标，也要有世界范围的公众印象和综合评价指标。倡导国民休闲，培育积极健康的生活态度和生活方式，对于展示国民素质和精神面貌，提升国家软实力具有重要的意义。休闲产业在凸显经济价值的同时，正在以经济活动、文化方式、社会议题等形式深入人们的日常生活，并获得良好的表达效果。休闲产业在成为国家经济发展新的增长点的同时，也实践着或显或隐的政治功能，并以各种方式传播中国特色社会主义的政治文明，即休闲产业不但刺激了经济的发展，而且也让国家的意志得到了展示。

三、休闲产业是提升文化境界的内生力

如果说休闲的经济价值是人类社会发展的外驱力，那么，休闲的文化价值就是人类社会发展的内生力。发展休闲产业对于促进内涵式发展、增强可持续发展能力具有综合性、长远性、全方位的战略意义。

1. 休闲产业是提升国民文明素养的重要途径

健康的休闲活动是一种高品质、高品位、高素质的文化活动，人们通过参加休闲活动，可以扩大视野、强健体魄、学习知识、陶冶情操，最终达到提升文明素养的效果。同时，作为主体的人的自主选择性使休闲具有塑造道德人格的作用。休闲对于国民的道德教育引导功能，对于加强社会主义核心价值体系建设，对于树立中国特色社会主义共同理想具有重要的促进作用。

2. 休闲产业是推动改革开放的精神动力

创新是一个民族进步的灵魂，是改革开放的生命源泉。休闲使人摆脱各种"压力"而获得"相对的自由"、宽松的环境、愉悦的心情等，是创新创造所必需的前提条件。国民休闲的发展和休闲生活质量的提高，意味着有更多的人用更多的时间、运用更新的手段、采取更新的方式、创造更大的价值。同时，由于国民是在改革开放以后真正体验到真正意义上的休闲生活，才感悟到生命的真正意义和价值。因此，享受到休闲的人们会自觉不自觉地成为改革开放的支持者、倡导者、执行者，会把经过充分休闲而获得的精神慰藉化作巨大的精神动力，会不断推动改革开放的实践向各个领域拓展和深化。

四、休闲产业是构建和谐社会的润滑剂

在构建社会主义和谐社会这一艰巨而复杂的系统工程中，作为人类社会生活的一个重要方面的休闲生活和以人文关怀为特征的休闲产业将发挥重要的作用。

1. 休闲产业提供大量的就业机会

服务行业对劳动力有很强的吸纳力。休闲产业的发展必然促进各种服务业的发展，造就许多新兴产业的应运而生，从而为社会提供大量的就业机会。我国是世界上最大的发展中国家，人口众多，劳动力资源充裕，劳动就业的压力在今后相当长时期内都会很大。大力发展休闲产业，对于安置劳动力、稳定社会、促进和谐将会起到十分重要的作用。

2. 休闲产业提升幸福指数

休闲是人们生活的一部分，是人们获得幸福体验的源泉，也是公民的一项基本权利。健康的休闲活动使人获得积极的精神状态，在提升幸福指数的同时，能够以更加积极乐观的态度对待自己、他人和社会，这对构建社会主义和谐社会具有重要的意义。大力发展休闲产业，满足人民群众过上更好的生活，是改善民生、提升群众幸福感的迫切需要，是和谐社会人的全面发展的动力源泉，更是解决党的十九大提出的我国主要矛盾（人民日益增长的美好生活需要和不平衡不充分的发展之间的矛盾）转变的重要方式和手段。

五、休闲产业是生态文明建设的助推器

休闲产业属绿色产业、幸福产业，发展休闲产业是实现科学发展、推进生态文明建设的必然要求。休闲产业由于资源消耗低，环境成本小，通过发展休闲产业，可以替代资源消耗大、污染重的产业，从而改变过去主要依靠增加物质资源消耗来促进经济增长的传统模式，以达到减少污染排放、减轻生态破坏、提高经济效益和推动科学发展的目的，从而实现自然文化资源和生态环境的可持续利用。

发展休闲产业，能够有效增强当地政府和居民的环境保护意识，促进城市各种要素的建设和完善，使生态文明的理念深入人心，让天更蓝、水更清、空气更清新、城市更宜居。在一些生态环境好的贫困地区，发展休闲产业既可使当地居民增收致富，又可以保护稀缺的自然资源和脆弱的生态系统，从而有力地促进城乡、区域的协调发展。发展休闲产业，还可以推动社会经济发展与人口、资源、环境相协调，人与自然和谐共处，可在建设资源节约型、环境友好型社会中发挥积极的作用。

第二节 | 休闲产业分类

有关"休闲"和"休闲产业"的概念，本身都尚未形成完全公认的、统一的观点或认识，从而导致与休闲相关的产业也必然难以形成共识。一方面，休闲产业内部之间界限的模糊；另一方面，休闲产业与其他产业之间界限的模糊。当前我国第一、二、三产业的分类原则与标准，也无法明晰休闲产业与其他产业之间的界限。为此，休闲产业分类暂时只能大致分成休闲核心产业与休闲关联产业两大类（见图4-1）。

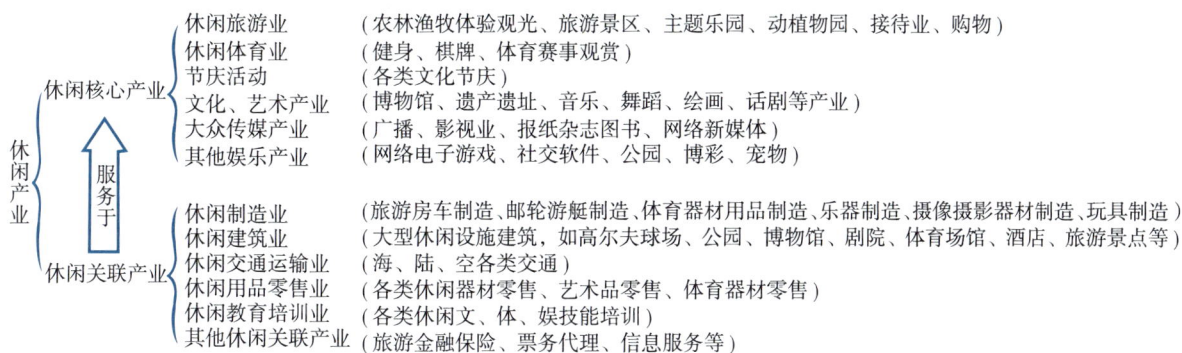

图 4-1 休闲产业分类及其归属关系

一、核心休闲产业

核心休闲产业是指窄口径的休闲产业，即狭义的休闲产业，包括旅游业、体育业、文化艺术业、大众传媒业、娱乐业和节庆活动产业等。它们是休闲产业的核心和休闲类国民经济核算的基础。旅游、体育、娱乐与文化艺术是学界公认的休闲产业的核心组成部分；同时也包括养生休闲、公益休闲、宗教休闲及其他休闲业（如趣味休闲、教育休闲和餐饮休闲等）。

休闲产业不仅包含市场部分，还应包含非市场部分；同时，国际上关于休闲活动的统计还包含社区工作、慈善活动、外出就餐、各种业余爱好、参加成人继续教育等。因此，与之对应的社会工作、餐饮业、趣味养殖业、休闲教育等相关产业也包含在休闲产业之中。考虑到参加宗教活动是在休闲时间内进行，因此与之对应的宗教休闲也纳入休闲产业之中。

此外，互联网信息服务业中的网络游戏、网上音乐、电影、动漫、读物、图片、聊天和论坛服务等；软件开发中的多媒体、动漫游戏软件开发服务等，数字内容服务中的数字动漫、游戏设计制作等，都属于休闲产业中的"新成员"。随着互联网娱乐化与大众化的不断发展而成为当今休闲产业中不可或缺的重要组成部分。它们是网络和电脑相关的休闲产业，属于文化休闲产业的范围。

二、其他休闲产业

其他休闲产业是指为核心休闲产业服务或配套的商业、邮电信息、新闻出版、通信、金融与保险、交通等相关产业，即广义的休闲产业。其中主要可分为三大类：

（一）休闲工业

休闲工业主要是指休闲品的制造业，如体育用品、旅游用品、娱乐用品（如智能化电视机以及 DVD 等休闲家用电器）等；还包括工业生产流程的观光、产品制作体验等。

（二）休闲地产

休闲地产主要指体育休闲地产、旅游度假休闲地产、娱乐休闲地产等。

（三）休闲农业

休闲农业主要指农业种植体验园、农业观光园、农业采摘园、森林体验和林业观光、草原观光与饲养体验、海洋休闲观光等。

总之，从横向看，不管是广义休闲产业还是狭义休闲产业，其涉及的产业范围都非常广泛，需要根据休闲产业定义的内涵与外延，从国民经济诸多行业中划分出休闲产业的具体组成部分。从纵向看，随着经济、社会的发展与科技的进步，休闲产业的统计分类将会不断变化，不断有新行业进入休闲产业分类体系之中。如旅游休闲业中包括旅行社及相关服务、住宿业及公园和游览景区管理等；运动休闲产业是体育类相关产业；养生休闲产业包括美容、洗浴、保健等居民服务业及疗养院等；娱乐休闲产业主要是指娱乐业；文化休闲产业包括文化及日用品出租、广播、电视、电影和影视录音制作等，广播电视传输服务，文化艺术业，电脑与网络相关休闲业等；公益休闲产业主要指社会工作类行业，如养老院、孤儿院及志愿者服务等；宗教休闲产业以各种宗教组织为主；其他休闲产业主要包括趣味休闲、餐饮、休闲教育等。

第三节 | 休闲产业布局

休闲产业布局是指休闲产业的各部门在一个区域的分布与组合，是区域休闲产业运行在空间上的体现。它主要研究在区域经济发展的不同阶段，区域各产业空间组合的最佳形式和一般规律，以求合理地利用区域资源，求得最大的区域效益。

一、休闲产业布局的原则

（一）经济效益优先原则

经济效益优先原则是指从经济效益出发，择优确定休闲产业区位。企业管理的共同目标是取得和提高企业效益，特别是企业的经济效益。当然也包括企业的社会效益和生态效益等。因此，企业经营计划必须围绕这个中心来制定和展开，即要从合理处理局部与全局、近期与长期、内部与外部、微观与宏观等方面的关系出发，统筹兼顾，权衡利弊，以促进各效益的最大化。

（二）休闲公平原则

休闲公平原则是指尽可能地满足社会各阶层、各群体的休闲需求。公平原则是社会公德的体现，符合商业道德的要求。此外，将公平原则作为合同当事人的行为准则，可以防止当事人滥用权力，有利于保护当事人的合法权益，维护和平衡当事人之间的利益。

（三）城乡分工与统筹原则

城乡分工与统筹原则是指城市主要为城市居民的日常休闲服务，而农村可以发展休闲农业等。我国经济社会发展从城乡关系角度看，已经经历了从城乡分割到城乡统筹，从城乡统筹到城乡融合的发展过程。城乡分工与统筹是乡村走向现代化的必然。城乡分工与统筹意味着城乡要素、产业、市场以及公共服务与保障要实现一体化的发展。为此，从城乡关系、体制机制、战略规划、产业融合、公共体系、要素流动等视角，提出休闲产业发展的方向，并明确各级政府在城乡统筹发展中的相关要求和职责。

（四）发挥区域比较优势原则

休闲产业布局要充分发挥当地的比较优势，体现当地特色。各地要根据各自的条件，走合理分工、优化发展的路子，落实主体功能区战略，完善空间治理，形成优势互补、高质量发展的区域经济布局。此外，还要充分发挥集中力量办大事的制度优势和超大规模的市场优势，打好产业基础高级化、产业链现代化的攻坚战。

（五）实现可持续发展原则

实现可持续发展，主要包括以下六个方面：

1. 公平性原则

公平性原则是指机会选择的平等性。包括三个方面的含义：一是指代际公平性。二是指同代人之间的横向公平性。即可持续发展不仅要实现当代人之间的公平，而且也要实现当代人与未来各代人之间的公平。三是指人与自然、人与其他生物之间的公平性。这是可持续发展与传统发展的根本区别。各代人之间的公平要求任何一代都不能处于支配地位，即各代人都有同样选择的机会空间。

2. 可持续性原则

可持续性原则是指生态系统受到某种干扰时能保持其生产率的能力。资源的持续利用和生态系统可持续性的保持是人类社会可持续发展的首要条件。可持续发展要求人们根据可持续性的条件调整自己的生活方式，并在生态可能的范围内确定自己的对各种物质的消耗标准。

3. 和谐性原则

可持续发展的战略就是要促进人与人之间和人与自然之间的和谐，如果人们能真诚地按照这个和谐性原则行事，那么人与自然之间就能保持一种互惠共生的关系。也只有这样，可持续发展才能真正实现。

4. 需求性原则

人类需求是由社会和文化条件确定的，是主观因素和客观因素相互作用、共同决定的结果。它与人的价值观和动机有关。可持续发展立足于人的需求，强调人的需求而不是市场商品，是要满足所有人的基本需求，向所有人提供实现美好生活愿望的机会。

5. 高效性原则

高效性原则不仅是根据其经济生产率来衡量，更重要的是根据人们的基本需求得到满足的程度来衡量。它是人类整体发展的综合和总体的高效。

6. 阶跃性原则

随着时间的推移和社会的不断发展，人类的需求内容和层次将不断增加和提高，所以可持续发展本身隐含着不断地从较低层次向较高层次的阶跃性过程。

二、休闲产业空间布局的影响因素

（一）自然环境

自然环境是相对社会环境而言的，指由水土、地域、气候等自然事物所形成的环境。自然环境是社会文化环境的基础，而社会文化环境又是自然环境的发展。它是环绕生物周围的各种自然因素的总和。它对人的生活有重要意义。

具体而言，自然环境对休闲产业空间布局主要有三个方面的影响：一是休闲产业布局形成的物质基础和前提条件；二是为休闲产业的经济活动提供必要的空间和场所；三是决定了一个地方休闲旅游业能否发展的基础。

（二）经济因素

经济因素是指影响产（企）业营销活动的一个国家或地区的宏观经济状况，主要包括经济发展状况、经济结构、居民收入、消费者结构等。主要体现在四个方面：

1. 经济发展水平

经济发展水平高的地区，其休闲产业往往发达。而经济发展相对迟缓的中小城市、小城镇等则应该发展相对廉价的休闲项目。

2. 市场因素

休闲市场对休闲经济活动具有明显的导向作用。休闲市场的需求量影响到休闲产业布局的规模、范围和结构等。

3. 基础设施条件

休闲产业应尽量布局在交通便利、通信设施完备、信息灵通的地区。

4. 集聚因素

产业集聚能带来可观的经济效益，但休闲产业的适度分散会填补休闲的空白点，从而能使更多人的需求得到满足。

（三）社会因素

社会因素是指社会上各种事物，包括社会制度、社会群体、社会交往、道德规范、国家法律、社会舆论、风俗习惯等。它的存在和作用是强有力的，它会在很大程度上影响人们态度的形成和改变。其对休闲产业空间布局的影响主要体现在三个方面：

1. 产业主体的行为

生产者、消费者和管理者都是休闲产业的主体，其主观行为及其活动都会影响休闲产业区位的选择。

2. 地区人文传统

人文传统的市场适应能力及价值观和文化意识的交易倾向等体现了一个地方的文化传统，其对休闲产业布局产生的影响将是深远的。

3. 政治条件

稳定的政治是任何产业健康发展的前提。休闲产业的发展也不例外，它是休闲产业发展的重要影响因素之一。

（四）地理因素

地理因素是指不受人类活动支配的那些自然现象的总和。地理因素的存在和变迁都相对独立于人类的存在和活动之外。它包括气候、温度、土壤、地形、水与水道的分布、动植物、季候与地质历程等的自然变迁、飓风、地震、海潮等各种自然现象。它包括自然地理因素和人文地理因素两大类。其对休闲产业空间布局的影响主要体现在以下两个方面：

1. 经济区位

经济区位是指地理上某一地点与具有经济意义的其他地点间的空间联系和其在国际、国内劳动地域分工中的位置。

2. 特殊的地理环境

特殊的地理环境是指空气、水、气温、土壤等对休闲产业，尤其是休闲旅游、疗养、特色休闲农业的分布等有明显影响的区域。

（五）政策因素

政策因素是指那些为了实现政府制定的经济发展目标，通过制定产业发展战略和政策来扶持或限制某些产业的发展，对产业结构的调整施以诱导或强制实施的措施；大多泛指一切与政治有关的社会行为和社会现象的总和。主要包括政治领导、政治管理、政治改革、政治参与、政治运动等直接因素。

国家的区域性政策、地方性政策等都会起到引导一个区域经济发展的作用。特别是与休闲产业有关的区域政策，会鼓励或限制休闲产业的发展，引起产业结构及空间布局的变化。

三、休闲产业空间布局的八大工程

2016 年 12 月 5 日，国家发展改革委、国家旅游局颁布《关于实施休闲旅游重大工程的通知》（发改社会〔2016〕2550 号，以下简称"通知"），决定实施旅游休闲重大工程，积极引导社会资本投资旅游业，不断完善旅游基础设施和公共服务体系，丰富旅游产品和服务，迎接正在兴起的大众休闲旅游时代的到来。《通知》明确了重点引导企业开展的八个领域项目建设。

（一）旅游公共服务保障工程

建设重点旅游目的地机场、火车站、汽车站、码头、高速公路服务区、商业集中区等游客聚集区域的旅游咨询中心；区域性的旅游应急救援基地；游客集散中心、集散分中心及集散点；旅游交通引导标识系统；旅游数据中心等。

（二）重点景区建设工程

建设景区到交通干线的连接线路，景区内的道路、步行道、停车场、厕所、供水供电设施、垃圾污水处理设施等。

（三）旅游扶贫工程

建设乡村旅游扶贫工程重点村的道路、步行道、停车场、厕所、农副土特产销售中心、供水供电设施、垃圾污水处理设施、消防设施以及环境整治等。

（四）红色旅游发展工程

建设全国红色旅游经典景区到交通干线的连接线路，景区内道路、步行道、停车场、厕所、供水供电设施、垃圾污水处理设施、消防设施、安防监控设施、展陈场馆、解说教育系统、游客信息服务设施以及环境整治等，国家级抗战纪念设施、遗址的必要维修和保护等。

（五）贫困户乡村旅游"三改一整"工程

对乡村旅游扶贫重点村的农家乐等，重点支持实施"三改一整"工程（即改厨、改厕、改房间、修整院落）项目，改善贫困户旅游接待条件。

（六）新兴旅游业态培育工程

引导建设自驾车房车旅游、邮轮游艇旅游、温泉旅游、滑雪旅游、体育旅游、森林旅游、海洋旅游、研学旅行、健康旅游等休闲度假产品配套设施建设项目。

（七）旅游创业创新工程

重点支持全域旅游示范区、旅游产业园区、乡村旅游创客基地等项目的建设。

（八）绿色旅游引导工程

重点支持旅游景区、民宿客栈等节水节电、绿色低碳升级改造项目等。

第四节 | 休闲产业集群

一、基本概念

产业集群是指某一行业内的竞争性企业以及与这些企业互动关联的合作企业、专业化供应商、服务供应商、相关产业厂商和相关机构（如大学、科研机构、制定标准的机构、产业公会等）聚集在某特定地域的现象。如信息技术企业和相关厂商、相关机构等在美国硅谷的聚集。而休闲产业集群则是指以休闲性行业（如观光旅游、农业旅游、高尔夫等）带动景区、酒店、度假村等行业的集合体。一句话，就是以旅游为主带动其他产业发展的一种经济发展方式或增长模式。如影视产业集群，即与影视产业密切相关的，如影视拍摄、影视后期制作、影视产品营销、影视宣传等影视制作全过程中的各个环节，聚集一处形成完整的产业链。

二、基本特征

休闲产业集群不是众多休闲或旅游企业的简单堆积。企业间的有机联系才是产业集群产生和发展的关键。概括起来，休闲产业集群一般具有以下五个方面的特征：

（一）特定区域空间上的集聚

休闲产业集群是对应于一定的区域而言的，是休闲经济活动的一种空间集聚现象。地理上的邻近不仅带来了运输成本的节约，还有企业间直接的交流、竞争以及实时信息的传递。如地处浙江省东阳市的横店影视城，是1996年开始为配合著名导演谢晋拍摄历史巨片《鸦片战争》而建，现在已成为集影视、旅游、度假、休闲、观光为一体的大型综合性旅游区，并以其厚重的文化底蕴和独特的历史场景而成为国家5A级旅游景区。

（二）生产专门的产品

产业集群聚集在一起要生产具体的产品，且地方优势明显。如浙江省诸暨市大唐镇的袜业、河北省清河县的羊绒业、浙江省嵊州市的领带业等，不仅有专业的产品而且形成规模化的产业态势。

（三）企业间分工明确

单个集群企业内部一体化程度往往不高，大量的企业在集群中只做产品作业链条上的一个环节，即自身最擅长的环节。如浙江省苍南县金乡镇的标牌产业集群，有设计、熔铝、书写、刻模、晒版、打锤、钻孔、镀黄、点漆、制针、打号、装配及包装等十几道工序，全部由当地独立的企业或加工专业户分别来完成，而且每道工序产生的半成品都通过市场来交易，共有800多家独立企业参与了其中的分工与协作，从而大大提高了标牌产业的生产速度，也降低了生产的成本，成为国内外闻名的标牌产业基地。

（四）产业链相对完整

产业集群是一个包含了某一产业从投入到产出以至流通的各种相关行为主体完备的经济组织系统，它们处于相同或相近的产业链上，具有纵向或横向的产业联系。企业和机构之间的分工协作关系是决定集群效应和本质的主要特征，集群经济使同一产业内部分工更为精细化，使一家企业可以集中于该产业的某一道工序或某一种中间产品的生产。一个集群，不但需要有生产性的企业，还要有大量为生产提供辅助性服务的机构，如大学、研发机构、咨询公司等，它们紧密地联系在一起，形成利益共生体。

（五）企业间形成复杂的网络关系

企业数量足够多，竞争与合作并存。集群所在地存在着复杂稠密的社会网络关系，人与人、企业与企业、人与企业之间发生着频繁的互动关系和知识交流，从而使人们通过正式或非正式的交流渠道共享知识和创新。此外，产业集群内部综合了市场和政府的功能，综合了技术创新和组织设计的因素，从而在整合力、竞争力、影响力上又超越了市场和政府的作用。

三、基本类型

（一）创新型产业集群

1. 概念

创新型产业集群是指以创新型企业和人才为主体，以知识或技术密集型产业和品牌产品为主要内容，以创新组织网络和商业模式等为依托，以有利于创新的制度和文化为环境的产业集群。其与模仿型产业集群相比，创新程度更高；与劳动密集型产业集群相比，知识或技术更密集；与传统产业集群相比，属于现代产业集群。

2.特征

（1）拥有大批致力于创新、不断开展创新活动的创新型企业、企业家和人才。其中的企业包括供应商、用户企业、竞争企业和相关企业(互补性企业、关联企业)等。

（2）属知识或技术含量较高的产业。如高新技术产业、知识或技术密集型产业(也包括正在转型的传统产业)。

（3）具有创新组织网络体系和商业模式。其在产业集群内和周边地区有较多水平较高的高校、科研机构、行业组织(协会和商会等)、中介机构(律师、会计、资源评估事务所等)、金融机构、公共服务机构(政府和事业单位等)、市场组织(要素市场)和技术基础设施(通信等)等，拥有不断创新的商业模式，拥有一个或若干个在国内外市场上有较大影响的品牌产品。

（4）具有有利于企业创新的制度和文化环境。包括鼓励企业创新的法律和政策环境，鼓励创新、相互学习、容忍失败的文化氛围，致力于创业和创新的企业家精神等。

3.分类

（1）根据产业类型划分，创新型产业集群可分为传统产业创新型产业集群、高新技术产业创新型产业集群，即创新型产业集群不仅存在于高新技术产业，也存在于传统产业。

（2）根据创新类型划分，创新型产业集群可分为产品或技术主导创新型产业集群和商业模式主导创新型产业集群。可见，创新型产业集群中的创新是多种含义的，它不仅包括产品创新、技术创新等，还包括商业模式创新、渠道创新、品牌创新等。

根据上述定义、特征和分类，美国的"硅谷"、印度的班加罗尔、北京的"中关村"等，都可以归类为创新型产业集群。这里必须强调的是，由于创新型产业集群在不同地区和不同历史阶段具有不同的表现形式，而且其形成是一个历史过程，因此那些看起来虽然不属于高新技术产业领域，但在不断创造新产品、新品牌、新渠道、新商业模式，且在市场上有重要地位的产业集群，也应属于创新型产业集群，至少应属于创新型产业集群的雏形或一种类型。被誉为"东方纽扣之都"的浙江省温州市永嘉县桥头镇的纽扣产业集群、浙江省温州市乐清市柳市镇的低压电器产业集群、浙江省绍兴市嵊州市的领带产业集群、广东省中山市古镇镇的灯饰产业集群、江苏省苏州市吴江区盛泽镇的丝绸纺织产业集群、被授予"中国鞋都"的福建省晋江市的制鞋产业集群、河北省邢台市清河县的羊绒产业集群、山东省青岛市的家电产业集群、陕西省西安市的民办教育产业集群等，都可在一定意义上算作创新型产业集群。

（二）资源型产业集群

1.概念

以自然资源开发利用为基础，以资源生产加工为纽带，具有产业内在联系，且在地域上集中的产业群落，称为资源型产业集群，即立足于资源型产业，以资源型产业发展为前提的产业集群。它是以资源开发和利用为基础和依托的产业，如煤炭、钢铁、有色金属冶炼等。

2.特征

在资源型产业发展的生产要素构成中，自然资源占据主体核心地位。资源型产业体系和贸易体系甚至城镇发展都以资源开发利用为中心，由资源优势所决定的资源型经济循环体系成为其主要特征。

3.分类

（1）资源依赖型产业。主要指依靠区域资源特别是矿产资源的比较优势，通过对自然资源的开采、初级加工并形成初级产品的经济增长模式。如煤炭、石油、矿石等。

（2）资源依附型产业。主要指企业的生产经营活动与发展相对固定地依附或嫁接在某个（种）资源上，成为该资源系列化生产或加工中的一个组成部分，并进行专业化的生产与开发服务等。如各类石化产业、煤炭产业、稀土产业等。

（3）资源依从型产业。主要指以资源型产业发展为前提，在资源丰富、市场需求旺盛时期，其产业发展就迅速、稳定。反之，伴随着资源的减少、质量下降或枯竭以及市场的变化，其产业发展就会受到严重影响等。

四、产业集群的作用

产业集群依靠内部因素的相互促进，有力地推动了地方或区域经济的迅速发展。实践证明，不少国家和地区的地方政府通过培育产业集群，促使地方生产系统的内力和国际资源的外力有效结合，从而提高了区域竞争力，并取得了不少成功的经验。

（一）推动区域经济增长的重要方式

产业集群实际上是把产业发展与区域经济，通过分工专业化与交易的便利性，有效地结合起来，从而形成一种有效的生产组织方式。这是推动地方区域经济增长的很重要的方式。

1. 提高区域生产效率

大量的中小企业集聚于一定区域，可以进一步加深区域内生产的分工和协作。在这种集群内发展，除了可以分享因分工细化而带来的高效率外，还由于空间的临近性，大大降低因企业间频繁交易而产生的交通运输成本。此外，在现代产业集聚体内，经济活动主体的合作交易往往能够在社会文化背景和价值观念上达成共识，这种基于社会网络信任基础的合作分工，可以减少企业之间的相互欺诈，对于维持集群稳定和提高生产效率起着非常重要的作用。

2. 扩大并加强了集聚效应

可产生滚雪球式的集聚效应，吸引更多的相关企业到此集聚。集聚本身产生的外部经济就是外部企业进入的动力，产业集群的雏形一旦形成，便进入了内部自我强化的良性循环过程，即吸引更多的相关企业与单位向该集群聚集，而新增的企业与单位又增大了集群效应，如此产生滚雪球效应，推动了区域经济的快速发展。

3. 促进集群内新企业的快速衍生与成长

在集群内部，不仅有很多的相关企业在此集聚，而且还有很多相应的研发服务机构及专业人才。新企业在此发展，可以面临更多的市场机遇，获得更丰富的市场信息及人才支持，从而降低市场风险。而且由于集群内部分工的不断细化，可以衍生出更多的新生企业，从而进一步增强集聚体自身的竞争能力。

（二）区域创新系统的一种重要实现方式

创新是区域发展最根本的内在动力，但是由于创新活动的复杂性，企业很难单独开展创新活动，往往需要多个相关企业及科研部门的共同参与，创新才可能获得成功，这一要求恰好为产业集群的网络特性所体现

1. 在产业集群内部，容易产生专业知识、生产技能、市场信息等方面的累积效应

在产业集群内部，集聚着数量众多的相关生产企业、科研机构、商会、协会、中介机构等，在产生较强的知识与信息累积效应的同时，大量生产企业也时刻面临同行竞争的压力，这一方面为企业提供了实现创新的重要技术来源以及所需的物质基础，另一方面也使集群内的企业时刻保持创新的动力。

2. 在产业集群企业之间，利于相互间进行"头脑风暴"，从而促进创新

企业之间紧密的网络关系，使得生产企业和相关机构之间更容易形成一个相互学习的整体，从而推动了集体学习的进程，降低了学习成本，促进更多有创新价值的活动发生。

（三）提升区域竞争力的重要方式

产业柔性集聚体与区域竞争力理论研究与发展的实践表明，一个国家或地区竞争优势的获得来源于产业在其内部集聚过程中所获得的优势。以柔性专业化为特征的大量中小企业集聚群体，它们彼此之间通过分工与合作而结成紧密的区域网络组织，共同面对快速变化的外部市场环境和技术条件，这些专业化的产业集聚体内部的生产率不断提高，创新活动不断涌现，从而呈现很强的区域竞争力。如意大利东北部与中部的新兴工业区、美国硅谷的高科技产业区、德国南部的新兴工业区等。回顾区域和企业发展演变的历史，可以发现在工业时代，区域经济相对独立，除了资源争夺外，相互之间的联系比较少，企业追求的是个体利益的最大化。在信息化时代，现代交通通信技术极大削弱了地理空间对区域经济联系的影响，资源、技术、信息的全球性流动快速增强，区域成为全球生产网络下的一个个节点，相互联系密切。在区域经济联系网络化的推动下，企业不仅仅追求个体利益最大化，更重要的是在合作中追求整体利益最大化，然后从整体利益中分成，企业之间的合作也不断加强，形成了联系密切的产业集群，并成为增强区域竞争力的主要方式。所以，通过产业的柔性集聚而快速发展起来的区域，往往具有更强的创新功能和竞争力。

五、产业集群的优势

（一）有利于节约交易成本

在产业集群内，企业面对的是就近的、众多的原材料供应商和设备供应商，因而能货比三家，能以更低的成本、更高的要求、更快的速度购买各种投入品，如原材料、零部件、机器设备、各种服务和人力资源等。

产业集群有利于产业与专业市场的相互推进，有利于形成专业市场，而专业市场的形成又会进一步促进产业集群的发展。一是因为有了在国内外影响较大的专业市场，有利于企业的产品销售；二是因为有了众多的专业市场，企业采购原料、辅料等都比较方便，且价格都比较低；三是这些专业市场既是产品集散地，又是信息集聚地。人们在把国内外同类产品集中到这里的同时，也将国内外的相关信息集中到了这里。

有了这些信息，集群内的企业可以及时地改进花色品种，迅速地调整产品结构，从而为企业不断降低成本提供了外部动力和内部潜力。

（二）有利于创立区域品牌

在激烈竞争的市场经济社会，不仅产品需要品牌，企业需要品牌，就是一个城市、一个地方也需要品牌。产品的品牌表明产品独特的性能和质量，区域品牌则表明区域的产业优势和产品特点。正如品牌影响力大的产品能获得更多的消费者一样，品牌影响力大的区域能吸引更多的经销商、供应商、投资者以及各类人才。我国目前的各大五金制品产业基地，都在不同程度上促进了上下游产业的繁荣，对区域经济的整体发展十分有利。

产业集群有利于创立区域品牌的例子很多。如一提到小商品，人们就想到浙江的义乌；一提到家电，人们就想到广东的顺德；一提到打火机，人们就想到浙江的温州；一提到领带，人们就想到浙江的嵊州；一提到袜子，人们就想到浙江诸暨的大唐；一提到纺织，人们就会想到浙江的绍兴；一提到五金，人们就想到浙江的永康等。

（三）有利于招商引资

研究表明，产业集群是最好的投资环境。产业集群本身就代表着市场和商机。产业集群是一种很好的项目孵化器和企业孵化器。一些有眼光的企业家在这里找到投资的空白地带。正是对这些空白地带的投资，使集群的产业配套体系和服务体系日趋完善，产业链条不断延长。

此外，在产业集群内创办企业，不仅进入成本低，退出成本也低。由于同类企业有数百家或数千家，个别企业因经营不善而倒闭，或者因产业结构调整需要出卖，包括出卖部分资产，很容易就能找到买家，因为有许多优质企业急需要扩张，兼并和收购本地企业正是他们低成本扩张的最佳方式。可见，产业集群不仅有利于吸引外部直接投资，同时也有利于集群内部的企业在国内外资本市场融资。

（四）有利于治理"信用缺失症"

信用缺失是我国当前市场经济中的一大顽症。媒体报道，近年来，我国"信用缺失症"造成市场交易中的无效成本已占到全年 GDP 的 10%~20%，直接和间接经济损失每年高达 5855 亿元。在信用这样严重缺失的情况下，区域性产业集群是降低交易成本、避免缺信损失的有效措施。

区域性产业集中，同一产业以及相关产业的众多企业集中在同一个城市，彼此之间知根知底，无论拖欠、造假还是逃债，坑害的不是外地人，都是产业集群内部或本乡本土的人，某一企业或个人一旦出现信用缺失行为，就会立刻在园区传开，企业或个人就很难在此立足。

在产业集群内，企业间长期的业务交往，增进了彼此的友谊和信任，企业与企业之间，人与人之间因地缘、亲缘、商缘等结成了相互帮助、相互信任的友情网，加上企业间的生产和销售越来越相互渗透、相互依存，彼此之间你中有我，我中有你。在这样的情况下，企业之间就基本不会发生造假、欺诈、恶意拖欠等失信现象。

（五）能促进企业创新，使之成为学习型组织

在产业集群所在地，由于国内外的用户、经销商、供应商汇集在一起，各种最新的市场信息、产品信息和技术信息也在此汇聚，从而为创新提供了条件。加上集群内部各种信息的交流变得更加频繁，促使创新思想的交流和碰撞机会更多。此外，集群内部的竞争以及企业人员之间的交流使得企业的学习愿望变得更加强烈，同时也使学习的成本降低了，更容易提高学习效率。

（六）有利于企业之间的深度分工，提高产业竞争力，增强区域经济实力

在产业集群内，企业的经营模式一般都是"核心能力加外包"，即每个企业都将全部资金、全部精力集中做好自己最有优势的技术或产品，并把这技术或产品做成全国最好、最便宜，甚至全球最好、最便宜。这就是本企业的核心能力。其他工作，包括零部件的生产、产品设计、销售等相关业务，都外包给别的专业公司完成。这样，每个产品都是众多企业核心能力的汇总，并形成企业间的深度分工，从而会大大提高生产效率和经济效率。

总之，在市场经济条件下，工业化进行到一定阶段以后，同一产业内相同、相近与相关企业就将集聚在某一区域共同发展，进而吸引一些相关服务机构进驻该地，形成产业集群。产业集群是按照专业化分工和协作原则、在既竞争又合作的基础上形成的一种企业共生网络组织，它具有对内的开放性、对外的统一性、有机的内部联系以及良好的信用、风险与冲突解决机制。产业集群能够通过发挥集群效应和产业与地域的专业化、集中化、网络化特性形成强大的竞争优势。从整体来看，产业集群是一种既不同于市场形式又在等级制组织以外的新型产业组织形式，它比市场稳定，又比等级组织灵活，是一种特殊的产业组织形式。因此，培育和发展产业集群能够优化产业组织结构，提高产业竞争力，从而增强区域经济实力。

第五节 | 休闲产业发展

以旅游、文化、体育等为依托的休闲核心产业在经历"十二五""十三五"时期的成长之后，在消费者需求高涨、国家对幸福产业整体推进、休闲产业供给侧结构性改革、休闲相关政策密集颁布实施等因素的推动下，"十四五"及以后将释放新的发展动能。

2017年10月18日召开的党的十九大报告已经明确提出，我国社会主要矛盾已经转化为人民日益增长的美好生活需要和不平衡不充分的发展之间的矛盾。为此，政府要在继续推动发展的基础上，着力解决好发展不平衡不充分问题，大力提升发展质量和效益，更好满足人民在政治、经济、文化、社会、生态等方面日益增长的需要，更好推动人的全面发展、社会的全面进步等。而最大限度地提升国民幸福感，则是休闲产业发展的基本目标，休闲相关产业因其与国家战略的对应关系将成为国家和社会发展的重要支柱。

纵观国际国内休闲产业的发展规律和特征，我国休闲产业发展大致会呈现四大趋势：

一、休闲要素日趋国际化

在旅游发展方面，海南航空、中国人寿、锦江旅游、安邦保险、开元酒店集团等企业近年来重点向全球性旅游集团发展，展开并购，加速向海外布局；在文化发展方面，中国电影产业的链条正在向国际延伸；在体育发展方面，奥运会、世界杯、世界四大网球公开赛、NBA早已拥有一大批中国"粉丝"。仅2016年，中国企业在海外赛事版权的总投资数超过7.5亿美元，折合人民币超过53亿元。目前，中国企业进行海外赛事版权投资的代表主要有阿里体育、腾讯体育、万达体育、苏宁体育以及暴风体育等。

二、休闲进入产业红利期

休闲进入产业红利期主要的标志是一批独角兽休闲企业的崛起。统计表明，截至2019年3月，全球有独角兽企业326家（美国最多，共159家，占48%；中国92家，排名第二，占28%；英国和印度分列第三和第四），其中休闲类独角兽企业占20%以上，中国的滴滴出行、大众点评网、神州专车和途家等都属于休闲类独角兽企业。特别是大众点评网和途家，属典型的休闲企业；滴滴出行和神州专车也属休闲相关企业。独角兽休闲企业对休闲产业的影响是颠覆性的，如途家通过自身体系建设，不仅收购了蚂蚁短租，还收购了携程和去哪儿网公寓民宿频道的整体业务及团队。仅2016年，其全年交易额就占整个市场规模的30%以上。

三、科技成为休闲相关产业发展新引擎

信息技术、移动互联网、云计算、大数据、物联网、生物技术、新能源、新材料、3D打印、节能环保、生物识别、可穿戴智能产品等新技术的突破和应用发展，为休闲产业带来了新的创新空间。近些年来，科技与休闲产业启动新的融合，"互联网+休闲"成为产业升级的主流。在旅游领域，我国在线旅游网站结束了几百家大混战的局面，形成从混沌到有序的过程，最终形成携程、阿里巴巴、新美大三足鼎立、三家独大的局面。2019年，中国在线旅游交易市场规模已经突破千万亿元人民币，用户规模突破4亿户（见图4-2和图4-3）。旅游业的互联网之芯已经被植入。此外，虚拟现实（VR）、增强现实（AR）、机器人技术（RT）、人工智能（AI）等科技圈内的概念均被迅速引入旅游体验之中，并快速产业化。

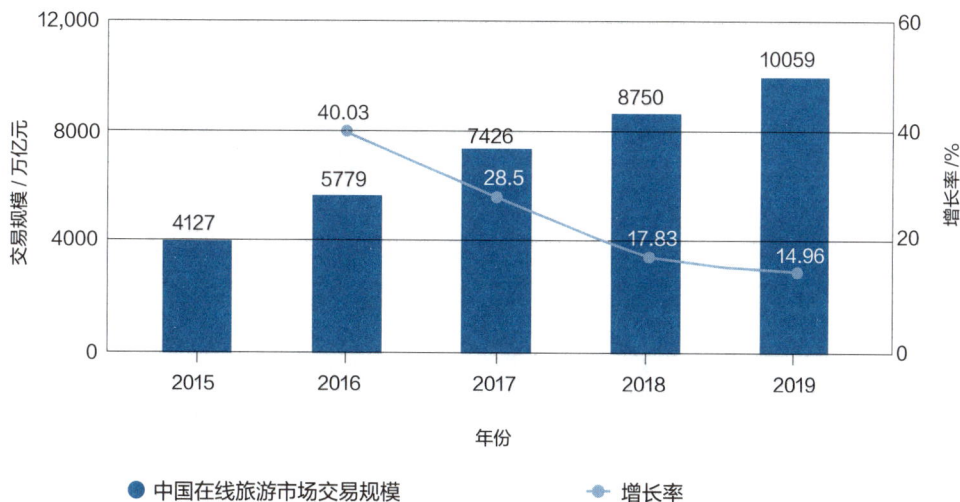

图 4-2　2015—2019 年中国在旅游市场交易规模统计及增长情况

资料来源：网经社、前瞻产业研究院整理

四、业态发展更具复合型特征

在业态融合中，有"旅游＋文化"形成的文化旅游，"旅游＋体育"形成的体育旅游，"旅游＋健康"形成的健康旅游，"旅游＋养老"形成的养老旅游，"文化＋体育"形成的文化体育，"体育＋健康"形成的康体活动，"体育＋养老"形成的老年体育等。在两两组合之外，这五大幸福产业还将以幸福为主题，以需求为引领，更深入地融合。

随着我国经济进入新常态，消费，特别是居民消费，尤其是其中的服务型消费将不断提升，比重会越来越高。不论是制定或修改法律，还是出台相关政策文件，以文化、旅游、体育、健康、养老等为代表的休闲领域都将成为政策制定者的关注重点。近些年，我国新出台的相关政策、法规等，已经充分体现出政策制定者对城乡居民休闲需求的重视，并将其作为提升幸福感、获得感的重要途径。当然，从总体来看，这些政策只对应人们的一部分休闲活动和相关供给，没有哪项政策和法规是直接针对休闲发展整体的，而且不同政策相互分散，彼此之间的关联性、衔接性不强，政策的着力点也不直接或主要针对休闲，更多地体现为间接性推动。

总之，业态的复合发展最终会将旅游、文化、体育、健康、养老等五大幸福产业融合在一起，并逐渐形成幸福混合态。复合型将成为休闲发展的主要形式，并最终主导人们的休闲生活。

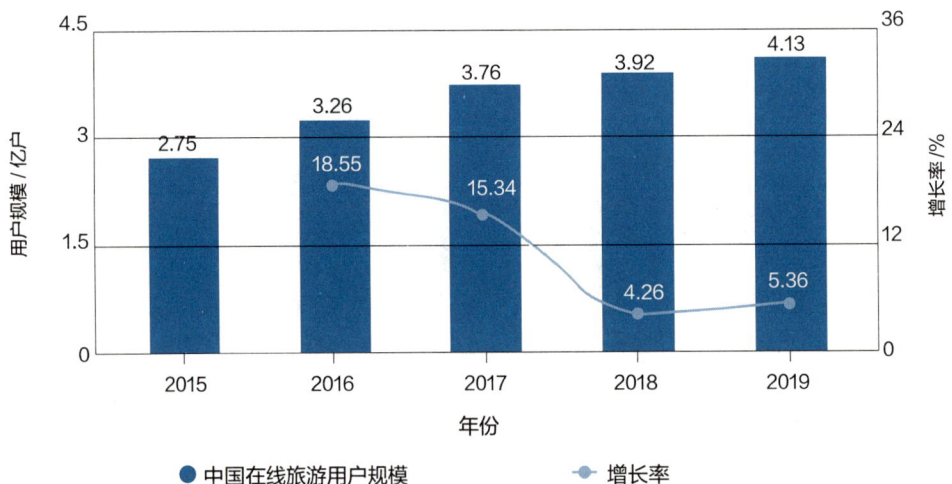

图 4-3　2015—2019 年中国在旅游用户规模统计及增长情况

资料来源：网经社、前瞻产业研究院整理

第六节 | 休闲产品

休闲产品是指生产经营者提供的、用于满足休闲消费者需要的各种物质产品和劳务的总和。它既包括各种直接用于休闲消费的物质产品，也包括各种满足休闲消费者休闲需要的休闲项目、休闲设施与休闲活动。

一、休闲产品分类

（一）按形式和作用划分

1. 物质型休闲产品

物质型休闲产品是指直接以物质产品的消耗来满足休闲消费者休闲需要的产品。如休闲食品、休闲服装等。

2. 劳务型休闲产品

劳务型休闲产品又可以分为设施服务型休闲产品和活动服务型休闲产品。设施服务型休闲产品是指凭借各种休闲设施向休闲消费者提供服务以满足休闲消费者需要的服务性产品。如娱乐游艺场、主题公园、运动场馆等提供的各种游乐游览、康体休闲等服务。活动服务型休闲产品是指通过组织休闲消费者完成某项休闲活动以满足消费者休闲需要的服务。如旅游观光、农林观光以及休闲渔业等。

（二）按内涵和构成划分

1. 单项休闲产品

单项休闲产品是指为休闲游客提供的某一方面或几方面的物质产品或服务。如一间客房、一顿美餐、一个景点、一次娱乐表演等。一般来说，某个旅游景点、娱乐项目等就是人们在休闲时消费的单项休闲产品。

2. 整体休闲产品

整体休闲产品是指为休闲游客提供的能够满足其旅游需求的全部物质产品或服务。如购买一系列的休闲产品，如华东线（六省一市）旅游、新马泰十日游或欧洲十国游等。它往往包括若干个单项旅游产品和若干条旅游线路产品。一般来说，旅游线路、旅游城市以及休闲城市的观光与游览等，是人们在休闲时以旅游目的地的有关休闲产品集合为消费对象，其往往是目的地整体休闲产品。

二、休闲产品的特征

（一）文化性

文化性是指产品具有的思想和文化内涵。休闲的最大特点是它的文化性，它对提高人的生活品质和生命质量、对人的全面发展有着十分重要的意义。事实上，在人类历史发展的进程中，不断衍生的社会文化以及各种文明的价值观一直在推动着休闲的发展。发达国家休闲企业在建设上十分注重主题文化包装，十分注重定量分析，投资上一般采取投资额的 35% 用于引进设备，65% 用于主题文化包装。而过去我国部分城市建造的一些以"过山车""海盗船"等器械为主的早期游乐场，恰恰因缺少主题文化包装、娱乐文化匮乏而导致衰落。

（二）体验性

自从"体验经济"概念的提出和推广，就形成了一个新的概念——阅历产业，即休闲者花费的是时间和金钱，他们购买的是体验，得到的是阅历。进入 21 世纪以来，休闲业更多的是给休闲者一种体验或经历，休闲产业的一个重要趋势就是发展以体验为基础的休闲产品，强调游客的参与性。因为没有游客参与的休闲产品是没有生命力的。一个规划设计良好的休闲产品，不仅要有完善的硬件设施，也要能吸引游客积极参与，从中获得"体验"的快乐。客人购买休闲产品，除了身心压力得到舒缓外，还可以从经营者提供的各种服务中得到自我成长、促进良好家庭关系并开拓终身学习领域的机会。游客"体验"到快乐，就会经常与家人或朋友回来消费，这就是休闲产品经营成功的最佳策略。

（三）个性化

美国休闲学会前主席、美国白宫休闲顾问、美国宾夕法尼亚大学教授杰弗里·戈比认为，随着休闲产业的发展，传统的休闲产品很难满足每位休闲者的需求，而根据休闲者的特殊兴趣和爱好设计的休闲产品对于休闲者则更具吸引力，休闲服务将从标准化和集中化转向个性化。所谓的大规模个人定制，就是基于大规模生产之上的个人定制性（个性化）。休闲产品主题化经营就是这一形式的产物。企业应根据一部分消费者的特殊兴趣和爱好，确定产品的"主题"，告别以前统一的、均码的、无特色的产品时代，取而代之的是充满个性和独特性（外部环境与文化内涵两方面）的休闲产品，从而赢得消费者的喜爱。而当今全球性的个性化的制造业革命，为这种个性化的定制提供了保障。

（四）环境依赖性

休闲产品一定的文化内涵需要借助于它的环境来表现，如公园的布局、酒店的装潢、餐馆的设计都属于环境经营的范畴。精心设计的环境可以充分表现产品的文化，拉近与顾客之间的距离。在休闲环境的营造过程中，要注重烘托艺术气氛并营造文化氛围，创造出带节奏、有情调的休闲环境，并且通过这种环境来阐述休闲产品的文化理念，从而赢得游客的青睐、共鸣、认同和喜爱。

三、休闲产品开发

休闲产品开发是指根据目标市场的现实需要，对休闲吸引物、休闲设施、休闲人力资源等进行规划、设计、开发和组合的活动。其核心内容就是对休闲产品的组合与设计。

（一）指导思想

在休闲产品开发中，首先要对市场需求、市场环境、投资风险、价格政策等诸多因素进行广泛而深入的调查和分析，然后在此基础上形成一系列可供选择和决策的设计方案和规划项目，继而选取其中既符合广大休闲者需要又符合休闲目的地特征，且具有竞争力的方案和项目进行开发。为此，需遵循如下几个方面：

1. 以市场为导向

休闲产品开发必须从传统的资源导向逐渐过渡到市场导向，树立起牢固的市场观念，以休闲市场需求作为休闲产品开发的出发点。没有市场需求的休闲产品开发，不仅不能使其产品具有较强的吸引力和市场竞争力，而且还会造成对休闲资源的浪费和生态环境的破坏。这种观念的树立，一是要根据实际情况进行科学的休闲市场定位，确定主体和重点，使休闲产品开发工作做到有的放矢，最大限度产生实效；二是要根据先期的市场定位，调查和分析市场需求与供给，市场的特点、容量、层次、水平及变化规律和趋势等，从而形成适销对路的休闲产品；三是要针对市场需求，对各类预设产品进行筛选、加工或再造，然后设计、开发和组合成具有竞争力的休闲产品。

2. 以效益为目标

从综合的角度来看，休闲业既是一项经济产业，又属于一种文化事业。相对应地，在大力发展休闲业时，既要注重经济效益的提高，又要讲求社会效益和环境效益，也就是要从整个开发的总体水平考虑，谋求综合效益的稳步提升。

效益观念的树立，一是追求经济效益。无论是何种类型的休闲产品的开发或休闲项目的投入，在启动之前都必须组织专家进行可行性论证，并严格分析其投资效益，从而有效地保障休闲产品及项目投资开发经济效益的提高。二是追求社会效益。从某种程度上说，休闲产品的开发可以被看作是一种社会性活动，因而必须考虑到当地的社会经济发展水平，考虑到地方的政治、文化及风俗习惯，考虑到原住居民的心理承受能力，形成健康、文明的休闲文化，促进地方精神文明的发展。三是追求环境效益。按照休闲产品开发的规律和自然环境的可承载力，以开发促进环境保护，以环境保护来提高开发的综合效益，最终创造出人与人、人与自然、自然与自然和谐的生存环境。

3. 以企业为支撑

作为休闲产品的生产者与销售者，休闲企业理所当然应成为休闲产品开发工作的主体。要进行休闲产品的开发，一定量的人力、物力、财力乃至智力的投入是必不可少的。而对上述这些因素的统筹投入与安排，正是休闲企业重要工作的组成部分。

作为休闲企业，一要确立企业在休闲产品开发工作中的主体地位。要充分认识到只有同时兼为休闲产品生产者和销售者的休闲企业实体，才具备整合休闲资源、产品与市场的综合能力。二要充分发挥休闲企业在休闲产品开发过程中的主观能动性。在思想上高度重视，在行动上积极实践，使企业上下都意识到休闲产品开发是关系到企业发展的根本利益。三要在具体的操作层面，从专门产品开发机构设置、专业产品开发、人才招募等各个层面来保障休闲产品开发工作的顺利进行。

4. 以特色为根本

就目前的情况而言，市场上的休闲产品相对丰富而充足，但市场竞争却日益激烈，休闲企业进行休闲产品开发的目的旨在通过这一技术性工作来增强其产品在有限市场上的竞争力，以便争取更大的市场份额，但产品竞争力的大小则与其产品特色直接相关。

可见，树立特色观念尤为重要。一是要注重分析市场上现有同类型休闲产品的特点与特性，在开发过程中结合自身优势尽可能地避免与其类同。二是要以休闲资源为基础，把休闲产品的各个要素有机结合起来，进行休闲产品的设计与组合，特别要注意在休闲产品设计中注入文化因素，以增强休闲产品的吸引力。三是要树立休闲产品的形象，充分考虑休闲产品的品位、质量及规模，突出休闲产品中"人无我有"的独特成分，努力开发出具有影响力的拳头产品和名牌产品。

（二）基本要求

1. 国际化与本土化

随着经济与文化的高速发展，我国休闲产品的开发过程难免会受到国际化潮流的影响。然而，任何"国际化"的趋势都要在一定程度上回归到"本土化"的轨道上来，只有这样才能体现在地方的休闲产品之中。"国际化"与"本土化"互相促进、互相制约、互为因果，"国际化"是休闲产品开发的必然选择，而"本土化"则是"国际化"得以存在和发展的必要条件，两者之间相辅相成、对立统一。"国际化"不是对国外模式的照搬或模仿，也不能变成"某国化"；"本土化"不是闭关自守、盲目排外。实践证明，只有走"国际化"与"本土化"相结合的道路，才能开发出既适应经济全球化趋势，又具有丰富内涵的产品。

2. 商业化与原真性

在这个离不开商业运作的市场经济中，休闲产品的开发难免会蒙上一层商业化运作的色彩，产品的内在功能往往会随着休闲的发展而越来越商业化。可是，过度的商业化无疑会导致产品原真性的逐步淡化，从而丧失其最核心的吸引力来源。因此，如何处理产品开发的商业化和原真性问题就成了休闲产品开发的重点和难点之一。从产品开发与保护的角度来看，务必要处理好地方休闲资源"原真性"保护和以追求赢利为目的的"商业化"休闲开发的关系，尽量保持资源的完整性、原真性及其延伸属性。此外，需要注意的是，在休闲产品开发过程中对"原真性"的保留只要达到一定程度或保留其核心部分即可，不必过于拘泥完全的原真，因为过于讲究完全的原真有可能很难实现商业化的目的或不具备可操作性。

3. 高端化与普适性

随着市场经济的不断发展，休闲消费者的个性化趋势将越来越强，高端休闲产品也必然应运而生。体验性、时尚性、变化性和创新性是高端休闲产品的发展趋势，其本质的需求是深度体验。但高端化的休闲产品在国内市场尚未发育成熟，目前只针对部分高端人群。市场空间的狭窄性使得休闲产品在开发中还是需要在很大程度上考虑开发普适性的产品，以满足大多数普通游客的需求。总之，针对休闲资源的多样性，要善于挖掘产品功能的多样化，开发出适合大众休闲市场需求的休闲产品。当然，休闲产品的开发还是要把握高端化的潮流，在高度、深度中寻找产品的普适性"内核"，即雅俗共赏的特性。

（三）发展趋势

1. 产品主题形象化

产品主题的形象是休闲产品的生命。一个个性鲜明的主题可以形成较长时间的竞争优势，使得休闲目的地及其休闲产品在市场中能够快速获得市场认可，从而吸引更多的潜在休闲旅游者。因此，越来越多的休闲目的地在休闲产品的开发过程中开始注重对产品主题的提炼和总结，并采用更加形象化的表达方式进行有效传播。可见，通过对目的地休闲资源特色的充分挖掘，针对目标市场的需求特征，开发出该休闲产品最本质的核心"卖点"，即其形象化的产品主题。

2. 产品内涵特色化

随着社会经济的快速发展，对休闲产品的需求越来越旺盛，不少地方政府及企业纷纷投入到休闲产品的开发中来，一度导致休闲产品的趋同化现象非常严重，极大地影响了休闲目的地的健康发展。为了解决这个问题，同时也为了适应休闲者常变常新的休闲需求，休闲目的地开始在休闲产品开发中注入特色化的产品内涵，以提升产品的核心竞争力。

3. 产品个性时尚化

在一些时尚与潮流的聚集地，休闲产品的时尚化个性要素的显现变得越来越重要。让休闲产品时尚起来，已成为休闲目的地吸引力增强的一个重要因素。以当前时尚潮流为主题，将众多时尚文化元素融入休闲产品的设计之中，不仅可以促进休闲目的地的宣传与休闲产品的推广，更可以创造和引导休闲者的消费，成为当前休闲产品开发的一大趋势。

4. 产品优势品牌化

休闲产品的开发一开始是将本地的资源优势转化为产品优势，而现在却更加注重把产品优势进一步变成品牌优势，并将这一优势做大做强，进而形成经济优势。休闲产品的开发，要充分发挥地方的资源优势，加快整合优势休闲资源，提升休闲产品档次，完善休闲要素，优化休闲环境，挖掘休闲文化，丰富休闲内涵。只有这样，才能打造品牌，发挥品牌优势。

5. 产品体验情境化

休闲的本质也是一次体验。在休闲产品的开发过程中，要更加注重对体验情境的营造，以期创造出能使休闲者全面参与、值得回味的活动或项目。其中体验情境的营造，要结合产品的主题，为休闲者提供一个新的环境或条件，在满足游客体验的前提下，满足经营者的经济利益。

四、休闲产品体系

休闲产品体系由物质型休闲产品和劳务型休闲产品或服务构成。物质型休闲产品包括休闲食品、休闲服装、休闲生活用品、休闲房地产以及各种精神产品的物质载体等；服务型休闲产品或服务包括设施服务型休闲产品和活动服务型休闲产品。前者是物化劳动（死劳动）提供的服务，后者则是活劳动提供的服务。

（一）物质型休闲产品

物质型休闲产品是指向休闲消费者提供的各类物质产品以满足其休闲的需要。主要包括：

1. 休闲食品

休闲食品是指各类副食品、餐饮业的休闲餐饮产品、各类饮料及冷饮等非满足消费者基本生存饮食需要的各类食物产品和人类饲养宠物用的各种动物食品。

2. 休闲服装

休闲服装是指与正装相区别的各类服装与鞋帽等。包括各类运动与休闲服装、鞋帽、箱包及其他服饰等。

3. 休闲房产

休闲房产是指消费者在满足基本住房需求基础上购买的用于休闲居住的各类房产。包括分时度假房产以及在各种旅游景区、文化休闲地区、公园地带等购置的房产。

4. 休闲生活用品

休闲生活用品是指适合营造休闲家居环境的木、竹、藤、棕、草等天然植物制品及其工艺品，金属、陶瓷制品及其工艺品，其他各种工艺品，如雕塑、漆器、书画及珠宝首饰等。还包括饲养宠物用的各种用具、用品，各种用于户外运动与探险的物质装备，如滑雪装备、登山装备、休闲旅行汽车、照相摄像器材、潜水手表等。

5. 精神需求用品

精神需求用品是指为满足精神文化休闲生活的需要而进行的精神劳动、文化创作等活动的产品。包括各种休闲类书籍、影视光盘等。

（二）服务型休闲产品

服务型休闲产品是指不具有实体，而以各种劳务形式表现出来的无形产品。如旅游业、信息咨询、法律服务、金融服务等。其又包括设施服务型休闲产品和活动服务型休闲产品。

1. 设施服务型休闲产品

设施服务型休闲产品是指向休闲消费者提供各类休闲设施以满足休闲消费者消遣、娱乐及度假等休闲需要的服务。主要又可分为以下四类：

（1）休闲住宿设施。包括满足消遣、娱乐、度假需要的饭店、宾馆、度假村等住宿设施以及民宿、农家乐、培训中心、乡村旅馆等。

（2）休闲运动与娱乐设施。包括高尔夫球场、滑雪场、各类球馆和漂流、登山、攀岩等需要的装备和设施以及其他各种极限运动需要的装备和设施，各种游乐场所、各种影视剧场和演艺厅等场馆及其附属设施。

（3）文化休闲设施。包括博物馆、图书馆、收藏市场以及其他各类文化会展场馆、网吧等。

（4）其他城市休闲设施。包括城市公共绿地、城市公园、休闲社区、休闲风光带、城市中心商业游憩区、购物商业街区、餐饮、酒吧、茶馆等设施以及其他各类洗浴、保健、康体等设施。

2. 活动服务型休闲产品

活动服务型休闲产品是指不具有实体，而以各种劳动、服务的形式表现出来的无形产品，即通过组织、引导休闲消费者完成各种消遣、娱乐、观光、度假、旅游等活动而提供的各种劳务型服务。如旅行社组织并向游客提供的各种参观游览活动、观光旅游、工业旅游和农业旅游，包括采摘、垂钓及各种民俗节庆活动等。

第五章

休闲产业打造

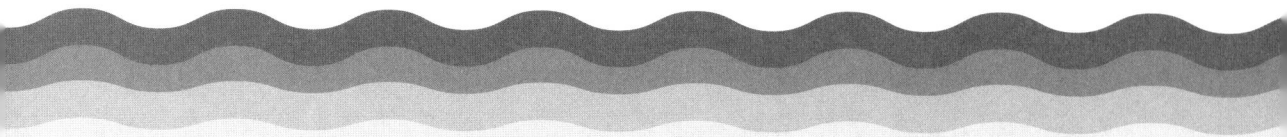

第一节 ｜ 休闲产业品牌打造

品牌是指消费者对产品及产品系列的认知程度。它是人们对一个企业及其产品、售后服务、文化价值的一种评价和认知，也是一种信任。而休闲产业品牌则是指在某个休闲领域范围内形成的具有相当规模和较强生产能力、较高市场占有率和影响力的休闲产品，是通过企业长期的规范经营、良好的产品质量和全面周到的服务等积累起来的良好声誉，从而促使消费者对该产品及其厂商产生的一种信任，并对购买和使用该产品形成较高的忠诚度。其本质是品牌拥有者的产品、服务或其他优于竞争对手的优势能为目标受众带去同等或高于竞争对手的价值。打造休闲产业品牌，是推动休闲产业优化升级、持续增强休闲产业核心竞争力的有效手段。可见，如何正确认识休闲产业品牌，合理制定其发展策略就显得尤为重要。

一、品牌意义

广义的"品牌"是指具有经济价值的无形资产，用抽象化的、特有的、能识别的心智概念来表现其差异性，从而在人们的意识中占据一定位置的综合反映。

狭义的"品牌"是一种拥有对内对外两面性的"标准"或"规则"，它是通过对理念、行为、视觉、听觉等多方面进行标准化、规则化之后，使之具备特有性、价值性、长期性、认知性的一种识别系统的总称。

品牌的意义是指顾客对品牌占主导地位的感知，是当提及一个品牌时顾客首先能反映的意识，它能唤起顾客对品牌象征意义的感悟和情感连接。具体由三个层面组成：一是基本层面。它是品牌的连续性层面，可以将其解释为品牌与过去的联系，也可以说是品牌以及与品牌有关的产品之间的联系。二是情感层面。它是描述品牌与消费者之间情感联系的层面。三是方向性层面。它关系到品牌将来发展的层面，这一层面中的内容感觉更类似于品牌管理者的意向。

品牌是给拥有者带来溢价、产生增值的一种无形资产，它的载体是用于和其他竞争者的产品或劳务相区分的名称、术语、象征、记号或者设计及其组合，品牌增值的源泉来自于消费者心智中形成的有关载体的印象。现在，品牌已成为一种商品综合品质的体现和代表。当人们想到某一品牌的同时总会和时尚、文化、价值联系到一起。企业在创品牌时不断地创造时尚，培育文化。伴随着企业的做强做大，不断从低附加值向高附加值升级，向高层次转变。一旦品牌文化被市场认可并接受后，品牌就会产生市场价值。人们在接触商品、服务以及相关宣传后，通过和心目中已经熟悉的同类商品或服务的对比，形成自己的判断。

二、打造原则

（一）科学性原则

品牌的打造不是盲目的，只有用科学的方法、程序才可能成功。如打造品牌应注重市场调研、掌握公众需求、了解品牌树立的对象和反映等，并及时反馈和决策。

（二）个性化原则

每个企业或品牌都有其不同的定位、要求或诉求等，如企业的人员素质、目标消费者、规模和实力、社会声誉等往往不尽相同，品牌的外形、内涵、气质、个性等也不会一样。为此，就要求品牌打造者能具体问题具体分析，走出一条适合自己产品品牌、个性化明显的路来。

（三）全面性原则

品牌打造涉及企业、广告公司、媒介、竞争对手、政府、消费者、其他社会公众和企业合作者等。品牌打造应将以上各种关系综合考量、量身定制。当然，其中最重要的对象是企业及合作者、媒介、竞争对手和消费者。

（四）持之以恒原则

品牌的培育绝不是权宜之计，品牌的打造也不可能一蹴而就，它是一项艰巨而复杂的系统工程，需要通过长期不懈的努力。为此，品牌打造的工作人员及企业经营者必须树立全局观念，从长远考虑，统筹安排，有计划地坚持不懈进行。

三、品牌发展策略

（一）统一品牌策略

统一品牌策略是指企业将经营的所有系列产品使用同一品牌的策略。使用统一品牌策略，有利于建立"企业识别系统"。这种策略可以使推广新产品的成本降低，节省大量广告费用。如果企业声誉甚佳，新产品销售必将强劲，利用统一品牌是推出新产品最简便的方法。采用这种策略的企业必须对所有产品的质量严格控制，以维护品牌声誉。如日本东芝家用电器公司，其全部的产品均采用"Toshiba"。使用统一品牌有利于企业统一产品形象，便于公众识别、记忆企业，尽快提高企业知名度，有利于新产品进入市场，同时还能在很大程度上节约品牌与商标的设计费用和广告促销费用。但缺点是某个产品的声誉不好会影响整个企业的形象。

（二）扩展品牌策略

扩展品牌策略是指企业利用市场上已有一定声誉的品牌，推出改进型产品或新产品。采用这种策略，既能节省推广费用，又能迅速打开产品销路。这种策略的实施有一个前提，即扩展的品牌在市场上已有较高的声誉，扩展的产品也必须是与之相适应的优良产品。否则就会影响产品的销售或降低已有品牌的声誉。如我国著名商标"海尔"，原来只做冰箱一个产品，之后利用扩展品牌战略，将之延伸到冰柜、空调、洗衣机甚至电视机、电脑等领域，在消费者心中树立了海尔家电王国的形象。

（三）品牌创新策略

品牌创新策略是指企业改进或合并原有品牌，设立新品牌的策略。其中大致有两种方式：

1. 渐变式

渐变式是指让新品牌与旧品牌造型、色彩等接近，并根据市场的发展而逐步改变品牌，以适应消费者的心理变化。这种方式往往花费少，可保持原有商品的声誉。如国际奢侈品服装品牌、由加布里·香奈儿（Cabrielle Chanet）创立的香奈儿（CHANEL）品牌，就用的是渐变式品牌创新策略，打造"双 C"的品牌标志，其设计理念确保高雅、简约、精美，无论开发服装、鞋履、手袋、眼镜、腕表、配饰，还是彩妆、香水、护肤品等，始终保持其一贯的简洁风格和精致做工，永远锁定高收入消费群体等，真正成为百年的老字号品牌。

2. 突变式

突变式是指放弃原有品牌，采用最新设计的全新品牌。它是一种快速的、疾风暴雨式的创新策略，其特点是对现有系统冲击力度较大，创新程度较大，过程较短，一般都是在一个较短的时间内完成。这种方式如果处理恰当，往往能引起消费者的兴趣，但需要大量广告费用于支持新品牌的宣传。如创立于清道光八年（1828 年）的王老吉凉茶，自进入 21 世纪以来，果断地从原来的"凉茶"定位转为"预防上火"的功能性饮料，并通过传播渠道创新、服务创新等手段，成功地让濒危品牌重新焕发出了勃勃生机。2019 年，王老吉营收突破百亿元，净利润近 14 亿元。

四、休闲产业品牌的打造

休闲产业是近代工业文明的产物，或者更确切地说，它是现代社会的产物。它发端于欧美，19 世纪中叶初露端倪。进入 20 世纪，随着科学技术的快速发展，与休闲相关的产业逐渐应运而生。20 世纪 70 年代发达国家就已经进入了休闲产业快速发展的时期。特别是以旅游业、娱乐业、服务业为龙头形成的经济形态和产业系统，已成为国家经济发展的重要的支柱产业。休闲产业一般涉及国家公园、博物馆、体育（运动项目、设施、设备、维修等）、影视、交通、旅行社、导游、纪念品、餐饮业、社区服务以及由此连带的产业群。休闲产业不仅包括物质产品的生产，而且也为人的文化精神生活的追求提供保障。时至今日，物质财富的极大满足，促使人们渴望追求充实的精神生活。社会经济和科学技术的快速发展与进步将越来越意味着要不断地提高生命质量，讲求生活品位，而且希望以一种更为健康的方式生存下去。几百年来，人类一直在致力于改造世界，而到了 21 世纪的今天，人类更多地致力于去改造自身。可见，休闲产业及品牌的打造就显得格外的重要而迫切。那么，如何打造休闲产业品牌，这是一个专业问题，更是一个全社会的问题。

（一）摸清资源家底，做好规划设计

休闲产业资源是指那些能够激发休闲者的休闲动机，并促进其实现休闲活动，可为休闲业发展所利用，同时产生一定的经济、社会和生态环境效益的各种因素的总和。如民风民俗、历史文化、山水风光、各种物产、主题公园等。休闲产品的打造首先必须依托并摸清这些休闲资源，才有可能通过规划设计和综合分析，打造出受游客欢迎的休闲旅游产品。

（二）重视乡村资源，强调文化融入

农业既是社会存在之本，更是人类文明之母。休闲农业具有强大的社会功能。乡村人文资源和农业自然环境是打造乡村及农业休闲产品的主要资源。休闲农业的终极目标是一种文化的归属，农耕、农作、涉农消费等既是一种高品质的生活体验和享受，更是一种最本质的农业休闲艺术。

（三）赋予品牌名称，注重品牌塑造

休闲农业项目门槛低，游客接受程度高，特别是对大中城市的游客，但要想做好休闲农业品牌，也需要给休闲农业品牌赋予一个好的名称。当然，休闲农业的品牌理念无外乎就是"诚信、低碳、环保、生态"等，并从解决社会焦点问题作为切入口，认真做实、做强，努力突破行业瓶颈，以赢得休闲农业和乡村旅游的成长空间。

当前，休闲农业在全国的同质化程度越来越高，同行间的竞争日益加剧，差异化、特色化、可操作性、可持续性、可复制性等问题，都需要通过品牌的塑造来克服。

（四）借助互联网，提高知名度

互联网让乡村旅游和休闲农业产品可以不受地域、时间的限制，全方位、全时空推广。通过信息的精准投放，可轻松地让更多的用户充分了解乡村旅游与休闲农业。可见，休闲产品从业或推广人员要把握住互联网营销的技术和机遇，借助互联网发展的潮流，拓宽营销渠道，提高知名度，扩大市场影响力，让乡村旅游与休闲农业在"互联网"的风口上腾飞。

第二节 | 休闲产业文化建设

一、休闲文化与产业文化

（一）休闲文化

休闲文化是指人类通过休闲活动过程所形成的价值观念、思维模式、语言、艺术等物质成果和社会关系的总和；或者说是人们在休闲活动过程中了解、鉴赏、体验到的文化综合，即将人类的休闲生活作为一种文化现象来加以分析时所包含的文化总和。其主要包括休闲主体文化、休闲客体（休闲场所、设施等）文化和休闲中介文化等。休闲文化理念的形成，不仅意味着现代休闲活动已延伸到社会生活的各个角落，而且表明休闲活动的开展与人类文化的交融又形成了一个新的文化层面。目前，休闲文化已经成为现代社会高效的社会生活和优质的个人生活的重要标志。

1. 休闲文化的特征

休闲是一种文化活动，是一种文化化了的生活。因为休闲的具体内容都必须用文

化来表达，如各民族的语言文字、历史沿革、名胜古迹、方志人物、宗教民俗、音乐艺术等。可见，休闲作为一种文化，是社会物质文明和精神文明的象征或结晶；是人类社会传统文化的继承和现代文明的创造；是以个人的文化修养为背景，以探求和享受文化生活为目的，以获得现实生活中个人心理的满足、精神的愉悦、身体的健康为目标的生命活动过程，而不属于"谋生"的过程。在这一过程中，文化扮演着媒介的角色，休闲成为一个人拥有文化、学习文化、创造文化的象征。

（1）**休闲文化形式多样，属闲暇过程创造的文化**。休闲文化是人们在闲暇经过充分自由选择和纯粹兴趣所致而用于自我享受、调整和发展的观念、态度、方法和手段的总和。而大众休闲文化正是人们在百忙之中、在节假日悠闲中喜怒哀乐的思想感情多方位和多层次的表现。大众休闲文化是某个人是否具有一定文化素养的象征，它直观地表现为人们喜欢什么、欣赏什么。如人们在欣赏自然景观过程中，会感叹大自然的鬼斧神工。名山大川中的碑题石刻、佛寺道观等，也无一不显示并孕育文化。

（2）**休闲文化千姿百态，具有民俗文化的象征**。社会生活的方方面面是不同文化风格的展现，不同地域的建筑、民风民俗、戏曲歌舞都包含着一定的文化内容，是地域民俗文化艺术思想的展现。无论在哪里，人们都会被地方的民俗、民风、民间艺术、文艺形式所吸引。所以，休闲具有民俗文化的象征。

（3）**休闲文化的选择，是文化品位的象征**。选择什么形式的休闲项目、参与哪种内容的休闲活动，都体现一个人受教育的情况，也是一个人接受教育的程度和拥有文化品位的外在表现。所以，休闲还带有文化品位的象征。

2. 休闲文化的作用

休闲文化在人类文明进化的历史中具有重要的价值，是人类精神家园的一种境界；也是人类自省与沉思的产物，是探索人的本质、生活目的的一把"钥匙。从诗经、易经及孔子、庄子等的文章中，都能看到十分丰富的有关记录休闲文化的内容，如衣食住行、诗词歌赋、琴棋书画等，它们都是休闲文化的创造物。其作用主要体现在两个方面：

（1）**消除体力上的疲劳**。休闲的目的是追求更高质量的享受与创造，从"柴米油盐酱醋茶"中摆脱出来，实现更美好的生活愿望和人生价值。休闲，更多的是一种平静、自主自为的状态，是一种不需要考虑生存问题、心无羁绊的自由状态。

（2）**获得精神上的慰藉**。休闲的本质主要体现人的一种精神生活，精神充实了、灵魂有依托了，不管去花鸟鱼虫市场，还是去野外探险，抑或是在室内读书网游，都是一种快乐。可见，"休闲"从本质上说，是内心对生命意义和快乐的一种探索。

（二）产业文化

产业文化是指工业化生产方式下萌生和发展的，由产业精神、经营哲学、行为模式、品牌形象、价值观、制度和组织等元素构成的物质和精神互为整合的生产性文化系统，即在经济文化的大背景下，产业在产生和发展过程中，其中的行业、企业和所有从业人员在长期的生产经营活动中逐渐形成的统一的理想、信念、价值观、道德规范和行为准则。

随着各地文化"软实力"在产业形成与发展中重要性的日益凸显，产业文化发展逐渐得到理论界和实践界的关注。产业文化正以其高知识密度、低能耗优势，有效推动后发国家的经济发展方式转变以及产业转移升级。到目前为止，产业文化对于产业升级的重要性已经在很多先发国家经济发展实践中得到验证，并将成为越来越多后发国家实现经济转型的共同选择。因此，促进与产业文化的融合是实现我国产业转型升级的必然选择，也是加快实现由"中国制造"向"中国创造"的重要途径。

1. 产业文化的特征

（1）具有先进而鲜明的时代特征。生产力是一切社会发展和变革的决定性力量，产业是社会生产力不断发展的必然结果，产业中包含的行业、企业和所有从业人员作为生产力的组织者和参与者在长期的生产经营活动中产生的产业文化，具有强大的进化能力，能够不断吸收和接纳外部的优秀文化。因此，具有先进而鲜明的时代特征，能够反映出时代的发展趋势，引领社会文化的发展。

（2）具有持久而强大的引导能力。在社会文化的"土壤"中孕育，在产业中诞生和发展，受国家政策和社会舆论影响的产业文化就像"一双无形的手"展示出持久而强大的引导能力。一方面，它推动着产业的良性发展，诞生了一系列优秀的企业文化，打造出大批具有专业素质和职业精神的劳动者；另一方面，它会无情地将不能与之相适应的企业与劳动者淘汰出局。

2. 产业文化的作用

（1）产业文化有助于产业升级改造。产业升级主要指通过资源优化配置促进产业由低级状态向高级状态转型，由粗放型经济发展转向环境友好可持续型发展。它是在产业转型升级中融入文化内涵，使产业发展具有人格化特质；它往往贯穿于产业形成与发展的始终，具有经济属性和意识形态属性，从而带动经济效益与社会效益的实现。

此外，产业文化还注重文化在产业升级中的内在驱动作用。一方面，它是以文化产业的方法来促进文化元素和文化艺术创意的跨界应用，促进传统产业特别是制造业提高其附加值，并以专业化的文化产业来带动传统产业的产品和服务营销。如可以用动漫、影视来反向带动传统的玩具产业，以主题公园和影视植入广告来促进旅游产业发展等；另一方面，它以文化和创意的要素来改造和提升某个行业，促进产业升级并走向高端产业。如通过把握文化要素的应用（包括建设良好的企业文化、建立文化创意和品牌管理等）来提升产业的附加值。

（2）产业文化有助于提高产业创新能力。创新能力主要指技术和各种实践活动领域中不断提供具有经济价值、社会价值、生态价值的新思想、新理论、新方法和新发明的能力。创新能力作为一种无形资产，体现了一个产业或地区的创造力或无形资产。它是产业文化发展的关键。

在传统经济时代，产品的文化价值并不为产业发展所重视，而在当今时代，产业文化发展带来的文化价值、经济效益已逐渐受人关注。企业通过对产业文化的外观设计、工艺创新等来实现产品的创新，以有助于推进产业升级；企业还可以通过激发产业的文化底蕴、品牌内涵、创新创意等的聚合效应来推进产业的创新转型等。具体来说，创新能力对产业文化的价值挖掘、技艺技能重塑、品牌质量管理构建以及管理流程再造等，聚合内外部文化要素，并以此对产品设计及其工艺进行创新，植入文化要素等，以满足客户个性化偏好方面的需求，以增强产品核心竞争能力，从而为产业升级提供有力支撑。

二、休闲产业文化与休闲文化产业

（一）休闲产业文化

休闲产业文化是指在社会经济高度发展的背景下，当人们的收入达到一定的水平后，随着生活质量的提高和闲暇的增加，为满足人们的精神、心理需求，促使人的全面发展而形成的与休闲相关的文化，即在休闲产业的产生和发展过程中，其中的休闲行业、企业和所有从业人员在长期的生产经营活动中逐渐形成的统一的理想、信念、价值观、道德规范和行为准则等。其旨在为人们的精神享受提供服务。

1. 休闲产业文化的价值定位

休闲产业的文化价值是人们在休闲活动中消费休闲产品和服务折射出的人类文化内涵，是人们在休闲活动过程中了解、鉴赏、体验得到的文化综合，它带给人们的是一种文化上的享受，是一种精神和心灵上的满足。休闲产业虽说是现代社会的产物，但它在近代工业文明时就已初露端倪，在欧美国家，自 18 世纪出现的期刊、咖啡馆和音乐厅，到 19 世纪出现的职业体育和假日旅游；进入 20 世纪，随着科学技术的快速发展，与休闲相关的产业便逐渐地应运而生。近十几年来，发达国家的休闲产业已进入高速发展的新时期。随着上班制度的改革，工作时间的减少，一些发达国家政府把加快休闲产业发展作为调整结构、优化产业、减少失业、降低财政支出，让公民享受高品质生活的重要手段，政府把休闲产业的文化价值彰显得淋漓尽致，并使其成为建构现代人休闲观的主要组成部分。随着人们对社会生活进步看法的根本性改变，休闲产业的文化价值将会得到更大程度的实现。

2. 休闲产业文化的价值提升

随着我国休闲时代的到来，改变传统思维方式，正确认识和把握休闲产业的发展趋势，紧紧围绕现代人的休闲观念，大力促进休闲产业文化价值的提升，是当前发展休闲产业的首要任务。

（1）以文明和谐为核心提升休闲产业水平。进入休闲时代，必须改变发展观，以文明和谐为核心来规范产业发展，一改过去只讲硬件发展，不考虑增长的成本和代价，忽略休闲产业更高目标协调发展的传统观念。以文明和谐发展观为指导的休闲产业，其发展的核心旨在使人们获得高质量的生活环境和实现人的全面发展，即人与环境的和谐及文明程度的提高。

（2）以精神要素为主导提升休闲产业水平。现代人把休闲看成是对闲暇的有效利用，而这一利用有其明确的价值指向。随着经济的发展，温饱已不再是生活的主要问题，人们的休闲活动越来越开始瞄向以精神性消费为主导的层面。这就要求调整休闲产业结构，由以物质产品生产为主的产业模式向以精神产品生产为主的产业模式转换。

（3）以以人为本为原则提升休闲产业水平。从人的休闲目标来看，休闲需求具有一致性，只是需求的内容随着时代的发展而有所不同。但从人的个体差异来看，不同的人对生存的需要、发展的需要和享受的需要是大不相同的，这就决定了为休闲提供的各类产品和服务，既要体现历史的规律性，又要符合以人为本的个性化和多样化的需求特点。而满足这一需求，则是休闲产业提升发展水平的方向。

（4）以品牌效应为目标提升休闲产业水平。休闲产业要取得持久发展，必须树立品牌意识，打造知名品牌，通过品牌效应延长产业链，构造产业集群，形成规模效应。

而提升产业的文化品位和价值，促进休闲者对品牌的忠诚度，则是休闲产业繁荣的重要途径。

（二）休闲文化产业

休闲文化产业主要是指与人的休闲生活、休闲行为、休闲需求密切相关的文化产业领域，特别是以文化旅游、民俗文化、体育康体、文化娱乐、节庆会展等为龙头而形成的经济形态和产业系统，涉及生态园区、博物馆、体育、影视、出版、交通、餐饮以及由此连带的产业群。它的发展对于优化城市产业结构、增进社会和谐、改善人文居住环境、激发城市活力等都具有不可替代的作用。休闲文化产业的迅速发展，也是适应时代需要、弘扬先进文化、满足国民需求、构建和谐社会的必然要求。

1. 休闲文化产业的特点

休闲是"上帝给予人类的赠品"。随着社会经济的快速发展和人类生活水平的不断提高，人们用于必需的社会劳动时间不断压缩，休闲时间不断延长，有效的休闲需求不断增加，休闲产业应运而生。

休闲文化产业包括旅游业、艺术表演业和娱乐服务业等在内的用以满足人们休闲、娱乐等精神需求为主的产业，其主要特点说到底是"将文化资源转变成需要付钱的个人经历和娱乐"。主要包括五个方面的特点：

（1）时尚性。休闲文化基本与社会热点紧密联系，当年"洋文化"的入侵，肯德基的进驻，咖啡馆、酒吧的流行，这些"模仿者"虽然无法成为时尚的缔造者，但紧跟时尚步伐的跟风者却已成为休闲文化产业的成功者。

（2）大众性。随着我国全面建成小康社会步伐的加快，如今的休闲文化已不再是一部分高端人群的专利了，普通百姓的生活富足了，就会用多出来的钱进行休闲消费。

（3）健康性。人的一生难免会碰到逆境，当人们遇到了挫折和困难时，休闲能够成为他们调整心态、重整旗鼓、重新面对人生挑战的最好放松或反思的机会。

（4）求异性。求新求异几乎是对所有创新、创意活动的原则要求，对于休闲文化来说求新求异显得尤为重要。

（5）关联性。辩证唯物主义理论证明，世上所有的事物都存在因果关系，人们应当用辩证的观点来看待一切事物，休闲文化的产生和发展也不例外。

（三）休闲文化产业的作用

发展休闲文化产业，有利于我国文化事业、经济发展，有利于满足人们的精神文化需求，也有利于提升国家的综合国力。

1. 有助于我国精神文明的建设

文化对于一个国家、民族来说，犹如灵魂对于一个人的重要性。一个没有灵魂的人只能是一具空壳，没有任何生机。一个国家缺乏文化作支撑，那最终也只能被世界淘汰。在不同的历史时期，一个国家或政府所倡导的主流文化是不同的，如封建时期我国的封建统治者一直倡导儒家文化，它是这一时期先进生产力的代表，同时又推动着生产力的发展，更重要的是它能够巩固统治者的统治地位。

倡导健康的、积极的文化可以引导人民群众树立健康的道德观念。作为一个国家的领导人，不仅仅是为人民群众提供富足的物质生活那么简单，还要能够满足人民群众对精神文化的需求。文化产品具有可复制的特征，使我们借助于现代的科技手段大批量复制文化产品，降低文化消费的成本，以此来满足广大人民群众的精神文化需求。因此，休闲文化产业的发展对于整个国家和民族的精神文化建设具有重要的意义。

2. 有助于促进国民经济的发展

当前，休闲文化产业尚未成为我国国民经济发展的支柱产业，但休闲文化产业的发展已经成为国民经济不可或缺的部分。2005 年我国整个文化产业占 GDP 的比重为 2.15%，到 2019 年占 GDP 比重已达到 4.65%，可见我国的文化产业正在迅速发展，并且即将成为我国国民经济的支柱产业，而休闲文化占其中的重要组成部分。

文化产业是一个具有很大发展潜力的产业，文化产业的成本不高，消耗的资源和能源也比较少，无形经济附加值高。同时，文化产业还能扩大内需，满足人民群众的精神文化需求。此外，文化产业还是关联性很强的产业，其对我国的国民经济的贡献不仅体现在自身产业的价值上，更体现在与它相关的产业的发展上。文化产业可以提高与其他相关产业的文化含量，进而带动其他产业的发展。

3. 有助于促进文化的发展

休闲与休闲文化、文化与文化产业犹如两姐妹，他们的关系非常亲密。可以这么说，没有休闲，就谈不上休闲文化；没有文化就更没有文化产业；没有文化产业，文化就得不到传播，就很容易造成文化流失。可见，发展文化产业对传统文化的保护以及传播和繁荣具有重要意义。文化的重要性要求人们必须要发展文化产业，文化产业的发展又反过来促进了文化的发展和进步。

发展文化产业能够有效地打造文化软实力，提升我国在处理国际事务中的话语权，增强我国的国际影响力。当然在注重传统文化的保护的同时，也要注意将传统文化与现代科学技术相结合，利用现代先进技术开发和利用传统文化，使之适应现代社会的发展和需要。除了优秀的传统文化，还要充分发掘各民族传统的优秀文化，加强对民族文化的保护。同时加强对外文化交流，使我国的传统文化真正走出去，并吸收各国优秀的文化成果，增强中华传统文化在国际的影响力。总之，以文化为纽带，可提高我国在世界上的知名度，从而扩大我国在世界政治经济中的影响力。

三、休闲产业文化的建设

休闲产业是指以人们的休闲需求为目标的，以旅游业、娱乐业、服务业、健身产业和文化传播产业等为主体而形成的产业系统。而文化建设则是发展教育、科学、文学艺术、新闻出版、广播电视、卫生体育、图书馆、博物馆等各项文化事业的活动。它既是建设物质文明的重要条件，也是提高人民思想觉悟和道德水平的重要前提。故休闲产业文化建设则是指休闲产业系统在教育、科学技术、文化艺术、卫生、体育等各项文化事业中的活动。

（一）休闲产业文化建设的内容

1. 物质文化

物质文化是指产品和各种物质设施等构成的器物文化，是一种以物质形态加以表现的表层文化。休闲类企业生产的产品或提供的服务是企业生产经营的成果，是物质文化的表现方式或首要内容。同时，企业的生产环境、容貌、建筑、广告、产品包装与设计等也构成企业物质文化的重要内容。

2. 行为文化

行为文化是指休闲企业员工在生产经营及学习娱乐活动中产生的活动文化。它是在企业经营、教育宣传、人际关系活动、文娱体育活动中产生的文化现象。包括企业行为规范、企业人际关系规范和公共关系规范等。当然，企业行为还包括企业与企业之间、企业与顾客之间、企业与政府之间、企业与社会之间的各种行为。

3. 制度文化

制度文化主要是指休闲企业领导体制、组织机构和管理制度等。它是休闲企业为实现自身目标对员工的行为给予一定限制的文化，并具有共性或强制性行为规范的要求。它制约或规范着企业的每一个人。如企业生产过程中的操作流程、厂纪厂规、经济责任制、考核奖惩等。

4. 核心文化

核心文化是指休闲企业在生产经营过程中受一定的社会文化背景、意识形态影响而长期形成的一种精神成果或文化观念。其主要包括企业精神、企业经营哲学、企业道德、企业价值观念、企业风貌等，它是企业意识形态的总和。

5. 环境文化

环境文化是指休闲企业形象的外在表现，也是企业文化建设内在品质的重要因素。它对企业员工的成长有至关重要的影响。统一规范、文明有序、洁净优美的工作环境不仅能够给置身其中的员工以美的享受，使他们心情舒畅地投入工作，而且能够培养高尚的价值观念、文化品位、人生追求和工作情趣。休闲企业要结合实际定好位，以健康向上、清新高雅为主题，以促进人的全面发展为目标，加强工作环境的软硬件设施建设，通过创造优美环境，陶冶情操、提升品位、加强修养，展现团队良好的精神风貌；将企业文化精神、文化理念、格言警句等内容以张贴画、宣传栏、标志牌等形式张贴布置在办公和生产区域，打造特色"文化走廊""文化广场"，让大家时时处处对照检查、耳濡目染、潜移默化。

6. 道德文化

中华民族有着优良的道德传统，传承和弘扬优良道德文化，是每个公民应尽的义务和责任。道德文化是休闲产业文化建设的重要内容，也是休闲产业文化建设能否取得成效的思想基础。要加强对企业干部职工的理想信念、爱国主义和社会主义荣辱观教育，加强职业道德、社会公德、家庭美德教育，倡导"爱国守法、明礼诚信、团结友善、勤俭自强、敬业奉献"的基本道德规范，教育引导形成奋发向上、干事创业、创先争优的精神，反对和抵制拜金主义、享乐主义、极端个人主义等腐朽思想，帮助企业干部职工树立正确的世界观、人生观、价值观和政绩观等。

7. 学习文化

创建学习型企业，是顺应时代发展潮流的迫切需要，是推进现代化事业发展的迫切需要，是加强党的建设的迫切需要。对增强企业和企业干部的战斗力，实现企业现代化和科学化管理具有重要的意义。要积极倡导"人人学习、终身学习"和"学习工作化、工作学习化"的理念，并将此作为对企业干部职工的基本要求；积极推进学习教育制度化、主题内容特色化、培训手段多样化、培训对象差异化，最终实现提高企業干部职工综合素质的目标。

8. 团队文化

一个和谐的企业，表现为整个团队的同心同德、步调一致、齐心协力，每个成员之间能够和睦相处、团结协作、配合默契、攻坚克难、开拓进取、创先争优，不仅依赖于企业干部个人素质的提高，更依赖于企业团队力量和集体智慧的发挥。在企业内部，要广泛组织开展寓教于乐、丰富多彩的文体活动，营造融洽、和谐的工作氛围，培养大局意识和协作精神，增强团队凝聚力和归属感，并在潜移默化中引导企业干部职工形成先进价值理念和行为方式。

（二）休闲产业文化建设的意义

1. 体现"以人为本"思想

都说"时间就是金钱"，但实际上"时间"是金钱换不来的奢侈品。"过得轻松一些""过好每一天"等已成了现代人，特别是城市白领和金领阶层的追求目标。

古人有"慢步当车、慢食当肉"的警句来倡导"慢生活"。实际上，"慢步"和"慢食"不只是速度问题，更重要的是心境的淡泊、心态的平和与心理的平衡。这是一种提倡感恩知足、与世无争的心境。这种强调"由快到慢"的生活模式，倡导人与自然和谐发展，体现在悠闲的生活节奏中回归生命的本质、诠释生命的意义，即体现"以人为本"的思想，说到底就是休闲产业文化的体现。

2. 展示"逆城市化"趋势

与休闲密切相关的"慢城"运动，起源于意大利的四个小城，目前参与其中的也全是一些小城市、镇、村或社区等。而"慢城"的定义也明确规定城市人口在5万以下。也就是说，"慢城"违避过度城市化，忌讳人口过度集中而产生的喧嚣、嘈杂、拥挤、烦躁和污染等，反对大城市给人们带来的快节奏和高压力等。不少欧洲的发达国家在反思快速城市化和工业化带来的环境和生活问题的同时，提出为了提升生活质量，要发展"慢城"，即"小城市"。这与美国近20年来、我国近5~10年来"逃离城市"的逆城市化现象相契合。由"休闲"带来的"慢城""慢游""慢生活"的理念给人们的启示可概括为：城市化不一定要将人口过分集中到大城市，更不一定要将农民引进城市，而是要把城市文明、城市生活方式推向城镇、引入农村，让农民享受与城镇均等的基础设施与社会公共服务等。

162

3. 推动休闲产业转型升级

休闲是一种心态，是人们放松自我、调节身心、克服压力的重要途径和方式。实际上，人们越是繁忙，就越是凸显休闲的魅力和作用。而当今时尚的"慢旅游"的核心就是放慢生活节奏、享受快乐生活，即多点时间，细细品、慢慢游、深深感、静静思，尽可能地深度融入地方文化，挖掘其特色，开发其魅力。可见，休闲可以推动旅游发展，特别是推动旅游从观光型向休闲度假型、康体养生型等深度旅游和高端旅游的转变，同时也可进一步拉动内需，带动地方经济更好更快发展。

4. 与老龄化社会相匹配

2011年发布的"第六次全国人口普查主要数据"表明，我国已进入老龄化社会，且老龄化速度正在不断加快。由于老年人需要社会更多的关爱，他们追求的往往是远离喧嚣、回归田园、颐养天年。正因为此，大都市不少的老年人会将城里房子出租，通过租金置换农居房，即挑选一个山清水秀的农村，去过怡然自得的田园生活；也有一些经济状况较好的城市老年人成了"候鸟"一族，即在不同的季节，哪里气候适宜就到哪里生活或度假。当然，所有的老年人都希望有更好的康体休闲设施及养老服务。可见，满足"银发"一族的生活之需，是一个巨大的产业，更是一个巨大的市场。在大城市周边的小城镇建设休闲场所或"慢城"等，提倡"慢生活""慢旅游""慢运动"，一定会大大提高老年人的生活品质，受到"银发"一族的欢迎。

5. 满足游客的个性化需求

"休闲""慢城""慢生活""慢旅游"的兴起就是要改变原来那种千篇一律、走马观花的生活和旅游方式，从固化的生活中解脱出来，感受已经被现代文明所吞噬的所谓传统的生活和休闲体验。而"慢旅游"则充分体现并适应现代社会多样化发展的需要。与生物或物种多样性为生态平衡的基础相类似，现代人旅游方式的多样化也是充分尊重人的个性、实现旅游方式差异化需求的内在要求。

（三）休闲产业文化建设的思路

1. 明确文化建设的目的

文化的核心是价值理念、社会方式、指示体系，文化建设最根本的任务是倡导弘扬价值主流观念，弘扬社会主义核心价值观。休闲产业文化建设就是要确定社会主义体制下的文化公共服务体系等。当然，这些问题最终都要落实到人的精神提升的层面，包括知识素养、道德观念等的提升。

2. 厘清文化建设的观念

文化建设对文化是可以做出明确的界定的。文化有小文化、中文化和大文化之分。小文化仅仅指纯意识层面的精神文化；中文化则是指制度文化及精神文化（不包含范围广泛的物质文化）；而大文化多泛指人类所创造的一切财富，包括物质的（从旧石器时代的石器到现在的电脑）、制度的（指人类创造的组织机构、社会各个组织的制度——大到国家，小到家庭）、纯意识和精神层面的东西（如唐诗、社会主义核心价值观、道教思想等）。大文化指的是人的一种生活方式，人类生活所依赖的一切。休闲产业文化建设的观念应该是社会生活全面有序的提升。文化不在生活之外，而在生活之内；文化不局限于文艺，也不局限于社科。文化融于我们的生活之中。

3. 确定文化建设的功能

文化是软实力，对社会经济发展具有不可忽视和不容低估的巨大作用。在后工业社会时代，随着服务、文化消费的愈益壮大，国家间的竞争越来越体现为以文化为背景的综合国力竞争；在物质相对丰裕的当今社会，人们的文化消费成为消费新的亮点和增长点，同时信仰迷茫、精神空虚成为一种社会现象。加强社会主义核心价值体系建设，着力推进社会主义先进文化建设，可以导引社会情绪，引领思想力量，分流精神压力，增进国民福利，从而提升幸福指数。作为具有自我选择性、自我独立性和自主性的文化，有可能制造出境界，生产出理想，达到一定的文化境界。

4. 探讨文化建设的价值体系

现代化伴随的是现代性的价值观念，现代社会肯定人的需求和合理性，把人的各种欲望作为社会经济发展的动力，这样一种价值观念必然要受到其他价值观念的约束。从西方文化来看，这种约束大致有三个方面：一是这种价值观念延伸出来的法律制度体系，也是这种价值观念的自我约束；二是伴随着现代性的反思与批判，如马克思对资本的批判、解剖，还有西方马克思主义一直以来对资本主义的全面批判；三是中国的现代化，我国东部地区的现代化是一种快速的现代化，时空压缩的现代化，根本谈不上对这一现代性做深刻批判和反思，迫切需要构建社会主义核心价值体系，也需要完善的制度和程序的制衡，更需要发扬传统内省文化的补充作用，展示其现代德育价值。

5. 校正文化建设的路径

从近现代历史来看，一般注重经验的东西是比较容易成功的，像毛泽东同志从实际出发，与马克思主义结合起来，最终带领中国人民成立了中华人民共和国。邓小平同志摸着石头过河也是如此。在当前条件下，要推进我国文化建设发展，必须高度重视文化建设面临的突出问题；必须创新发展理念；必须实现制度创新。

第三节 | 休闲产业功能设计

产业是指由利益相互联系的、具有不同分工的、由各个相关行业所组成的业态总称。尽管它们的经营方式、经营形态、企业模式和流通环节等有所不同，但它们的经营对象和经营范围是围绕着共同产品而展开的，并且可以在构成业态的各个行业内部完成各自的循环。功能，即效能，是指事物或方法所发挥的有利作用。故产业功能指的是生产物质产品的集合体（包括农业、工业、交通运输业等）在社会经济发展中的分工、定位和作用。可见，休闲产业的功能就是指休闲产业在社会经济及人们生产生活中扮演的角色、定位及作用。

一、休闲产业的外在表现

休闲产业是一个产业群或产业链，在发达国家早已成为国家经济发展的支柱产业。在我国，休闲产业也即将成为国家经济发展重要的支柱产业。由于休闲产业的综合性非常强，其最终会辐射到全部产业的各个领域。同时，伴随着经济、社会的发展，休闲产业的比重将越来越大，其辐射到其他产业的力量也将越来越强。

（一）休闲产业门类多，受众面广

休闲产业是一个综合性很强的产业，其品种、门类众多，产业形态多种多样，受众面相当广泛，且相当一部分的产业属于劳动密集型，并可为社会提供大量的就业岗位；大部分产业属于服务类型，通过服务促进社会财富的流通与分配（高质量的服务可以加速物质产品的流通和财富的再分配，从而降低贫困梯度，弱化日益增长的基尼系数的影响）。同时，不少的休闲产业要求层次性、个性化的产品服务，因而对从业者的素养和专业技能要求较高，对国家教育事业的发展可以起到激励作用，从而推动民族素质的整体提高。此外，休闲产业创新空间大，许多项目和产品具有品牌效应和个性特性，其资源配置多样化，即既有有形物质，又有无形物质；既有天然物，也有人工物；既有信息符号，也有观念和意义。休闲产业还是社会交往与交流的平台，可通过服务与被服务的关系来促进社会关系的融洽。

（二）休闲产业属新兴产业，其创新空间大

休闲产业作为一种集资金密集、技术密集和劳动密集等为一体的新兴产业，对于刺激消费、扩大就业、拉动经济发展等都有积极的作用。

1. 刺激消费，扩大内需

随着国民收入的提高和闲暇的增多，人们更加重视生活和生命质量以及自身的全面发展，人们会更多地把收入和时间用于旅游、健身、游戏、艺术、影视文化、教育等休闲活动，休闲消费的比重将越来越大。大力推动休闲产业的发展，可以满足人们对于休闲和全面发展的需要，同时又起到刺激消费、扩大内需的作用。

2. 缓解就业压力，维护社会稳定

我国是一个劳动力资源十分丰富的国家，存在着大量失业人群，这已成为阻碍中国经济改革与发展的巨大障碍，而休闲产业作为新型的劳动密集型产业，则是解决失业人口的现实路径选择。

3. 优化经济结构，促进良性循环

由于产业间的连带关系及作用，休闲产业的带动几乎可涉及所有产业。以旅游业为例，休闲产业带动了酒店、航空、铁路、出租车、餐饮、银行、保险、电信、旅游纪念工艺品等相关产业的大发展，而这些产业又会带动其相关产业的良性发展，从而可优化经济结构，促进良性循环。

二、休闲产业的功能

（一）休闲产业对经济发展的驱动

在西方发达国家，休闲产业是国民经济收入的重要来源，是政府部门制定相关政策必须考虑的重要因素。进入 21 世纪以来，我国的休闲产业也展现出勃勃生机，并由此推动社会经济的发展。

休闲产业对国民经济的驱动作用是通过需求和供给来完成的。主要表现为拉动市场需求，激发消费欲望。休闲消费带动了旅游、交通、通信、娱乐、餐饮、体育、健身、商业、文化、教育、咨询、金融、保险和社区服务等众多行业，已经并将继续成为我国区域经济乃至整个国民经济发展的强有力的助推器。人们对提高休闲生活质量的强烈欲望，导致购买更大、更宽敞的住房，从而带动房地产特别是休闲地产的迅猛发展，而房地产的发展又会产生连锁的产业发展的诱导作用，从而刺激建材、装潢等配套市场的发展，促使家用电器的升级换代，乃至加快经济型轿车进入家庭的步伐。

休闲产业具有投资少、见效快、利润大等特点。由于休闲过程与休闲消费同步，休闲产业能比较快地把新产生的商业机会、工作机会、外汇收入和额外购买力融入经济体系，提高自身的发展能力，因而其增长速度远远超过其他产业，如世界旅游业的平均增长速度基本高于世界经济增幅的 1 倍。此外，休闲产业在增加外汇收入和国内收入方面也独具优势，对国际收支平衡起着重要作用。

（二）休闲产业对经济结构转型的导向、调整和优化

当前，中国产业结构不合理的一个突出问题是服务业市场总量不足，在国民经济中所占的比重过低。而服务业的兴旺发达是现代经济的重要标志，也是人们休闲生活质量提高的重要标志。因此大力发展服务业特别是休闲产业，是中国产业结构优化升级的一项重要内容。休闲产业作为新兴的服务产业，几乎覆盖了从传统服务业到现代服务业的所有行业和门类，是一个综合性很强的产业，不仅直接对第三产业中的金融业、保险业、旅游业和通信业等的发展产生极大的促进作用，而且作为先导产业，它还能间接地影响第一、第二产业的发展，并带动整个产业结构的调整，进而促进产业结构的优化。可见，加快发展休闲产业，不仅可以提高我国服务业在国民经济中的比重，而且可以进一步加快提升传统服务业的层次，使其向现代产业的标准化、规范化方向发展，特别是通过大力发展休闲产业，可以刺激金融、信息等现代服务业加快创新步伐，拓宽服务的领域和范围。

（三）休闲产业对经济发展的调节

在我国经济逐步走向深入发展的过程中，常常会出现不平衡的波动，甚至出现一些瓶颈现象，从而制约部分产业或部门的发展。而休闲产业的发展却有助于起到某种平衡作用，尤其在当前的世界经济环境中，休闲产业的重要性更加突出。从国内的市场需求来看，在物价保持基本稳定的情况下，虽然日常消费增幅不大，但人们用于旅游、娱乐、文化等休闲性消费的支出依然保持强盛的增长势头。因此，要扩大中国经济发展的有效需求，提高经济运行的质量，就需要休闲产业有更快的发展，以保证国民经济运行的平稳。

休闲产业的发展还有助于缩小地区之间经济发展的差距。由旅游活动衍生的人流、物流、信息流以及资金流，可以使地区之间的经济发展趋于一种动态平衡，有利于缩小地区之间经济发展的差距。正因为此，休闲产业才需要成为国民经济的支柱产业和先导产业，促进其快速发展，并迅速超过石油、汽车、纺织、装备制造、房地产等传统产业的发展速度，跃居世界第一大产业，成为许多国家和地区新的经济增长点。

（四）休闲产业能提高劳动者的素质和效率

在闲情逸致、享受人生的同时，休闲往往有助于培养道德情操，可增长知识、促进技艺和身心健康等。这对于提高劳动者素质、提高工作的质量和效率都非常有利。相关的科学研究表明，在每周的 5 个工作日中，星期二、星期三的工作效率最高。说明休闲通过人的因素带来了生产和工作效益的提高。如果经常参加休闲活动、锻炼身体，不仅能够防病健体，提高工作效率，而且活动本身对经济发展也会产生积极的影响。如全民健身运动的普及，可拉动体育消费市场，带动体育产业的发展等。

（五）休闲产业可提供更多的就业机会

目前，大部分休闲产业多属资源占用少、投资见效快、劳动力吸纳多的产业。休闲产业是以劳动密集型为主导的产业，其就业门槛相对较低，人力资源结构总体向初级技能劳动者倾斜，且就业的培训成本也比较低。更重要的是，休闲产业的就业带动性强，可容纳较多的劳动力。与其他行业相比，它更有利于解决就业问题，在提供劳动就业机会方面具有优势。

随着社会经济的不断发展，在休闲产业中就业的人数占整个社会就业人数的比重不断增大。它的发展不仅有利于解决就业问题，提升服务质量，而且还增强了人们的休闲欲望，促进社会经济的良性循环。虽然作为一个纯粹的休闲产业的工作比较难以鉴定，但与休闲有关的工作在每一种产业里却不鲜见。随着休闲产业不断向广度和深度发展，它将招募更多的从业者，增加新的工作和专业种类。在将近 30 年前的 1992 年，美国休闲科学研究院的格兰代尔（Grandall）就曾指出，1990 年美国休闲产业的直接就业人数就已经占到全部就业机会的 1/4，间接就业人数甚至占到了 1/2。

曾任美国休闲研究院主席、国际休闲与娱乐协会学术指导的美国宾夕法尼亚州立大学荣誉退休教授杰弗瑞·戈比预测，未来休闲的中心地位将会进一步加强，休闲产业的从业人员将占全社会劳动力的 80%~85%，休闲服务将从标准化和集中化转向个性化，人们对休闲与健康之间的关系将倍加重视，应运而生的休闲教育将占教育事业的较大份额。所有这些将为休闲产业的发展开辟更加广阔的空间。

三、休闲产业的功能设计

休闲产业作为经济产出的显著变量和文化要素，已成为现代社会生产力的重要组成部分。随着休闲时代的到来，越来越多的国家将发展的目光投向了休闲产业。如我国春节、清明节、"五一"国际劳动节、端午节、中秋节、国庆节等节假日制度的实施，也从一个侧面显示了我国将迎来休闲时代。正确认识与把握世界范围内休闲产业的发展趋势，对于推进我国现代化的建设有着极为重要的现实意义。

（一）休闲产业的发展促使对闲暇的占有，成为人们获取社会资源和财富的重要途径与手段

从休闲的时空来看，闲暇有无和长短，与人类文明的发展进程如影随形、相伴而生。在原始社会、奴隶社会和封建社会，由于生产力水平低下，人类为了温饱和生存问题，大部分时间用于生产维持生命的物质产品。这就意味着，那时的自由劳动与非自由劳动在时间的分布状况上基本属于同一个概念。但随着工业化进程的推进，特别是在知识经济背景下，由于劳动生产率的快速提高，大大缩短了社会必要劳动时间，为闲暇的增加创造了条件，从而加快了现代经济社会的发展和人类文明的历史进程。这一趋势彻底改变了传统意义上的人为了谋生而付出几乎全部劳动的观念，从而使休闲的地位逐步提高。在后工业社会，随着闲暇的增加，温饱已不再是人们生活的主要问题，于是人们开始着眼于工作以外的休闲活动，此时经济本身出现了休闲化趋势，工作与休闲的概念有了迥异的性质和内涵。一方面，现代人把休闲看成是对闲暇时间的有效利用；另一方面，休闲又成为人类获取社会资源和财富的重要途径与手段。

从现代经济学角度来看，闲暇已经作为边际成本进入消费者的视野，这使它有了财富和利润的经济学意义。人们在休闲状态下能获得身心的愉悦和幸福感与满足感，这是一种不同于物质消费的有价格的"福利"，其消费的对应物是提供休闲产品和服务的生产者或供给者，由此产生的劳动当然是财富的构成要素。而人们在休闲过程中获得的身心愉悦和幸福感与满足感，又会转化为创造更多的社会财富的精神力量。可见，剩余劳动时间转化为可以自由支配的闲暇，不仅体现了现代生活模式逐步向具有高度文明的"普遍有闲社会"转变的历史进程，同时也反映出人类不断从繁重的体力劳动中解脱出来，从以解决生存问题为主的低级阶段转向以解决人类自身发展、自我完善为目标的高级发展阶段。

（二）休闲产业的结构将以精神要素为主导

休闲是对闲暇的自由支配或有效利用。人们在休闲之前可以做出多种选择。不同的休闲方式不仅需要不同的休闲产品或服务与之相匹配，而且更需要有为满足这种需要的休闲产业的存在。这是三次产业结构演进的一般规律，也是马斯洛需求层次理论中自我完善的高级化理念。在工业化初期，产业结构中的农业和轻纺工业的比重较大，资本有机构成低的产业在整个产业结构中占主导地位，因此，此时的产业结构比重呈现出明显的"一、二、三"的格局特征；而到了后工业社会，随着经济发展水平的提高，技术进步速度的加快，社会需求的剧增，产业结构相应就增加了附加值，以科技、信息、教育、金融、保险为内容的第三产业迅猛发展，带来了产业结构的迅速裂变，随之产业结构比重演化成"三、二、一"的格局。这时的社会需求开始瞄向追求个性和自由发展的以精神性消费为主导的层面，现代服务业和以高科技为中心的新兴产业层出不穷。其显著的特征是：精神生产所创造的产品价值占一国 GDP 比重明显加大，而且休闲产业的从业人员在未来的世界经济格局中所占的比重将达到 80%~85%。这一趋势表明，在实现工业型社会向服务型社会的转型过程中，产业结构调整的重点是由以物质生产为主的生产模式向以精神生产为主的生产模式的转换。休闲作为拉动消费需求的增长因素，在作用于供求领域的同时，会推动消费行为上升为产业行为，而产业行为的直接后果是从根本上使传统经济增长模式彻底改变。它集中体现在对第三产业内部的劳动力结构和产值结构产生巨大的提升和催化作用上。其表现主要体现为：一是休闲产业已具备拉动内需、实现总量扩张的经济能量，它的出现将为生产者创造大量获取财富的机会，为社会提供大量的就业岗位；二是休闲的增加将意味着 GDP 的增加，这就为休闲产业较为发达的地区提供了强大的发展后劲和动力源；三是有条件休闲的人将获得较高的道德境界和文化修养，从而使精神生产力的市场化、社会化和现代化的步伐加快。

（三）休闲产业的发展体现出高度的时代精神

作为工业社会的伴生物，休闲产业的崛起有其历史的必然性。后工业社会的生产和消费将不再以物质产品为主，而是以精神产品为主。这一趋势体现了以消耗自然资源和人力资源谋求效益的传统产业，正经历着向休闲产业的历史性飞跃。这就意味着，未来的社会经济结构变革将把人的全面发展和享受生活层面的问题置于核心地位。在高度发达的工业化提供的有闲、有钱的条件下，作为主体的人不仅能够以健康的心态、充实的生活、良好的适应能力和创造性的活动来满足自己的需要，而且还可以通过不断探索的精神来实现自己的意愿和理想。人的主体性的全面发展并不完全指其自身，而是依赖于社会关系，即人与外部世界、人与自身关系的丰富和发展。这是人得以全面发展的必要条件。

过去，人们一提到发展首先想到的是 GDP，基本不考虑经济增长所隐含的成本与代价。虽然人类积累了丰富的物质财富，但却忽略了社会其他目标的协调发展，造成了自然资源的浪费和生态环境的破坏，因而人们的生活水平和质量往往不能随着经济增长而得到相应提高，甚至出现两极分化和社会动荡的严重后果。然而，随着环境保护和可持续发展理念的兴起，这种产业形态已不符合绿色 GDP 和人文 GDP 发展的价值取向。任何系统中的要素均处在相互作用、相互联系之中，而不是单个要素孤立地发展。将社会经济看成一个发展的系统，追求系统的整体优化与系统内各要素功能的最大化，使人类及其创造物、资源和环境等均能达到一种整体上的相互依赖和共生的平衡状态，应该是人类社会未来经济发展的目标和科学发展观的最终目的。社会物质基础的增强，特别是闲暇的增加，为人的全面发展和文明程度的提高创造了必要的物质基础。在未来的休闲经济时代，人类将会在殷实宽裕的物质生活、健康民主的政治生活、美丽怡人的生态环境的基础上，有意识地提高具有高尚人格的精神素质和道德修养，以良好的工作态度和伦理秩序自觉维护社会系统中能够给人带来愉快的、有助于社会的工作环境和人际关系，从而达到人与自然、社会全面协调和可持续发展的和谐状态。可见，以科学发展观为主导的休闲产业，其社会实践活动的核心思想旨在让人类获得高质量的生活环境和实现自我价值的同时，绝不以消耗自然资源为代价。它体现着人类对以往只片面追求增长和发展，不顾投入与产出及总体上的得失和平衡的深刻反思。

（四）休闲产业的发展体现出多元化和人文性的特征

从人性的角度看，人的休闲需求是普遍存在的，只是需求的内容随着时代的发展、个体的差异而有所不同。从历史的角度看，人类生存的需要、发展的需要和享受的需要也大不相同。这就决定了为休闲提供的各类生产活动和服务，一方面有其历史的规律性，另一方面必将符合以人为本的个性化和多元化的需求特点。

在前工业化时期，人们被迫忙于生存物质压力的有形劳动，而休闲活动较为单一，其需求多样化受到抑制。如在早期的工业化阶段，大规模的商品消费与人口增长，以及流通、金融、房地产和保险等领域的扩张，为休闲产业的多样化提供了一定的发展空间；在工业化阶段，随着国民收入的提高，人们以往用于食物开销的花费的比例逐步减少，取而代之的是服装、住房和汽车等物质享受品的生产与消费日渐升级；在发达的工业化阶段，伴随着人类寿命的延长以及需求、品位的变化，个性化、无形化的精神享受产品和服务需求开始增长；到了现在的后工业化时期，多元化的休闲需求和服务开始纳入休闲产业的宏观视野，休闲产业在第三产业中的主导地位开始显现。由多元化引发的自由消费带来的精神享乐，由于适应了人类全部身心的精神需求而日益受到重视。

从休闲产业发展的未来趋势来看，其总量在一定的历史条件下不可能一成不变。随着科技和互联网技术的发展，休闲产业在政治、经济、文化和伦理的相互作用下，其花样和种类必将日益繁多，从而构成休闲产业多元化的又一景观。如在生活层面，有对节约型消费观的价值追求；在享受层面，有对休闲消费观的价值认同；在发展消费层面，有对文化消费观的价值遵循等。总之，对休闲产业的未来发展趋势的基本预测表明，休闲产业正在由过去有形的、单一的物质目标向现代无形的、多元的、符合经济发展理念的、人文关怀的目标转变。

第四节 | 休闲产业商机培育

一、休闲产业商机的出现

由中国、俄罗斯、马来西亚、新加坡、美国、加拿大、韩国、日本、澳大利亚等十多个国家和地区的休闲产业机构和精英在 2002 年共同发起成立的国际休闲产业协会，于 2010 年 1 月 23 日联合中国人民大学休闲经济研究中心、《中国青年报》打造的"国际休闲产业论坛 2010 年会"在北京召开。会议围绕"休闲全民化的商机与挑战"这一主题进行深度探讨和交流，旨在推动休闲产业的发展。之后，国际休闲产业协会在加大研究和普及休闲教育工作的基础上，起草并推广《休闲城市评价标准》《中国湖泊休闲标准》《休闲养生标准》《休闲服务业标准》《休闲湿地标准》《休闲地产标准》等工作的实施。同时，选择中国合适的城市和地区作为实验基地或研究基地。

国际休闲产业协会主席王军先生在致辞中指出，随着经济的发展和人民生活水平的不断提高，随着全面建成小康社会进程的加快，休闲产业即将成为中国新的经济增长点，并成为中国目前经济发展面临的新课题和拉动内需的新机遇，休闲产业将快速发展和大幅度地拉动消费。因此，树立休闲概念，明确休闲经济，培育休闲产业等是近年来中国旅游发展和人民生活中的一件大事。

国际休闲产业协会常务理事、英国著名休闲专家泰瑞先生认为，改革开放奠定的坚实基础，将有力地支撑中国休闲业的发展。泰瑞先生说："随着中产阶级的崛起，休闲产业的发展空间将越来越大，我对中国休闲产业充满信心。"

国际休闲产业协会副主席、中国人民大学休闲经济研究中心主任王琪延表示，实现休闲产业的科技创新要注重保护生态环境；在发展休闲产业的同时，应该正确发挥先进科技的力量，避免环境污染和生态破坏；科技应该成为休闲产业可持续发展的重要保证。

山东蓬达旅业董事长盖其东则表示，随着度假式、体验式家居时代的来临，休闲地产必将成为现代生活的理想模式，蓬达旅业将努力为休闲地产和度假业结合与发展提供更多的实践探索。

二、休闲产业发展的四大支撑

（一）民富导向总体发展目标的确立

居民收入的增长、社会保障的增强，都极大地提高了居民的消费能力，释放了居民的消费潜能。

（二）休闲公共服务体系的建设与完善，为休闲的供给创造了基础性的保障

原国家旅游局综合协调司司长张坚钟表示，我国休闲公共服务体系建设的任务和目标，已经在旅游、文化、体育等部门规划中有了相当的体现。随着部门工作的不断落实，休闲的公共支撑体系必将成为居民休闲优化的坚实基础。

（三）休闲主管部门工作的继续推进

行政主管机构已经明确了"休闲"在国务院工作部门的归口；同时，在"十二五"期间，中国还颁布并实施了《国民旅游休闲纲要》。

（四）国民休闲意识的不断提高

在现代思潮的影响下，国人的休闲意识已经逐渐觉醒并不断浓厚。随着大众媒体的传播，即使未能接触到这些休闲的受众，其向往和憧憬的意愿也已经使其成为休闲的潜在消费者和未来享用者。

三、休闲产业的三大制约因素

（一）意识薄弱，供给不足

作为发展中国家，我国公民的休闲意识和休闲活动才刚刚开始，休闲意识不强、观念落后，加上休闲供给不足、休闲方式单一，制约了休闲产业的健康多元发展。

（二）闲暇不足，需求受限

中华人民共和国成立 70 多年来，我国全年的假期从 59 天增加至 115 天，法定节假日从 4 个变为 7 个。但根据调研可知，由于多数企业每日工作时间长，繁忙度高，员工的睡眠普遍偏少，故实际上多数中产阶层的休闲时间并不充裕，休闲满意度并不高。更令人忧心的是，这种状况近年来不减反升。

有调查显示，中国中产人群中"近九成认为自己过劳"，80% 以上的人感觉到工作压力大，甚至有 28% 以上的人认为压力已经逼近极限。

（三）资源分布不均，需求日趋多元化

我国地大物博、幅员辽阔，城乡之间、东西之间、南北之间休闲资源分布不均，加上休闲需求的日益多元化，也成为制约休闲需求的一大因素。

研究表明，购物类休闲活动是国民日常休闲的基础选择。调研表明，城乡居民购物类休闲活动约占 40%，主要以购物、就餐、游乐和美容美发等活动为主；约 30% 会选择旅游，且近年来异地旅游占比有所上升；文化和体育健身类休闲活动大约占 20%（其中文化类休闲活动主要以看电影，参观科技馆、博物馆、艺术馆、展览馆、名人故居以及去书店、图书馆等为主）；其他占约 10%。

第五节 | 休闲产业体系模式

休闲产业不是一个孤立的系统，它不仅具有很强的产业关联性，而且还有很强的地域性。要想保证休闲产业的可持续发展，就必须正确处理企业经营、生产管理、区域开发三者之间的关系，并融入整个区域的可持续发展体系之中。实际上，任何一种产业的发展都不是某一孤立的行为主体所能完成的，其都可以看作是区域内外的各种行为或因素之间相互联系、相互作用的结果，休闲产业也不例外。这些活动主要依靠局域网络来联接，它包含两层含义：一是核心部分的行为主体与区域内部核心部分之

外的行为主体发生联系；二是核心部分的行为主体与区域外部的行为主体发生联系。可见，它是一个开放的系统，不但在区域内部开放，而且在区域外部也开放。

一、休闲产业体系

休闲产业体系是指为满足人们休闲的需要而组织起来的产业体系，即与人们的休闲生活、休闲行为、休闲需求密切相关的产业体系。它主要代表以旅游业、娱乐业、服务业为龙头形成的经济形态和产业系统，目前已成为我国经济发展的重要支柱产业。

休闲产业体系一般涉及国家公园、博物馆、体育、影视、交通、旅行社、导游、纪念品、餐饮业、社区服务以及由此连带的产业群。它不仅包含物质产品的生产，而且也为人的精神文化生活的追求提供保障。由于人们有各种各样的休闲方式，故其产业体系也包罗万象，但主要由市场系统、出行系统、休闲场所系统、支持系统等四个子系统构成。

（一）市场系统

市场系统是指由休闲主体（休闲者）和休闲客体（休闲活动产品）共同构成的子系统，主要为营销决策者收集、挑选、分析、评估和分配其所需要的、及时的和准确的信息服务。

（二）出行系统

出行系统是指为保证或促使休闲者离家前往目的地的机制性因素所构成的子系统（包括交通设施、休闲咨询、休闲预定、休闲服务、休闲宣传、休闲营销等）。其核心是通过电子出行指南来收集各种公共交通设施的静态和动态服务信息，并向出行者提供当前的公共交通和道路状况等，以帮助出行者选择出行方式、出行时间和出行路线等。

（三）休闲场所系统

休闲场所系统是指为已经到达休闲目的地的休闲者提供游览、娱乐、食宿、享受、体验、购物或某些特种服务等需求的多种因素（如休闲吸引物、休闲设施和休闲服务等）组成的综合体。它属于休闲供给系统，包括自我供给、公共供给和商业（营利型）供给三种类型。随着社会经济的快速发展和人们生活水平的不断提高，人们对休闲供给的需求变得越来越大，特别是对营利型的休闲供给，因为营利型的供给往往紧跟潮流，能很好地迎合消费者的偏好。此外，营利型休闲供给也注重市场细分，在产品设计上重视个性化，因此已经有越来越多营利型休闲场所如雨后春笋般涌现。

（四）支持系统

支持系统是指依附于其他三个子系统，并对三个子系统分别或同时发挥重要作用的综合系统，也包括决策支持系统和社会支持系统等。当然，休闲产业的发展，政府处于特别重要的地位，教育机构也担负着重要职责。

从休闲产业的链条来看，它是一个庞大的休闲承载系统，其所承载的主体部门不只是满足休闲者普通的吃、住等需求的酒店、餐馆，还包括娱乐、休闲、运动、购物等诸多产业部门。而休闲者包括入境、外地和本地休闲者等。

二、休闲产业体系发展

休闲产业的发展要针对休闲客源的规模和特点来规划。在工业文明之前，劳动和休闲之间并没有明确的界限，人们总是在工作中寻求娱乐，在娱乐中工作。当工业革命发生后，人们才把休闲作为一种经济需求提出来，并渐渐地将休闲产业化。工业化和组织化使得工作与休闲活动更加分化，由此就使得休闲作为一个产业不断地从经济生活中凸显出来。随着工业化进程的不断深入，世界各国的休闲产业大多从具体行业向专业化和产业集群的方向发展，并呈现出各国自己的休闲产业特色和优势。随着社会经济的不断发展，休闲产业在社会经济中的强势作用不断呈现，特别在发达国家。目前，美国、法国、西班牙、意大利等西方国家的休闲产业，不但占据其国际经济和国内经济的重要地位，而且已经形成一批具有国际优势的休闲产业体系。在与休闲经济密切相关的"吃、住、行、游、购、娱、体、健、学……"等的消费中，世界各个休闲强国都有一批国际一流的生产企业和服务企业为保障，以提供足够数量和质量的产品或服务。我国虽然还属于发展中国家，但凭借我国目前的发展势头和巨大的人口优势，完全有条件赶超世界休闲大国，特别是在一些新兴的休闲项目上，我国具有得天独厚的资源优势。

总之，休闲产业所涉及的领域十分宽泛，旅游、购物、娱乐、餐饮、文化、健身等无所不包。休闲产业对一个地方经济发展的助推作用是非常深远的，如果休闲产业能够得到更快的发展，无论对城市就业还是财税收入都将贡献巨大。此外，休闲产业的发展对市民的消费观念、消费方式的转变也会起巨大的作用。

三、休闲产业体系模式

休闲产业并非新兴产业，而是在近代工业革命后就出现于欧美发达国家，20世纪 80 年代之后迅猛发展，已经成为发达国家产业体系中的支柱。而我国则在进入 21 世纪以后，特别是 2020 年步入全面小康社会之后，其重要性才更加显现。休闲产业不是某个具体的、单一的产业，而是综合性极强的复合产业，它包括休闲主体产业和休闲延伸产业。休闲主体产业具体包括休闲旅游产业、文化休闲业和体育休闲业等；休闲延伸产业具体包括休闲农业、休闲商业、休闲工业等。当然，休闲旅游和休闲农业彼此交叉，形成了观光农业；休闲旅游与休闲商业彼此交叉，形成城市观光、休闲购物；休闲旅游与休闲工业相结合形成了以求知、购物、观光等为一体的工业旅游产品。

（一）休闲农业

休闲农业是利用农业景观资源和农业生产条件，发展观光、休闲、旅游的一种新型农业生产经营形态。它是深度开发农业资源潜力，调整农业结构，改善农业环境，增加农民收入的新途径。在综合性的休闲农业区，游客不仅可观光、采摘、体验农作、了解农民生活、享受乡土情趣，而且可住宿、度假、养生等。

休闲农业是个大系统，它包括观光农业——田园风光与民俗观光、农业新村观光、古村落开发、改造自然的绝景或胜景、高科技农业观光园等。如观采林业，可通过设计、改造等，做到春天是花，夏天是树，秋天是叶……或将花卉栽成大片的几何图案，真花像假花，假花像真花；体验牧业，借助人和动物的感情，让人领养家畜，牛、羊、马、鸡、犬等均可，还可骑牛背、挤羊奶等；消遣渔业，可设计池塘垂钓、水库捕鱼、沙滩寻宝、江上渔夫、夜摊烤鱼等。发展休闲农业必然会带来农业产业形态的更新，随之带来服务形态的更新，当然也带来农业经济新的增长点。

（二）休闲商业

休闲商业是指在一定商圈范围内形成的满足国内外旅游者在城市旅游过程中及当地居民在闲暇休闲消费需求的各类商业的集合。它不是单纯以购物为主要目的的商业业态，是以追求精神享受为主要目的，而不是以购买商品为主要目的的消费群体。其发展是由最初的纯商业点到最终的综合了普通商业或购物中心的一种多元化、复合型的商业形态，最后形成一个集购物、休闲、娱乐、饮食、观光、度假、健康、商务、金融、文化等于一体的超大型购物中心。

"商业特色街"，作为城市商业的缩影和精华，作为一种多功能、多业种、多业态的商业集合体，已经成为越来越多市民休闲的好去处，并越来越受到外地游客的青睐，这样也必然会带动地方相关产业和经济的稳定增长。如位于杭州吴山脚下的河坊街，是目前最能够体现杭州历史文化风貌的古街之一，是典型的集文化、休闲商业为一体的特色商业街。河坊街曾是古都杭州的"皇城根儿"，更是南宋的文化中心和经贸中心，洋溢着浓郁的汉文化气息。经过规划和开发，通过招商和选择，引进了不少的商铺。有汉方文化的，如胡庆余堂、方回春堂、保和堂、叶种德堂等；有茶文化的，如太极茶楼、大和茶道馆、翁隆盛茶等；有古董书画的，如荣宝斋、雅风堂、华宝斋等；有民族工艺的，如欧冶刀剑、喜得宝、王星记扇、龙泉青瓷、吴越人家、张小泉等。在这里，处处体现出现代市民工作之余的悠闲与对历史文化的难以割舍的情感。

此外，打造以休闲为城市特色的名片或品牌形象，是休闲商业的又一种重要模式。如杭州有"休闲之都""爱情之都"之称，成都有"中国休闲之都""最佳旅游城市"之称，天津有"北方休闲之都"，开封有"中原地区休闲之都"，包头有"草原休闲之都"，银川有"西部休闲之都"，广东省江门市的新会区有"珠三角休闲之都"的称谓等。要想打造休闲之都，就要建设"城市休闲体系"，而商业休闲就是其中的重要组成部分。要建设商业休闲体系，首先要以市民日常休闲为基础，即首先满足本地人的休闲，其次以外来人为主导，即满足外地人和外国人的休闲需求并形成文化的主导性。

（三）休闲工业

休闲工业，即工业旅游，是指以现有的工厂、企业、公司及在建工程等工业场所作为旅游客体的一种专项旅游。它通过让游客了解工业生产过程，获取科学知识，提供集求知、购物、观光等为一体的旅游产品，同时为工业企业带来一定的社会、经济、文化效益。它是伴随着人们对旅游资源理解的拓展而产生的一种旅游新概念和旅游新产品，它在发达国家由来已久，特别是一些大企业，利用自己的品牌效益吸引游客，同时也使自己的产品家喻户晓。进入 21 世纪以来，我国也已经有越来越多的现代化企业开始注重工业旅游。近年来，我国著名工业企业如青岛海尔、上海宝钢、广东美的、佛山海天等企业也相继向游客开放，并受到游客的青睐。

目前，工业旅游主要在具有一定知名度的名牌企业中开展，旅游内容主要集中在参观企业标志性建筑、企业特有的人文景观以及厂区美化绿化建设；了解企业生产制造过程，以增长知识，拓宽旅游者视野；学习企业先进的管理经验，感受独特企业文化；了解该企业或该行业的发展历史，以便全面了解企业或行业发展全貌等。

第六章

休闲产业典型案例分析

第一节 | 休闲农业典型案例

　　农业兴则百业兴，农民富则社会富。人类向往自然，农业拥有最多的自然资源，所以农业不仅能为人类提供赖以自下而上的食物，还是提供休闲体验最适当的旅游资源。农业不仅具有生产性功能，还具有改善生态环境质量，为人们提供观光、休闲、度假的生活性功能。因此，生产、生态、生活成为休闲农业发展的基本思路和实践准则，传统农业也正一改以往的掠夺式生产模式，逐渐向农旅结合、以农促旅、以旅强农的休闲农业与乡村旅游方向转型，日益成为农村二、三产业的重要组成部分，成为统筹城乡发展的有效途径。

　　休闲农业是根植于农业、农村、农民并服务于城乡居民的产业。欧美等国家已发展农业旅游100多年，我国也已经发展了20多年。目前，我国休闲农业和乡村旅游步入良好的发展机遇期，并已逐步形成省、地、县、乡多层次共同推进的格局。随着休闲农业的快速发展，休闲农业规划设计与开发越来越受到产、学、研等各方面的关注。

一、国外休闲农业典型案例

　　休闲农业作为一项新的休闲产业，已成为世界潮流。休闲农业在欧洲以"乡村旅游"的形式出现，可追溯到19世纪中叶。早在1865年，意大利就成立了"农业旅游全国协会"专门介绍城市居民到农村去体味农田野趣。

　　20世纪中后期，则出现了具有观光、餐饮、住宿、购物等多种功能的观光农园。近年来，国外休闲农业向深层次发展，旅游者不仅"看"而且"干"，由过去欣赏结果，变为参与过程。多数发达国家将休闲农业作为发展农村经济、平衡城乡水平的重要手段之一而进行大力扶持。现在，发达国家的休闲农业已经形成了较为完善的发展理论和发展模式。

（一）韩国——周末农场型

韩国发展休闲农业的经典形式为"周末农场"和"观光农园"，以江原道旌善郡大酱村为例，大酱村首先抓住游客的好奇心，出奇制胜地由和尚与大提琴家共同经营，利用当地原生态原材料，采用韩国传统手艺制作养生食品——大酱，既符合现代人的养生理念和需求，又可以让游客亲临原生态状态下的大酱村，同时还可以节约成本，并传承地方民俗文化。此外，休闲农业的经营者还特别准备了以三千个大酱缸为背景的大提琴演奏会、绿茶冥思体验、赤脚漫步树林、美味健康的大酱拌饭等，以增强游客的体验感，充分体现了乡村旅游的就地性、地域特色及浓郁的地方文化，迎合了游客修身养性的市场需求，从而吸引了大量的游客。

其中值得借鉴的地方就是以"奇"为突破口，即和尚与大提琴家共同经营体现了其独特的创意，配合三千个大酱缸为背景的大提琴演奏会，满足了游客猎奇的心理，同时也将韩国的泡菜、大酱拌饭的文化展现出来，成为颇具韩国乡土气息的乡村旅游品牌。

（二）日本——生态交流型

相对于欧美，休闲农业起步较晚的亚洲发展速度却很快。以体验农村生活为主题的网络、电视、杂志和报纸等在当今城市居民对农业、农村、农民高度关注的背景下人气非常旺盛，因此生态交流型的乡村旅游在亚洲也颇受欢迎。如日本的大王山葵农场（又称大王芥末农场，芥末亦称山葵），位于日本本州岛中部长野县的安昙野市。总面积 15 公顷（225 亩），以种植山葵（芥末）为主，每年可收获 150 吨的山葵（俗称绿芥末或辣根）。该农场创立于 1917 年，距今已有 100 多年，不仅是日本最大规模的山葵园，也是安昙野市最知名的农业观光景点，每年吸引游客 150 万以上。通过打造农业特色活动、山葵特色美食、乡村旅游等来吸引游客。该农场还以日本著名的电影导演、编剧、制片人黑泽明主导的电影《梦》的拍摄地而闻名全日本。

实践证明，这种以农场为依托，以媒体传播为宣传手段，通过影视作品来促进休闲农业和乡村旅游品牌的方式不失为一种重要的促销手段。

（三）欧洲——乡野农庄型

欧洲国家最早发展休闲农业，并形成多元化的乡村旅游形态，其中尤以"民宿农庄""度假农庄"最为典型。这种形态的旅游或以度假为主的民宿农庄、露营农场，或以美食品尝为主的农场饭店，还依托或通过开展欧洲人喜欢的骑马、教学、采摘及狩猎等方式发展起来的乡野农庄。如在法国、奥地利、英国等的农村，将旅游住宿附加上球场、赛马场、钓鱼场、园林等设施，迎合了广大休闲旅游者的需求。

其可借鉴之处就在于增加休闲农业的参与性，即由赛马、高尔夫球、钓鱼、采摘等实际参与性活动的催生而形成。可见，对于休闲农业的发展，参与性是其重要的抓手。民俗、露营、美食等地方特色化元素也是乡村旅游发展的重要内容。

（四）法国的普罗旺斯

位于法国东南部、濒临地中海的普罗旺斯，不仅是大家公认的法国国内最美丽的乡村度假胜地，更是吸引来自世界各地度假客的旅游目的地。其特色植物——薰衣草已成为普罗旺斯的代名词，其充足灿烂的阳光最适合薰衣草的成长，不仅可以让游客欣赏花海，还带动了系列品种薰衣草产品的销售。在普罗旺斯，除了游览，其特色美食——橄榄油、葡萄酒、松露也享誉世界。还有持续不断的旅游节庆活动，营造出了浓厚的节日氛围和艺术氛围，不断吸引来自全球的度假游客，成为全球乡村休闲旅游的典范。

（五）澳大利亚的葡萄酒庄园

澳大利亚乡村葡萄酒庄园已成为澳大利亚本地及世界旅游市场的热门度假产品之一。其中最具特色和品牌效应的当数其葡萄酒酿造业。澳大利亚的葡萄酒蜚声海内外，以口感好、甜味适中、价格实惠著称。游客不仅因葡萄酒而来，也因其壮丽的葡萄种植园和庄园城堡型的特色景观而来。葡萄酒庄园还围绕葡萄酒酿造开展了丰富多彩的系列旅游活动，如葡萄采摘、葡萄酒品尝、葡萄酒酿制生产流程参观、酒艺培训、葡萄酒知识学习等，从而完美地结合了乡村产业与乡村旅游，体现了乡村特色，满足了游客的需求。

二、国内休闲农业典型案例

我国是一个历史悠久的农业大国，农业地域辽阔，自然景观优美，农业经营类型多样，农业文化丰富，乡村民俗风情浓厚多彩，在我国发展休闲农业具有优越的条件、巨大的潜力和广阔的前景。因此，进入 21 世纪以来，我国的休闲农业发展快速，并出现了百花齐放、百舸争流的新局面。

（一）江苏的华西村

华西村，地处江苏省无锡市江阴市华士镇西部，号称"天下第一村"，总面积

35 平方千米。1978 年，华西村（景区）正式对外开放。2004 年，华西村被评为首批"全国农业旅游示范点"；2019 年，华西村入选首批"江苏省乡村旅游重点村"；2020 年，华西村入选第二批"全国乡村旅游重点村"，是我国"社会主义新农村建设"的典范。

目前，华西村（景区）由华西都市农业示范园、华西幸福园、信仰大观园、钟王、牛王、鼓王、华西邮博物馆、金塔、华西民族宫、游龙船、空中花鸟园等 80 余个主要景点组成，其推出的"农家乐趣游""田园风光游""休闲生态游"等旅游产品满足了都市人们体验农家生活、追求休闲、度假的需求，同时开辟了农家乐特色游，如住传统农舍、烧传统锅灶、用传统厨具、自己钓活鱼、自己摘蔬菜、自饮自娱等，让城市游客不仅尝到鲜美地道的农家菜，也感受到农村和农家生活的新鲜和乐趣，丰富了休闲农业发展的内容，也为华西的村民提供了一个有效的致富之道。

（二）成都的"五朵金花"

成都的"五朵金花"是指以"花香农居""幸福梅林""江家菜地""东篱菊园"、"荷塘月色"命名的观光休闲农业区，是国家 4A 级旅游景区。景区是四川省成都市锦江区三圣乡的红砂、幸福、万福、驸马、江家堰、大安桥等 6 个行政村建设而成，占地 12 平方千米。现已成为国内外享誉盛名的休闲农业旅游度假区，胡锦涛、温家宝等第四代中央领导曾亲临视察。

2003 年，成都市在三圣乡举办"中国成都首届花博会"之际，集中财力，借势造势，将花博会周边的五个村庄在原来经营花卉的基础上，由政府统一规划，因地制宜，错位发展，在 12 平方千米的土地上，分别打造了花香农居、幸福梅林、江家菜地、东篱菊园、荷塘月色等不同特色的旅游村，人称"五朵金花"。

1. 花香农居

"花香农居"位于成都市锦江区三圣乡的红砂村，其种花历史悠久，村民世代以种花为生。目前已形成 3000 余亩的花卉种植规模，是西南地区最早发展花卉产业的地区之一，拥有科技示范区、苗木种植区、精品盆花区、鲜切花展示区、川派盆景区、彩色植物区等六大花卉生产、观光片区和形形色色、林林总总百余家休闲娱乐场所。它们相互依托，各具特色，现已成为成都近郊著名的休闲度假胜地。

2. 幸福梅林

"幸福梅林"位于成都市锦江区三圣乡成龙路西段、石胜路南。为了纪念一位传说中的少女，村民在村中栽满了梅花树。因为梅花是健康幸福的象征，此后这个村子就被命名为幸福村。"幸福梅林"因此而得名。

3. 江家菜地

"江家菜地"位于成都市锦江区三圣乡的江家堰村，它是城市蔬菜种植基地，当地的村民长期从事蔬菜种植，经验非常丰富，"江家绿色蔬菜"品牌在成都及周边知名度极高，在成都的许多超市中都有专柜。"江家菜地"景区面积达 3000 余亩，以时令蔬菜、水果种植为主，依托江家绿色蔬菜品牌，以"休闲、劳作、收获"为主要的旅游形式，通过都市人与菜地农户代种结对，实现村民增收致富。游客在农户的指导下，可以自己耕作播种，体验种植和收获的喜悦，体验吃农家饭、干农家活、住农家屋的田园生活，享受乡村生活的惬意与悠闲、辛勤与汗水、收获与喜悦。

4. 东篱菊园

"东篱菊园"位于成都市锦江区三圣乡的驸马村，紧邻幸福梅林、江家菜地与荷塘月色，从成龙路到东篱菊园的路程仅 1000 米，交通十分便利。原住居民在房前屋后栽种四季菊花，面积超过 1000 亩，加上丰富的生态水系景观、散落的民居古院、曲径通幽的村道等，形成了"采菊东篱下，悠然见南山"的意境。此外，通过深度挖掘民俗工艺品资源，将民房改造成院落式工坊，引入剪纸、漆器、蜡染等具有地方和民族特色的国家非物质文化民俗工艺品和工匠的现场制作、展示和经营，构建了"幸福里工坊艺术"收藏区，展示了川西传统木雕艺术品的魅力和浓郁的文化休闲氛围。

5. 荷塘月色

"荷塘月色"位于成都市锦江区三圣乡绕城高速公路外侧 500 米外的万福村。景区内拥有非常好的生态植被，非常适合旅游、居住。其种植的荷花以"睡莲""晚莲"等观赏性荷花为主，形成大面积的生态荷塘景观。景区内一切都自然随意，充满诗情，散发着浪漫的、迷人的艺术气息，像烛光下的一杯芳醇的鸡尾酒，是旅游、度假、休闲的胜地。此外，其餐饮、娱乐设施配套完善，有羽毛球、乒乓球等娱乐场所，园内一年四季景色各异，一年四季都推出特色菜品，当你参观完荷塘美景来到雅园，你将享受到清澈的河水、天然的树林、浪漫的景色等，会给你带来别样的感受。

乡村旅游发展的瓶颈之一就是力量单薄，无论是资金、基础设施还是所依托的景区资源，而成都的"五朵金花"景区，靠的就是将六个村子、五个产业联合起来，以花卉产业为载体，发挥区域合作优势，利用主题产业载体，突出"集群"优势，从而成为乡村旅游的典范。

（三）浙江的碧云花园十里水乡

碧云花园十里水乡景区位于浙江省嘉兴市嘉善县大云镇的缪家村。碧云花园通过农业生产和观光休闲的有机结合，相互促进，并驾齐驱，逐步形成了"碧水云天的生态农庄，鸟语花香的休闲之所"。碧云花园充分利用了地处长三角中心地位的区位优势，从单一的生产用途向多功能、多产业发展，融合了生产、生态、休闲、科普、研究等多种功能，大大拓宽了休闲农业的形式，提升了休闲农业的价值。

碧云花园是一家以花卉、水果、种子种苗等农业优势产业和休闲观光为重点的高科技农业园区，引进了香水百合、观赏凤梨、大花蕙兰等高档花卉、苗木，建立了全国最大的东鹃品种资源圃——嘉善杜鹃，在东鹃的杂交育种研究和培育方面处于全国领先地位。目前已开展观光农业、采摘、垂钓、拓展、烧烤、溜索、花草、水上步行球、游船等休闲项目，以体验风味农家菜、有机果蔬为特色；配置豪华客房、会议室、棋牌室、篮球场、网球场等设施，供游客休闲度假。其可借鉴之处在于让休闲农业真正休闲化。在观光旅游逐渐向休闲产业转换的过程中，嘉善县的休闲农业将观光业和休闲业很好地结合了起来，为我国乡村旅游的与时俱进开辟了一条道路。2011 年 3 月，嘉善县获得农业部和国家旅游局联合授予的首批"全国休闲农业与乡村旅游示范县"称号。

（四）贵州白泥坝区现代农业园区

贵州白泥坝区现代农业园地处贵州省遵义市余庆县白泥镇，位于黔北南陲，系遵义、铜仁、黔东南、黔南四地州（市）的接合部。北与湄潭，东与石阡、凤冈，南与黄平、施秉，西与瓮安接壤。北部、中部为乌江河谷阶地，县城所在的白泥盆地，是贵州省著名的万亩大坝之一。坝区现代农业园区紧靠余庆县城，白泥万亩大坝是贵州省 19 个万亩大坝和全国 100 个万亩大坝之一，也是余庆县粮食主产区，具有良好的区位优势。

坝区现代农业及观光旅游园区占地 6000 余亩，打造了国内领先的，具有鲜明地方特色、浓郁农情农味、深厚文化底蕴，集科技示范、物种展示、科普教育、农耕文化于一体的现代农业及观光旅游园区，可满足游客尽享农家乐趣的愿望。

水资源是开展休闲农业不可或缺的资源之一，流动的水能有效带活乡村旅游，让乡村充满活力；亲水性的旅游项目，更容易让游客体验最为原始的乡村生活场景。该园区的设计充分依托余庆县自身的山、水景观特色，充分挖掘和提炼其中的自然环境要素，通过有机的设计和规划，使游客在园区内可充分感受山、水，突出山、城、水、绿交融的生态格局，从而成为我国西部地区少有的休闲农业的网红打卡地。

（五）昆山星期九休闲生态农庄

昆山星期九休闲生态农庄位于江苏省苏州市代管县级市昆山市的巴城镇迎宾西路，毗邻阳澄湖，占地700余亩，农庄主要由几大岛屿组成，设有果园区、动物观赏区、水果大棚区、蔬菜区、花艺区、育苗区、烧烤垂钓区、咖啡棋牌娱乐区等九大区块。以特种水产畜禽养殖以及果蔬、花卉种植为特色，以田园风光为基调，以生态农业为主导，兼有休闲度假、运动健身、观赏娱乐为一体的综合性旅游区，是昆山旅游指定景点之一。园内1000多种奇花异草、果树和随处可见的动物融为一体，成为一个花的世界、动物的天堂、水果的王国。

目前，农庄除开发了水乡摇橹、碰碰船水雷战、跑马、与动物亲密接触、采珍珠、垂钓、烧烤、棋牌桌球娱乐、咖啡餐饮等休闲娱乐项目外，其特有的农事体验——水果采摘，全部采用有机栽培，部分套袋处理等，是不含农药和激素的绿色健康食品。现已按季节变化推出了不少的特色果蔬。如1-6月，主推草莓、番茄、桑葚、南瓜、水蜜桃等；7-12月，主推梨、葡萄、木瓜、网纹甜瓜、火龙果、柑橘、柿子等。此外，农庄还建有大型会展中心，占地3000平方米，可容纳700多人的会议大厅和多功能会议室，可举办大型商务会议，为各方合作与交流提供平台。特色生态餐厅，占地7000多平方米，是苏州地区目前已经建成并运营的最大的生态餐厅，里面设有50余间包厢，还设会务中心、宴会厅，可供举办各类活动，可接纳约800人同时用餐。生态养生馆，采用农庄健康的无污染有机食材，调配健康的营养超值套餐。另外还有绿精灵花园，它是一个以无土栽培为主题的现代化的农科大棚，建筑面积为2246平方米，常年种植了300多种奇花异草。其是真正的集休闲、观光、旅游为一体的现代化生态农庄，早在2007年就已经获得"全国农业旅游示范点"称号。

第二节 | 休闲工业典型案例

工业旅游是指运用工业本身独特的机能，如制造过程、产品特色、发展历史、企业文化等作为旅游元素与吸引力的活动。它是伴随着人们对旅游资源理解的拓展而产生的一种旅游新概念和产品新形式。工业旅游在发达国家由来已久，特别是一些大企业，利用自己的品牌效益吸引游客，同时也使自己的产品家喻户晓。在我国，有越来越多的现代化企业开始注重工业旅游。近年来，我国著名工业企业如青岛海尔、上海宝钢、广东美的、佛山海天等相继向游人开放，许多项目获得了政府的高度重视。

工业旅游是工业发展鼎盛时期的产物，可分为工业遗址旅游和工厂参观旅游。在地域、行业、产品类别等存在巨大差异的同时，工业旅游却可以视野开阔地、零距离地把企业的生产场景、产品加工过程、管理经验、企业文化、员工生活等情境和内容以奇异新颖的方式向游客展示，往往受到游客的青睐。

一、国外工业旅游典型案例

（一）德国鲁尔区：从产业集聚区蜕变的高雅文化

鲁尔区位于德国中西部，地处欧洲的十字路口，又在欧洲经济最发达的区域内，邻近法国、荷兰、比利时、丹麦、瑞典等国的工业区。它是德国也是世界最重要的工业区之一，位于德国西部、莱茵河下游支流鲁尔河与利珀河之间的地区，在北莱茵—威斯特法伦州境内。

1. 鲁尔工业区的历史演变

鲁尔工业区形成于19世纪中叶，被称为"德国工业的心脏"，煤炭和钢铁是鲁尔工业区的两大支柱，在当时它"支撑"了德国发动两次世界大战的物质基础，同时在战后鲁尔工业区对西德经济的恢复和腾飞也起到了巨大的作用。但20世纪50年代以后，由于全球能源配置比例的调整和鲁尔工业区产业结构的单一，其经济发展过程经历了由资源开发到资源枯竭、由钢铁振兴到企业没落的经济阵痛。从20世纪60年代末，德国政府对鲁尔工业区进行综合整治，即对传统的老矿区进行清理整顿，对生产成本高、机械化水平低、生产效率差的煤矿企业进行关、停、并、转，并植入文化和旅游元素，开发工业旅游。通过清理改造和产业结构调整，鲁尔工业区经济迅速走出了低谷，从以煤炭和钢铁工业为中心的资源型生产基地，转变为以煤炭和钢铁生产为基础，以电子计算机和信息产业技术为龙头，多种行业协调发展的新型经济区，产业结构调整取得了明显的成果。

2. 鲁尔工业区的华丽转型

如今，鲁尔工业区已经由一座工业遗产园区改造成为文化旅游和工业旅游园区，它是工业旅游和文化旅游的杰出榜样，原来的工业煤矿区已经演变成为几十个文化小镇、钢琴音乐节、歌剧院、音乐厅以及美术馆等，游客可在此随意欣赏戏剧、音乐、表演、绘画等，充分感受鲁尔文化的气息，听一听音乐厅的音乐或欣赏美术馆某位大师的油画等。现在，鲁尔工业区每年吸引着至少100万人次的游客，是人类老工业区变腐朽为神奇的典范。它的成功转变基于鲁尔工业区本身的历史状况和文化元素的融入，再辅以政府的创新性开发和引导。德国鲁尔工业区向工业旅游的华丽转变，有着太多可借鉴之处。

（二）荷兰风车小镇：老工艺的第二春

赞丹镇，荷兰阿姆斯特丹西北部的河港，东南距阿姆斯特丹13千米，是一个与阿姆斯特丹仅有一河之隔的风车小镇，却散发着与大城市不同的独特魅力。赞丹小镇曾经在荷兰历史的黄金时代，以数以千计的风车为当地造纸工业和加工北欧木材提供了原动力。而如今，古老的风车，积木般的建筑，标志性的木鞋……走进这座被绿色围绕的小镇，仿佛从现实走进了童话世界。这座工业小镇现在已成功晋升为工业旅游小镇，吸引着全球无数游客慕名而来。赞丹小镇的成功转型，一方面依托荷兰风车和传统手工业文化，另一方面是小镇的标志性建筑风格的影响和配套休闲设施的支撑。

1. 荷兰风车博物馆

有着"荷兰风车博物馆"之称的桑斯安斯风车村，建于1574年，是一座秀美的古老村庄，同时亦是荷兰风车的露天博物馆，目前是荷兰著名的旅游目的地。1961—1974年，许多原赞丹镇的老建筑被搬运到桑斯安斯进行重建，原有的工厂重开，其后许多新的建筑也相继出现。

荷兰是一个海拔很低的国家，1/4的国土在海平面以下，为了保证地面干燥，几百年前荷兰人就发明了风车，利用风车抽水排涝，方便又节省能源。除了排水，荷兰人还把风车的动力广泛应用于工业生产，如用于锯木厂、榨油厂、造纸厂和磨坊等。如今新式风车不但功能更强，而且成了一种景观，吸引着世界各地无数旅游者前来参观。

2. 木鞋制作

荷兰人穿木鞋的原因很简单，因为地势低洼，穿木鞋可以起到防潮兼保暖的作用。在桑斯安斯村的木鞋作坊内，还设有专人为游客展示传统木鞋的加工流程，讲解木鞋的历史和用途，并现场制作。根据游客的不同需求，现在的木鞋还分为园艺型、新婚型、滑雪马靴型等。除了风车，木鞋也成了荷兰的象征之一。油漆得十分漂亮的木鞋，还是一种旅游纪念品，不少游客会顺手买下留作纪念。

3. 桑斯安斯博物馆

桑斯安斯博物馆于 1998 年建成，保存了桑斯安斯河畔的众多历史文化。博物馆在 2009 年扩建后还增加了 Verkade（韦尔卡德巧克力和各式甜点的制作）体验馆，设有桶匠作坊、Jisper（吉斯珀村，建于 1860 年的老屋）之家和织工之家三个参观点，用声、光、电系统生动地展示世界上最早工业区桑斯镇的风车排水和工业操作流程。

4. 特色木结构民居

沿着桑斯安斯村的河边小路前行，便可以看见一栋栋极具荷兰小镇风貌特色的民居傍河而立。小屋是木质结构，绿色和灰黑色的墙体配上橙红色或灰色的屋顶，外加高高耸立的烟囱，把荷兰传统的田园风光在大片的绿色草坪底板上勾勒出来。

总之，风车小镇之美在于它的建筑，其明快的色彩、简洁的线条、卡通的形象……来到这里的游客无不为此惊叹：简直美得不像话！

（三）法国格拉斯：香气袭人的小城

格拉斯位于法国东南部普罗旺斯—阿尔卑斯—蓝色海岸大区滨海阿尔卑斯省，是一座距离戛纳 19 千米、位于海拔 325 米的高地中的小城，因小说《香水》而得名。这座城市与香水的渊源要追溯到 17 世纪。当时，这里的皮革产业十分兴盛，人们为了去掉皮革上的异味，便开始制作各种香水。恰好这里的自然环境特别适合蔷薇、茉莉等香水原材料的种植或栽培，于是香水产业很快就在这里兴起。直到今天，格拉斯仍然是世界香水产业的中心。从城郊的香水原料生产作坊，到城市中心的花宫娜香水厂和香水博物馆，随处都可以发现与香水有关的景点。来到这里，游客还可以打造专属自己的香水。

1. 世界香水之都及其由来

自欧洲香水工艺进入鼎盛时期，热爱时尚的法国人便对香水情有独钟。路易十四曾被称为"香水的皇帝"，那时法国贵族们的官邸往往香气四溢，被称作"香水之宫"，甚至巴黎也成了"香水之都"。到了 19 世纪 40 年代，当合成香料诞生在格拉斯的时候，格拉斯已经赢得了"世界香水之都"的称号，成为法国香水的摇篮。虽然人类使用香水已经有3000多年的历史，但工业化时间并不长。1730年，法国第一家香精香料生产公司诞生于格拉斯。从此，香水业逐渐在格拉斯落地生根，成为法国香水的重要产地和原料供应地。

2. 花的海洋

为了支持日益发展的香水业，满足日益增加的原料需求，法国南部城市开始大量种植花卉，格拉斯就是其中之一。充足的阳光，丰富的水源，发达的种植业和得天独厚的自然环境，加上工业革命后生产技术的提高，格拉斯的香水制造业发展十分迅速，新产品也层出不穷。格拉斯漫山遍野都种着美丽的花卉，四季如春，香气袭人，成了花的海洋。每年在该地区采集的鲜花有700万千克之多，每年还举行两场与花有关的节日庆典活动。其中玫瑰花节在5月举行，茉莉花节在8月举行。

3. 香水旅游

工业旅游能融合环境美、自然美、视觉美、气味美、故事美、过程美、人员美和品位美于一身，且集观光与购物于一体，为人们带来美妙而愉悦的享受。而现代工业旅游恰恰起源于20世纪50年代的法国，其中格拉斯功不可没。当地多家香水工厂都可供人自由参观，并提供热情接待、讲解和各语种的免费导游，游客还可以进入香味工作室去配制自己创制的香水，给人带来新鲜有趣的知识，从而大受广大游客的欢迎。

好的工业旅游都具有浓郁的文化色彩。格拉斯是女人的天堂，到处可见"格拉斯文化"。如每一位女人都有属于自己的花香；梦想和花瓣合成的香水是女人的艺术……各家香水店都有几十种香水试纸，青苹果、玫瑰、薰衣草和柑橘等众多香型，应有尽有，供游客选购。香水工厂还可根据个人爱好，现场配制本人心仪的香水。此外，格拉斯还有国际香水博物馆及附属花园。有兴趣的游客可随免费车到郊外车间参观整个香水的生产流水线，也可到田间地头、山坡花海里观看采集花卉的过程。

二、国内工业旅游典型案例

（一）上海宝钢："钢铁是怎样炼成的"

上海宝钢集团有限公司（以下简称宝钢）是"中国改革开放的产物"。1978年12月23日，十一届三中全会闭幕的第二天，在中国上海宝山区长江之畔打下了第一根桩。经过40多年的发展，宝钢已成为中国现代化程度最高、最具竞争力的钢铁联合企业。

1. 宝钢发展概况

宝钢是中华人民共和国成立以来已建成的规模最大、现代化程度最高的大型钢铁联合企业。一、二期工程分别于 1985 年和 1991 年建成投产，2001 年的三期工程形成了年产 1100 万吨钢铁的生产能力，其技术装备继续保持世界一流水平。1997 年宝钢综合实力居全国 500 家特大型企业首位，并进入了亚洲百强企业。

宝钢以钢铁为主业，生产高技术含量、高附加值钢铁精品，已形成普碳钢、不锈钢、特钢三大产品系列。近年来，宝钢的产量、产值、利润等均居世界钢铁行业前列。其钢铁产品通过遍布全球的营销网络，在满足国内市场需求的同时，出口全球几十个国家和地区，广泛应用于汽车、家电、石油化工、机械制造、能源交通、金属制品、航天航空、核电、电子仪表等行业。

围绕钢铁主业的发展需求，宝钢还着力发展相关多元产业，重点围绕钢铁供应链、技术链、资源利用链，加大内外部资源整合力度，提高综合竞争力及行业地位，形成了资源开发及物流、钢材延伸加工、工程技术服务、煤化工、金融投资、生产服务等六大相关产业板块，形成了相关多元产业和钢铁主业协同发展的业务结构。

展望未来，宝钢将继续通过提升技术、服务先行、数字化宝钢、环境经营、产融结合五方面的能力，实现从钢铁到材料、从制造到服务、从中国到全球的三大转变，从而实现成为钢铁技术的领先者、绿色产业的驱动者以及员工与企业共同发展的典范的公司转变。

2. 宝钢工业旅游

宝钢工业旅游也始于 1997 年。在此之前，承担接待任务的是宝钢总厂接待处，专门负责接待来访的各级领导、外宾以及与宝钢有业务联系的单位。1999 年，宝钢明确提出充分利用和发挥中国最大的现代化钢铁基地的优势，推出宝钢工业旅游，精心设计了游览线路，即从原料码头开始，经过三座世界级高炉，到热轧厂、冷轧厂，然后到动物园，全程约 3 小时。若时间充足，可再参观展示厅、钢管厂、文化馆等。丰富多彩的项目令游客在领略了"钢铁是怎样炼成的"的同时，也了解了宝钢的企业文化和国际一流现代化大工业的发展历程及风采。

宝钢是全国造林绿化先进单位，其厂区的绿化覆盖率达 40%，上百头梅花鹿悠闲散步在厂房前驼鹿园内绿色的草坪上，让人充分体会宝钢以人为本、重视生态环保和可持续发展的现代企业理念。走在近 20 万平方米的宝钢现代化厂区内，常常会让人为那充满浓浓绿意的生态环境而感到惊叹。

宝钢自推出工业旅游项目近25年来，已累计接待游客以百万计，年利润持续增加，已回笼货币上亿元，在国内特大型工业企业旅游项目中名列前茅。

（二）北京798厂：艺术创意模式

大名鼎鼎的北京798艺术区，堪称国内工业旅游发展的一个典范，也是探讨国内工业旅游发展不可能绕过的话题。

1. 北京798创意园的形成

798工厂也称为798艺术区，是位于北京市朝阳区大山子地区的一个艺术园区，原为"一五"期间建设的北京第三无线电器材厂，建筑多为东德的包豪斯风格。20世纪80-90年代，798厂逐渐衰落。由于资产重组，大量厂房被闲置。从2002年开始，由于租金低廉，来自北京周边和北京以外的艺术家开始聚集于此，逐渐形成了一个艺术群落。一些著名的艺术人如洪晃、李宗盛等亦先后进驻，并有大量外国人参观访问。之后，北京在发展文化创意产业和建设世界城市的过程中形成了798共识，即798工厂转型成为798艺术区，798生活方式也得到认可和传播，798因此成为北京的文化地标之一。也有新的北京三大景点"长城，故宫，798"之说。

2002年2月，美国人罗伯特租用了一处120平方米的闲置厂房，并将其改造成为前店后公司的模式。由于罗伯特有很多艺术家朋友，他们在参观罗伯特的公司后纷纷看中这里的宽敞空间和低廉租金，于是陆续有艺术家租下厂房作为工作室、画室、展示间、陈列室。

最终这里发展成为北京市地标类文化产业园区，酒吧、餐厅、咖啡店、书店、画廊等经营场所点缀其中。这种模式也带动了国内一大批形形色色的"文化创意园区"的建立。

2. 北京798创意园的运营

北京798创意园汇聚了来自全球的先锋潮流艺术代表，有多种新兴业态的艺术表现方式，称得上是一个共享的艺术交流空间。这里不但是艺术作品展示区域，还是艺术创作过程的展现平台。通过艺术和市场的融合，形成了具有独特时尚风潮的艺术园区。

（1）画廊。目前798艺术区仍是北京市画廊最为集中的艺术园区。在园区中，艺术家与艺术区之间主要是依靠与画廊的契约来维系。画廊主要通过帮助艺术家制作宣传材料、举办个人展览、邀请有影响力的艺术评论家点评等方式对画家进行培养和扶持，签约的艺术家根据画廊的要求，在规定的时间内提供相应数量和质量的作品供画廊进行独家销售并收取提成。

（2）设计公司、工作室。在798艺术园区内，分布着不少设计公司或工作室，如服装设计工作室、环境设计公司、文化传媒公司等。这些公司依靠798艺术区的名声和独特的园区文化，从事商业经营活动。此类公司或工作室能切合市场需求，对客户进行个性化的设计定制，成为艺术园中重要的组成部分，也是经营较好的群体。

（3）个性化创意店铺。艺术咖啡厅、酒吧和创意店铺是798艺术区中不可缺少的组成部分。798艺术区中有很多国外或有国外生活背景的人群，加上部分人群生活方式的西化，所以咖啡和酒成为一种时尚的饮品。园区中的咖啡厅和酒吧有别于传统出售饮品的场所，而是和艺术相结合，成为园区的一大特色和亮点。此外，园区中有很多特色创意店铺，如各类工艺品、创意服饰、民族文化纪念品、书吧等，这些店铺依靠798艺术区的名声，成为艺术区多元文化的补充元素。

（4）文化艺术节。举办文化艺术节是798艺术区的重要艺术展示形式，园区每年都会举办各种展览、演出和发布会等。文化艺术节作为艺术园区最有影响力和最具代表性的艺术活动，可为园区的艺术品展示提供强有力的载体，可以得到最大化的宣传与展示效果，能够增加艺术园区的社会影响力。文化艺术节与画廊不同的是，它可以拉近艺术与公众的距离，使受众群体更容易接触到艺术，并且为艺术创意产业理念的传播提供了渠道。从这个意义层面来看，798艺术区实际上承担着公共博物馆、公共美术馆的功能。文化艺术节还会根据内容、形式等设定主题，如个人画展、联展、油画展、摄影展等。

3. 北京798创意园的未来

北京798创意园又称798艺术区，顾名思义是以"搞艺术"为主，很多特色小商铺展示各种艺术品、手工艺品、时装、手工食品等。作为工业遗产开发的典型案例，它是通过对旧厂房改造而形成的艺术商业街区，现在已成为北京的城市文化地标之一，也成了北京城市休闲旅游的目的地。

基于798艺术区的独特创意和文化魅力，使得798艺术区游人源源不断，并持续火爆。据统计，在2020年的疫情出现以前，在各种活动举办期间，艺术中心的日游客量多以万计，近些年的年客流量超过百万。据北京市文化和旅游局的规划，未来北京市朝阳区大山子地区将建设成为具有重要国际影响力的中外文化艺术交流中心、国际文化艺术及时尚设计展示交易中心、中国当代艺术孵化中心和文化保税中心。主要承载艺术和时尚设计产业发展的功能，形成以当代文化艺术、设计创意、文化休闲等业态为主导的文化创意产业功能区。同时，这一区域位于中关村电子城科技园政策区范围之内，中关村电子城科技园主要发展新一代移动通信、电子科技、新媒体等产业，结合区位优势，整个大山子区域还将建设成为首都文化科技融合发展示范区，成为文化旅游的展示中心

（三）茅台酒厂：打造工业旅游创新示范区

茅台酒厂的主要工业旅游景点是茅台酒厂工业旅游区以及国酒文化城景区。茅台酒厂工业旅游区以公司厂区为范围，面积约 5 平方千米，围绕国酒生产过程，开放生产车间、酒库车间、包装车间等生产参观点，可让游客了解国酒生产工艺及流程；贵州茅台酒文化城景区位于茅台镇酒文化核心体验区，城内建筑体现古今风格，荟萃了茅台久远的发展史实，特设的贵州茅台酒文化馆内陈列着酒文化相关的书画作品、雕塑、楹匾及实物等。

1. 地理位置

茅台酒厂位于贵州省西北部，赤水河中游，大娄山脉西段北侧的仁怀市茅台镇杨叉街，隶属贵州省遵义市仁怀市（县级市），属云贵高原向四川盆地过渡的典型的山地地带。这里海拔仅 415 米左右，冬暖夏热，绿色植被丰茂，地质结构主要是侏罗白垩系紫砂页岩，对流经溪水有较好的过滤作用，有利于丰富水的矿物质成分，使造酒契合于自然，能酿就品位高贵的白酒。

2. 发展简史

茅台酒厂始建于明代，因战乱几次被毁，清同治元年（1862 年），在被毁的旧址上恢复重建，之后的清光绪五年（1879 年）、民国十八年（1929 年）又先后扩建，从而建有"成义酒坊""荣和酒坊""衡昌酒坊"。同时分别建有粮仓、曲药房、窖池、烤酒房等基础设施，加上后来国营茅台酒厂时期修建的各类酿酒厂房共计 10 处，占地面积 20 余亩，地界内有古井一口，名"杨柳井"，井水清澈甘美，含丰富的矿物质和微量元素，早期茅台酒就用此水酿成。

1951 年，酒厂由政府统一接管，更名为"仁怀茅台酒厂"。后随茅台酒厂不断扩建，并修建了踩曲房、石磨房、酒库等，从而形成了一套完备的酿酒工业体系。

茅台酒酿酒技艺于 2006 年经国务院批准为国家级非物质文化遗产。文物部门对"成义"烧房烤酒房、"荣和"烧房干曲仓、"恒兴"烧房等 10 余处遗址群进行系

统的考察和资料整理后认为工业遗址群见证了茅台酒工业文化的辉煌发展历程，特别是作为国酒茅台从两汉迄今为止的最早酿造体系的实物见证，具有极高的历史研究价值和传统酿造工艺价值。2013年5月，由茅台集团公司申报的包括原"成义"烧房旧址、"荣和"烧房旧址、"恒兴"烧房旧址和制曲一片区干曲仓、发酵仓，制曲二片区干曲仓、发酵仓、石磨房以及下酒库第五、第八栋老酒库等十处遗产组成的"茅台酒酿酒工业遗产群"被批准为第七批全国重点文物保护单位。

3. 历史和现实意义

（1）茅台酒的历史价值。茅台酒之所以被誉为"国酒"，是由其悠久的酿造历史、独特的酿造工艺、上乘的内在质量、深厚的酿造文化，以及历史上在中国政治、外交、经济生活中发挥的无可比拟的作用、在中国酒业中的传统特殊地位等综合因素决定的，是三代伟人的厚爱和长期市场风雨考验、培育的结果，亦得到人民群众在实际的生活品味和体验中的赞誉之声，因而当之无愧。

据清代《旧遵义府志》所载，道光年间，"茅台烧房不下20家，所费山粮不下20000石"。1843年，清代诗人郑珍咏赞茅台"酒冠黔人国"。1949年前，茅台酒生产凋敝，仅有3家酒坊：华姓出资开办的"成义酒坊"（称之"华茅"）、王姓出资建立的"荣和酒房"（称之"王茅"）和赖姓出资办的"恒兴酒坊"（称之"赖茅"）。1951年，政府通过赎买、没收、接管的方式将成义（华茅）、荣和（王茅）、恒兴（赖茅）三家私营酿酒作坊合并，实施三茅合一政策——国营茅台酒厂成立。

中华人民共和国成立以来，无数次重大国际活动，茅台酒都被当作国礼，赠送给外国领导人。自古而今，向往茅台、赞美茅台的文人墨客不计其数。毫不夸张地说，茅台酒的每一个细小的"侧面"都有着丰富的人文历史故事，有着深厚的文化积淀与人文价值。犹如中国发给世界的一张飘香的名片，具象的茅台酒和抽象的"人文"，在以醉人的芳香让世界了解自己的同时，也将中华酒文化的魅力和韵味淋漓尽致地展示给了世界，让其了解中国和中国文化。

（2）茅台酒原料和工艺。茅台酒以本地优质糯高粱为原料，用小麦制成高温曲，而用曲量多于原料。其用曲多、发酵期长、多次发酵、多次取酒等独特工艺，是茅台酒风格独特、品质优异的重要原因。酿制茅台酒要经过两次下料、九次蒸煮、八次摊晾加曲（发酵七次）、七次取酒，生产周期长达一年，再陈贮三年以上，然后勾兑调配，之后再贮存一年，方允许装瓶出厂，使酒质更加和谐醇香，绵软柔和。全部生产过程近五年之久。

（3）**茅台酒荣誉**。茅台酒，被尊称为"国酒"。它具有色清透明、醇香馥郁、入口柔绵、清洌甘爽、回香持久的特点。人们习惯把茅台酒独有的香味称为"茅香"，是中国酱香型风格最完美的典型，在国际和国内获奖无数。

（4）**茅台酒特色**。一是人文茅台。茅台有2000多年的酿酒历史，早在司马迁《史记》中就有记载。明清之际，作为重要的航运码头，又呈现出"秦商聚茅台，蜀盐走贵州"的盛况。1915年，茅台酒一举夺得巴拿马万国博览会金奖，留下了一段"怒掷酒瓶震国威"的传奇，从此跻身世界名酒行业。中华人民共和国成立后，更因它在我国政治、经济和外交生活中发挥了特殊作用而佳话不断，当之无愧地被誉为"国酒"。可以说，每一个细小的"侧面"都有着动人的历史故事，有着深厚的文化底蕴、文化积淀与人文价值。在中华人民共和国成立50周年之际，茅台酒因其淳厚的历史及文化内涵，被中国历史博物馆永久收藏，成为中华"文化酒"的杰出代表。二是科技茅台。茅台酒属于传统产品，但茅台集团历来重视科技进步，已拥有成立数十年的白酒科研所、技术中心等；还有中国白酒界一流的(包括诸多国家、省评酒委员会委员)科研队伍。未来的茅台酒，其工艺的科技含量将进一步加大，其勾兑技术等也将进一步提高。无论是产品本身，还是包装材料、防伪技术等，都将广泛采用新材料、新设备、新技术，使产品无论内在还是外在都成为浓缩高科技的结晶，做到艺术与技术的完美统一。让人一拿起茅台、一打开包装就能感觉到高科技的魅力扑面而来，并有着高度的美感享受。三是绿色茅台。茅台酒是目前中国白酒行业为数不多的几个已通过绿色食品认证的产品之一，拥有得天独厚的绿色的酿造环境，还有与众不同的绿色的传统酿造工艺。以此为基础，不但对其内在品质，而且对外在包装质量等方方面面都要求更高。为此，从原材料开始的每一个环节都要求确保做到无公害、无污染、无毒副作用，坚持不懈地、严格地向国际环保食品的标准看齐。如今，茅台集团已通过了有机食品认证和ISO 14001环境管理体系认证，这就使得茅台酒及其系列产品更加符合广大消费者"绿色、环保、健康、自然"的消费趋势和要求。

4.文化和旅游价值

茅台酒厂是清代以来民族工业从艰难前行一直到不断发展壮大创造辉煌的历史见证，也是茅台酒酿制工艺的实物载体，对茅台酒酿造工艺申报世界文化遗产具有重要的支撑作用。

（1）**文化价值**。中国白酒的分类有多种，按香型大致可分为酱香型、浓香型、清香型、米香型、兼香型等。以上这些香型的白酒以其独有的风格特征在我国白酒市场上各领风骚，分别拥有自己的消费群体与市场份额，并各自推出了自己的酒中"奇葩"。如酱香型的茅台酒就是不可多得的酒中珍品。

酱香型白酒是我国白酒中较为珍贵的一个大类，目前产量约占全国白酒总产量的1%，并以驰名中外的国酒茅台为典型代表。茅台酒是我国大曲酱香型酒的鼻祖，深受世人的喜爱，被誉为国酒、礼品酒、外交酒等。它具有酱香突出、幽雅细腻、酒体醇厚丰满、回味悠长、空杯留香持久等特点。其优秀的品质和独特的风格是其他白酒所无法比拟的。

（2）旅游价值。2002年3月，贵州茅台酒厂被国家旅游局确定为中国首批100家旅游工厂之一，是贵州省唯一入选的工厂，从而也为著名的历史文化名城——遵义市的旅游再添新亮点。

茅台酒在世界享有极高的知名度，同时也见证了中国从封闭到开放、由弱到强的艰难发展过程，具有丰富的文化内涵，这是其他旅游项目不能比拟的。茅台酒厂厂区已具有园林式厂区环境，拥有中国目前最大的酒文化博物馆。博物馆馆藏丰富，特别是展示了茅台酒特殊的酿造工艺，值得游客在醉人的绿意和飘着酒香的气氛中细细品味历史、憧憬未来。

贵州仁怀市茅台镇是国酒茅台的产地，这里的镇大门叫"国酒门"，主干道叫国酒路，仁怀镇还有一座世界上最大的酒文化博物馆——国酒文化城和一个世界最大的国酒酒瓶雕塑。

"国酒文化城"位于贵州怀仁市茅台酒厂内，占地3000余平方米，共有汉、唐、宋、元、明、清及现代7个展馆，收藏匾、书画、文物作品5000多件，系统介绍了中国历代酒业的发展过程及中国历史上与酒有关的政治、经济、文化、民俗等方面的典故；浓缩了中国五千年酒文化的辉煌及精髓，并反映了茅台酒的发展历程。该馆被评为1999年上海大世界吉尼斯之最。

"国酒文化城"内的汉、唐、宋、元、明、清及现代七个馆，均体现了各个时代建筑美学的典型风格：汉馆古朴巍峨，唐馆富丽堂皇，宋馆古典玲珑，元馆粗犷明快，明馆精巧别致，清馆华丽凝重，现代馆明晰流畅。馆内大量的群雕、浮雕、匾、屏、书画、实物、图片和文物从不同的角度介绍了中国历代酒业的发展过程及与酒有关的政治、经济、文化、民俗等，展示了我国酒类生产的发展沿革、工艺过程，酒的社会功能使人感到法规的严肃、史志文献的庄重、文学艺术的生动、技术指标的严谨等酒文化多姿的风采，反映出人们在造酒、用酒、饮酒过程中表现出的思维方式、民族性格、伦理道德、审美情操等酒文化的核心内涵。

"国酒文化城",不仅是中国传统文化建筑风格,古香古色,而且气势恢宏,室内室外充分展示了中国酒文化的历史。这里是茅台酒文化之精华,是人类酒文化博物馆,被评为世界吉尼斯之最,给人留下了茅台酒文化源远流长、历史悠久而厚重的深刻印象。

"国酒文化城"室外一尊尊雕像和塑像,室内一幅幅图片,一个个故事,将人们带入中国酒文化,尤其是茅台酒发展史的历史长河,充分体现了汉、唐、宋、元、明、清及现代建筑风格,集雕塑、碑刻、楹联、文物为一体的酒文化博物馆,堪称目前世界上最大的酒文化城。

"国酒文化城"的陈列室有20世纪40年代茅台镇"成义""恒兴""荣和"三个烧房的史料记载,有1915年巴拿马万国博览会上参展人员"智摔酒瓶"之再现。

1935年,中共中央政治局遵义会议后,红军在"四渡赤水"的战斗中途经茅台镇,将士们以酒疗伤,并品尝佳酿,留下了深刻的印象。西安事变时,周恩来从延安飞赴西安工作,当时张学良宴请周恩来用的是他喜爱的茅台酒。抗日战争胜利后,毛泽东飞赴重庆谈判,蒋介石待客之酒也是茅台酒。因而当时有"外交礼节无酒不茅台"之说。

中华人民共和国成立后,国家重大庆典,招待国宾,在各种外交场合以及我国派驻世界各地的外交使团,无不使用茅台酒。

近年来,贵州省仁怀市茅台镇又推广"酒旅融合"工业旅游新模式,即把"酒"列为旅游产业发展的重点元素,推出可体验、可个性化定制、可品评,集艺术性、观赏性和可品尝性于一体的新型旅游产品,让游客全面了解丰富的茅台酒文化,近距离感受茅台酒的品牌影响力,以进一步拓展其产业的价值空间。

第三节 | 休闲商业典型案例

休闲商业是指在一定商圈范围内形成的满足国内外旅游者在城市旅游过程中及当地居民在闲暇休闲消费需求的各类商业的集合。

休闲商业不是指单纯以购物为主要目的的商业业态,而是以追求精神享受为主要目的的消费群体。休闲商业的发展是由最初的纯商业点到最终的综合了普通商业或购物中心的一种多元化、复合型的商业形态,最后形成一个集购物、休闲、娱乐、饮食、观光、度假、健康、商务、金融、文化等于一体的超大型购物中心。其构成包括商业购物、休闲参观、餐饮服务、咖啡酒吧、影视娱乐以及文化、运动体验等商业设施及休闲商业街区,这种新兴的非传统商业形式的重点不在于商品的物质形式,而在于其精神体验。它为人们提供了一个放松、闲适的空间,购物对其来说只能算是附属功能,更多的是依托场所来激发人们的生活体验和心境陶冶,进而刺激人们的购物欲望。休闲商业发展的重要手段,就是借助现代科技,融入时代创意元素,凸显商业行为的休闲娱乐化。在这一过程中,娱乐元素广泛地渗透到诸如购物、餐饮、养生、交通等消费活动之中,成为产品与服务竞争的关键。消费者在追求传统购物的同时,也在追逐并享受其中的休闲娱乐成分。而休闲娱乐也从一种无意的设置转变成了有计划的建设。

一、国外休闲商业典型案例

(一)巴黎香榭丽舍大街:时尚+商业

1. 地理位置

法国巴黎香榭丽舍大街(法文之意为"极乐世界"或"乐土")位于巴黎市中心商业繁华区的卢浮宫与新凯旋门连心中轴线上,又被称为凯旋大道,是世界三大繁华中心大街之一,也被人们称作世界十大魅力步行街。其始建于1616年,当时的皇后玛丽·德·梅德西斯做出决定:把卢浮宫外一处沼泽地改造成一条绿树成荫的时尚大道,即现在巴黎著名的时尚购物街——香榭丽舍大街。她横贯首都巴黎的东西主干道,全长1800米,最宽处约120米,为双向八车道,东起协和广场,西至戴高乐广场(又称星形广场),东段以自然风光为主;两侧是平坦的英氏草坪,恬静安宁;西段是高级商业区,世界名牌服装店、香水店等都集中在这里,火树银花、雍容华贵。因此这里被称为"世界上美丽的大街"。每年7月14日的法国国庆大阅兵也在这条大道上举行。

2. 时尚元素

香榭丽舍大街两侧商业建筑独具特色,外立面的各种装饰线条和各具特色的浮雕,以及各不相同的屋顶塔楼,浓缩了法国古典主义建筑的精华,充满了欧洲文艺复兴时期的浓烈气息。

20世纪90年代初,巴黎市政当局开始对香榭丽舍大街进行整体规划:兴建地下停车场、拓宽人行道、增种梧桐树、重装路灯和长椅等,试图给人以宁静沉稳的感觉,展示典雅庄重的风格，重现绿树掩映的大道景观。为此，还制定并出台了一系列严格的管理法规。

高贵典雅的建筑风格与文化，高档时尚的商业业态和科学合理的市政配套规划，构筑起由法国经典建筑、法国名花、法国梧桐以及两侧店铺中法国香水为代表的法国经典的商业文化。体现了一种以本土理念为主、兼容外国高档生活方式的商业文化，反映了法国人的生活品质和生活方式，从而使香榭丽舍大街成为法国巴黎彰显尊贵的世界名片。

3. 商业形态

20 世纪初，香榭丽舍大街中心商业区有大批量零售和批发商入驻，一开始由商家向驻家直接购买物业，并针对商业形态对商铺进行改造。针对出现的问题，巴黎市政当局及时介入，规定对建筑设施实行商业用途的改造，不得破坏或影响到建筑的外立面，以确保香榭丽舍大街的整体形象和定位。从此，香榭丽舍大街逐渐赢得了世人的称道，成为巴黎最美丽的街道、世界著名的名品街、世界三大繁华中心大街之一、世界十大魅力步行街等。目前，大街商业区的百货占比约 31%、精品专卖约 33%、文化休闲娱乐业态约 20%、金融与贸易等商务业态约 10%、酒店业约 6%。

（二）伦敦牛津街：历史 + 商业

1. 地理位置

英国伦敦牛津街位于伦敦的中心、大伦敦西面、泰晤士河北岸的威斯敏斯特市，它是英国最著名的购物街，是伦敦西区的购物中心，在长 2 千米的街道上云集超过了300 家的世界大型商场，每年吸引了全球逾 3 千万游客到此观光、休闲、购物。从罗马时代（公元前约 9 世纪）直到 17 世纪，牛津街主要作为从伦敦西城之外到牛津地区的道路而存在的。18 世纪末期，大片建筑物的兴建、南部高斯湾那和北部波特曼的兴建使得牛津街初具规模。一流的购物中心在 20 世纪开始起步，各商家为了永续发展，合作组建了以协调管理为目的的商会，政府对牛津街的改造计划都需与商会商榷后方可进行，同时商会也给予政府的规划、调整与改造以极大的支持。1929 年，上规模、上档次的牛津商业街向公众开放。到 21 世纪初，通过改造和管制的牛津街，进一步提升了环境和设施，增强了安全保障，交通环境得以改善，公共交通更加便捷，公共环境更加优美，购物环境更加人性化。

2. 历史元素

历史的建筑风貌与浓厚的商业文化有机结合，琳琅满目的商品和业态组合，科学的规划和有序的管理机制共同营造了牛津街商业文化的厚重历史感。

漫步在牛津街上，建筑外立面上众神的雕像栩栩如生，高挑的楼顶雕着精致的花纹装饰，巨大的立柱被各种漂亮的浮雕所环绕，加上大型的格子窗户，充分映衬了这条商业街悠久的历史风貌。历经300多年的历史沧桑，牛津街仍旧保持着新古典主义和浪漫主义的建筑风格，游客在享受高档服务和时尚消费的欢娱之外，街道两旁古色古香的建筑风格同样是一道令人赏心悦目的风景线。现在，在繁华的牛津街上，还时常有杂耍娱乐卖艺者，他们精彩绝伦的表演同样可以吸引众多购物者驻足观赏。

3. 商业形态

牛津街不仅建筑风格历史悠久，而且大部分商店的品牌都具有百年以上的悠久历史。这条堪称世界上大型商场密集度最高的商业街区，拥有300多家让消费者如雷贯耳的商店。所有名牌店的最大特色在于商品丰富齐全、样式新颖独特。其中百货业态和专卖业态占到了整条街的70%以上。牛津街中最著名的4大旗舰百货商厦是其标志性的业态，体量都很大，营业面积一般都在2万平方米以上。大体量的商厦大部分集中在南端的高斯湾那板块和北端的波特曼板块。中型以上的百货业态约占41%，精品专卖业态约占31%，餐饮和休闲业态约占12%，文化娱乐业态约占8%，金融贸易等商务业态约占8%。

（三）美国洛杉矶 City Walk（步行街）：主题 + 商业

1. 地理位置

洛杉矶 City Walk（步行街）坐落于美国西海岸的加利福尼亚州洛杉矶市郊外小镇好莱坞（Hollywood，世界影都）的一个休闲娱乐购物街区，于1993年5月正式开业。其毗邻影城剧院（Cineplex Odeon 电影院），占地约2.5万平方米，2000年又进行了扩建。最开始 City Walk 属于好莱坞环球影城的扩建项目，作为一个从停车场到主题公园的入口广场，初期主要依托于奥斯卡典礼以及各种电影主题活动，后来慢慢成为以电影为主题的欢庆现场，如今已逐渐发展成为洛杉矶文化特色的休闲旅游区之一。两条典型廊街交汇于一个节日广场，通过节日庆典、景观规划、娱乐场所的戏剧化手段等，使 City Walk 成为舞台，而生活每天就在这些舞台上轮番上演。

2. 主题元素

City Walk 以电影作为商业街的主题。在这里，银幕世界与真实生活的界限是消融的，除了电影，这里还有咖啡馆、俱乐部、综合性的购物中心和特色小店等，它们如此协调地分布在街道两侧，既不喧宾夺主，也不乏展示各自的特色。特别是鳞次栉比的商店，多以不同的电影为主题，装修风格奇思妙想，电影元素层出不穷。行走其中，常常让人惊喜连连、快乐无比。其绚丽的色彩、奇异的设计、活泼的造型和巨型的招牌等，给游客带来强烈的视觉刺激，营造出了浓厚的商业氛围。

3. 商业形态

作为好莱坞环球影城的配套购物步行街，这里的商店很吸引人，有巨型户外荧幕、环球影城餐厅和礼品店等；有星战的玩偶、很多限量版的电影道具、千奇百怪的玩具、最新版的电动游戏等。还有时尚美味的餐馆、高档巨幕电影（IMAX）院、精品购物店和刺激的娱乐设施等，全是动感时尚的代表作，游客可免费欣赏丰富多彩的现场表演、酒吧演奏等。总之，整条街装潢得很有电影感。如此吸引人流并让他们在此聚集，可大大延长游客在步行街驻足和逗留的时间。

现在，City Walk 已经是洛杉矶每年举行圣诞和新年活动的地方。届时，五彩的灯饰和大雪纷飞的景观为新年营造了节庆的气氛，让人们在空气里就能感受到满满的祝福和喜悦，著名主持人和舞蹈家还会给参加聚会的人献上各种的舞曲，这里成了以电影为主题的欢庆广场。

二、国内休闲商业典型案例

（一）北京三里屯 Village：时尚 + 商业

1. 地理位置

三里屯 Village 又称三里屯太古里，地处北京市朝阳区中西部，因距内城 3 里（1 里 =0.5 千米）而得名。现在，三里屯酒吧街是北京夜生活最"繁华"的娱乐街之一，故三里屯因酒吧街而闻名。它是一个开放式购物区，由 19 座低密度的现代建筑布局而成。整个项目分为南、北两个区块，既与周边建筑融合在一起，又保持相对的独立性。

三里屯 village 是北京最繁华的"夜场"，也是北京最"潮"、最时尚的商业区，更是白领、小资和高端人士的聚集地。

2. 主题元素

三里屯 Village 的建筑物很特别，仿佛一个个巨大的玻璃盒子，散发着前卫的气息；

它的零售品牌很时尚，国内首家 Apple 直营店、首家 I.T Beijing Market 等均聚集于此；它的艺术氛围也很浓郁，各种文化展览接二连三，是一个集购物、休闲、艺术、娱乐于一体的人文风尚汇。其不规则的楼体、色彩斑斓的外观，到大胆的建筑材料的运用，相对独立而又互相连接的多层空间设计，使得建筑整体本身就是一件艺术品。

Village 自 2008 年开业以来，因其鲜明的个性，很快崛起为北京的潮流地标，受到众多追求时尚消费者的喜爱。开业以来，已吸引了逾百个国际名牌签约入驻，给北京乃至全国的商业地产市场带来惊喜，包括 Adidas、Apple、Moiselle、Puma、Columbia 等世界品牌，它们纷纷将亚洲范围内营业面积最大的环球店开设于此。在这里，充满新意的时尚店铺一家挨着一家。从矗立在商区入口处标志性的优衣库到 adidas 全球最大品牌中心，再到国内首家 I.T Beijing Market、Dsquared 2 国内最大旗舰店等，无论是充满新意的创意品牌还是国际一线大牌，琳琅满目的品牌让消费者可以紧跟时尚潮流。

3. 商业形态

三里屯 Village 的定位是综合休闲娱乐区，它采用综合开放的模式，集商业、零售、酒店及住宅物业等多种业态，涵盖办公、购物、住宿、娱乐、餐饮等，万达集团的城市综合体模式与之非常相似。太古是长期运营的地产公司，是业界"慢工出细活"的典范，基本不存在资金链断裂之担忧，只要看中好的地段，开发的物业就会以持有为主。易铺网总裁陈建明接受记者采访，在分析三里屯 Village 为何成功时指出，太古地产拥有逾 35 年在香港发展和管理商业项目的成功经验，太古将多年的经验以及对消费者需求的理解运用在三里屯 Village，以明确的商业路线逐步吸引了众多具有创意的品牌在此开设各种概念店或旗舰店等，这是三里屯 Village 受资本追捧的一个根本原因。

三里屯 Village 它包括了世界一、二线知名品牌的旗舰店、各国美食以及独具特色的五星级精品酒店。Village 的前身就是以前三里屯酒吧街的西区，作为北京使馆的核心，在过去十余年中，这里一直是各式中外酒吧、餐厅的云集之地，吸引着来自四面八方的艺术家、文人和游客。重建后的 Village 华丽大变身，融各大洲及世界各地的时尚、购物、音乐、商务和艺术于一身。现在，三里屯已经成为北京一个地标式的时尚和现代的都市旅游景点，吸引着中外游客。

（二）上海新天地：历史 + 商业

1. 地理位置

上海新天地地处上海市中心的黄浦区马当路 245 号，即淮海中路南侧、黄陂南路和马当路之间，占地约 3 万平方米，毗邻黄陂南路地铁站和南北、东西高架路交汇点。它是一个具有上海历史文化风貌的都市旅游和商业区。它是以上海独特的石库门建筑旧区为基础，改造成具有国际水平的餐饮、商业、娱乐、文化的休闲步行街。它以中西融合、新旧结合为基调，将上海传统的石库门里弄与充满现代感的新建筑融为一体。它是一个既具有典型上海历史风貌，又融合西方文化的时尚休闲文化娱乐区，也是一个传统文化和现代文明相融合的大都市旅游景点。

2. 主题元素

在新天地项目开发之前，这里是一片拥有近一个世纪历史的石库门里弄建筑。从 19 世纪中叶开始出现的石库门建筑有着深深的历史烙印，它是中西合璧的产物，更是代表了近代上海的历史文化。然而，随着城市的不断发展，昔日风光显赫的石库门早已不能满足居住需求而渐渐淡出历史舞台。为此，20 世纪末，专家提出石库门建筑改造的新理念：改变原先的居住功能，赋予它新的商业经营价值，把百年的石库门旧城区改造成一片充满生命力的新天地，即保留原有的砖、瓦作为建材。但在老房子内加装现代化设施，处处体现 21 世纪的舒适和方便，如自动电梯、中央空调、宽带互联网等，确保消费者上网可以迅速查询商店价格和餐厅、酒吧的菜单及电影院上演的电影等，还可以预订座位、上网浏览、观赏露天广场和餐馆内的各种文艺表演等。

漫步上海新天地，仿佛时光倒流，有如置身于 20 世纪二三十年代的上海，但跨进每个建筑内部，则非常现代和时尚。新天地独特的设计理念、历史和现代的有机组合、文化和商业的巧妙安排等，形成了一首上海昨天、今天和明天的交响乐，从而让海内外游客品味到独特的上海文化。新天地从此也成了上海的新地标。

3. 商业形态

上海新天地就是一个 shopping mall（购物中心），其商业模式是管理者与经营者分离，只租不售。通过创新设计和改造建设，成为上海市中心的购物中心、娱乐中心、时尚中心和旅游中心。已有星巴克咖啡、凯博西餐厅、上海本色、沙宣（上海）美发研修中心、上海东魅综合娱乐中心等落户。

新天地分为南里和北里两部分，南里以现代建筑为主，石库门旧建筑为辅；北里以石库门旧建筑为主，新旧对话，交相辉映。南里建成了一座总面积达 25000 平方米的购物、娱乐和休闲中心，于 2002 年正式开业。这座充满现代感的玻璃幕墙建筑，进驻了各有特色的商户，除了来自世界各地的餐饮外，更包括了年轻人最爱的时装专门店、时尚饰品店、美食广场、电影院及极具规模的一站式健身中心等，为本地和外地消费者及游人提供了一个多元化、高品位的休闲娱乐热点。北里由多幢石库门老房子所组成，并结合现代化的建筑、装潢和设备，化身成多家高级消费场所及餐厅。在南里和北里的分水岭——兴业路上，是中共"一大"会址所在地。沿街的石库门建筑已成为凝结历史文化与艺术的城市风景线。

（三）深圳欢乐海岸：主题 + 商业

1. 地理位置

深圳欢乐海岸地处深圳湾商圈核心位置，位于深圳市南山区沙河街道东方社区滨海大道 2008 号的华侨城主题公园群与滨海大道之间，占地约 125 万平方米，由欢乐海岸购物中心、曲水湾、椰林沙滩、度假公寓、湿地公园等五大区块构成，是集文化、生态、旅游、娱乐、购物、餐饮、酒店、会所等多元业态于一体的都市休闲娱乐和旅游目的地，也是深圳市"塘郎山 – 华侨城 – 深圳湾"城市功能轴的起点，是深圳市致力打造的高品质人文旅游、国际创意生活空间的中心。

2. 主题元素

欢乐海岸汇聚全球大师智慧，以海洋文化为主题，以生态环保为理念，以创新型商业为主体，以创造都市滨海健康生活为梦想，开创性地将主题商业与滨海旅游、休闲娱乐和文化创意融为一体，整合零售、餐饮、娱乐、办公、公寓、酒店、湿地公园等多元业态，形成独一无二的"商业 + 娱乐 + 文化 + 旅游 + 生态"的全新商业模式，真正实现集主题商业、时尚娱乐、健康生活"三位一体"的价值组合，以实际行动推动中国主题商业的创新和发展。

3. 商业形态

深圳欢乐海岸集华侨城集团几十年丰富的旅游、地产、文化资源和创新智慧，秉承华侨城集团"环境就是核心竞争力"的建设发展理念，以宏大的城市规划和生态环保为出发点，将深圳湾开发和华侨城生态湿地保护考虑进城市生活版图，最大限度地赋予项目人文及公益价值，全面促进城市发展和生活品质的升级，创造出独特的滨海健康生活体验，成为最具国际风尚的都市娱乐目的地。它包括购物中心、曲水湾、椰林沙滩、度假公寓、华侨城湿地公园等五大区块，并以区域内自然环境资源为依托，形成各具特色的主题发展模式。如购物中心拥有世界最大水母主题展示区和国内最大活体珊瑚主题展示区的海洋奇梦馆，形成国内公认最具娱乐体验的商业空间。华会所集高端会务、生态景观、餐饮、健身、SPA、娱乐于一体，并配备标准直升机停机坪、观光游艇、网球场、雪茄吧、无边际双泳池、豪华SPA及环岛跑道等，为国内外精英圈层建立起了私密专属圈域。曲水湾以"找回深圳消失的渔村"为故事主线，形成小桥流水、庭院步道、绿树簇拥、碧水环抱的现代岭南文化渔村建筑风格，深受休闲、购物、娱乐等人群的喜爱。

第四节 | 休闲地产典型案例

休闲地产是指在普通住宅的基础上，依托周边良好的自然生态环境，把房地产和房地产以外的其他产业资源，如生态资源、旅游资源、体育资源、教育资源等进行嫁接，并在社区生活配套设施中加入休闲、健身、娱乐、益智等多种元素，使居住者有足够的条件充分放松自我，享受"采菊东篱下，悠然见南山"的闲适生活。一句话，休闲地产就是指把休闲功能融入其中的地产，即把地产功能加入休闲成分，也就是地产功能的转型。如休闲住宅地产、旅游休闲地产、运动与康体休闲地产、娱乐休闲地产、文化娱乐休闲地产、教育休闲地产、公益休闲地产等。

休闲地产是复合地产，即与其他产业融合并共同进行开发，分单一化和多元化，其目的是创造一种休闲的生活方式。其大致包括娱乐、养生、运动、教育、旅游、公益、文化、制度、节庆、技术、环境、创意、体验等十多种元素，这些元素是地产的驱动力，缺乏这些元素就无法推动地产升级。

一、养生地产典型案例——深圳华侨城

（一）地理位置

深圳华侨城位于广东省深圳市南山区锦绣北街2号的杜鹃山，分东部华侨城和西部华侨城两大区块。它开创了国内休闲养生地产的先河。通过旅游、酒店、休闲、商业等配套的带动，拉升了住宅的品质，同时在开发过程中极为注重对山水植被的保护，并在产品选择上充分利用了无污染、可循环的产品；它充分运用了现代休闲理念和高新娱乐科技手段，满足人们参与、体验的时尚旅游需求，营造清新、惊奇、刺激、有趣

的旅游氛围，带给人们充满阳光气息和动感魅力的奇妙之旅。无论在设计还是在理念上，深圳华侨城引领着中国大型综合休闲养生地产的发展方向。

（二）基本情况

东部华侨城是由华侨城集团投资 35 亿元兴建的大型综合生态旅游度假区（2007年 7 月 28 日开业），项目总面积约 9 平方千米，总规划面积 6.55 平方千米，共千余个停车位。其是坚守"让都市人回归自然"的开发宗旨，以文化旅游为特色的"国家生态旅游示范区"。现已成为深圳市新的城市名片。

东部华侨城在山海间巧妙规划了大峡谷、茶溪谷和云海谷三大主题园区，集生态动感、休闲度假、户外运动等多项文化旅游功能于一体，体现了人与自然的和谐共处。其养生地产面积近 20 万平方米，定位为别墅。到目前为止，东部和西部华侨城已经成为生态宜居、环境友好、治理有效养生地产的成功典范。

（三）板块特色

1. 大峡谷生态公园

大峡谷俯瞰深圳东部黄金海岸线，集山地郊野公园和都市主题公园于一体，体现生态动感旅游文化。包括海洋之心、大峡谷天街、黎明营地儿童乐园、峡湾森林、发现之旅、云中部落等六大主题区。

2. 茶溪谷休闲公园

茶溪谷体现中西文化交融的休闲度假旅游文化，并兼有"茶、禅、花、竹"等自然元素。包括茵特拉根、湿地花园、茶翁古镇和三洲茶园四个游览区，融合了西方山地小镇的风情、湿地花海的浪漫、茶禅文化的融合和岭南茶田的幽雅。

3. 云海谷体育公园

云海谷以休闲健身、生态探险、时尚运动、休闲娱乐、奥运运动为主线，体现户外运动旅游文化。包括两个 18 洞的山地高尔夫球场和练习场。

4. 华兴寺

华兴寺坐落于东部华侨城的观音座莲山，体现佛教旅游文化。包括观音座莲宝像、华兴寺檀越酒店、妙相禅境、《天音梵乐》、大雄宝殿、众香界、香积斋、归一阁、云水堂等。

5. 主题酒店群落

主题酒店群落主要由四大主题酒店组成，即瑞士文化主题茵特拉根酒店、水文化主题云海谷房车酒店、现代艺术主题大峡谷瀑布酒店、佛禅文化主题华兴寺檀越酒店等，共拥有 600 多间客房，是国内首个主题酒店群落。

6. 天麓大宅

天麓大宅共分为 7 个区块，即一到七区，其中有 3 个别墅区（共 120 幢别墅）。由于规划合理，人与自然和谐，2020 年 11 月 13 日，深圳东部华侨城天麓大宅喜获"全球人居环境示范社区"荣誉称号，华侨城集团副总裁兼总会计师、东部华侨城董事长蒉迪岸荣获"全球人居杰出贡献奖"。

二、农业地产典型案例——成都梦田天空农场

随着社会经济的快速发展和城市化的不断加快，人们对田园生活的向往和健康饮食的倡导，促使了新一波的消费升级。从 2004 到 2021 年，中央一号文件连续 18 年聚焦"三农"问题，不断释放政策红利，推动农业创新。我国房地产行业也进入了转型期，谋求新的房地产开发模式。从城乡统筹发展和新型城镇化建设角度来看，农业地产是实现城乡互动和一体化发展的一种良好模式，也是践行习近平总书记提出的"看得见山，望得见水，记得住乡愁"的美丽中国梦建设的重要途径。在这样的大背景下，国内碧桂园、保利、万科、华润等地产大佬创新"农业＋地产"新模式，挖掘农业资源和发展潜力，为资本投入寻求有明确的盈利预期和长远、持续且稳定的发展方向。

从农业地产业态创新的角度而言，目前主要有"农业＋社区""农业＋都市""农业＋小镇"等三种模式或三个空间维度。本案就以"农业＋都市"，即都市农业为例，以"成都梦田天空农场——钢筋水泥丛林中的城市绿洲"为题加以剖析。

都市农业是指在都市化地区，利用田园景观、自然生态及环境资源，结合农林牧渔生产、农业经营活动、农村文化及农家生活等，为人们休闲旅游、体验农业、了解农村等而产生的现代农业。换言之，都市农业是将农业的生产、生活、生态等"三生"功能结合于一体的产业。它是以生态绿色农业、观光休闲农业、市场创汇农业、高科技现代农业为标志，以农业高科技武装的园艺化、设施化、工厂化生产为主要手段，以大都市市场需求为导向，融生产性、生活性和生态性于一体，高质高效和可持续发展相结合的现代农业。

1. 农场概况

梦田天空农场地处成都市天府新区，位于城市商业中心楼顶，面积约 1 万平方米，投资近 1000 万元，于 2019 年 5 月建成开放，是一家以亲子游玩＋农耕文化为主题的都市乐园。目前，农场种植的新鲜蔬菜瓜果有 20 多种。农场充分利用农业景观结合科普教育的方式，在都市钢筋混凝土构成的高楼大厦中开辟了一片现代新型科技田园新天地。它以传承农耕文化为主题，将现代农业、智慧农业、科技农业与景观艺术结合在一起，营造出一个集观光、休闲、科普、教育、环保等先进理念为一体的大型体验式都市农场，全方位满足了市民衣、食、住、行等各方面的生活需求。现在，农场设有多肉 DIY、农夫广场、梦工坊、缤纷田园、香蕉街、球场、梦田茶社、烘焙 DIY、鱼池、梦田餐厅、萌宠乐园等区块和功能。除了为都市农场提供基质、肥料、种苗、蔬菜瓜果及种植技术等全面支持外，还是一个蔬菜种植展示场所，全面展示果蔬种植技术、农耕文化、观光农业、立体种植、蔬菜景观等，为人们提供了一个了解及体验现代农业的平台。梦田都市农场线下基地除了上述功能之外，还是一个集餐饮、垂钓、蔬果采摘、喂养宠物、体验农耕、培训、教育于一体的大型生态体验园。

2. 发展模式

目前，都市农业以商业农场和白领农园为主，商业农场是"商业购物中心＋农业"的创新，它把田园体验带进商业购物中心，有效利用其流量发掘出新的盈利点；白领农园则是"写字楼＋农业"的创新，写字楼中的迷你农场可使白领在田园体验中获得放松，从而提升了办公体验。

3. 开发运营

商业农场又可分为两种：一种是自主投资运营，如华润屋顶农场；另一种是由第三方企业投资运营，如成都梦田天空农场。而白领农园因为更多关注给办公物业带来潜在效益而不考虑盈利，大多自主运营或自主投资委托运营，如日本保圣那 (PASONA) 都市农场、天津于家堡双创大厦顶楼农场等。

4. 功能业态

商业农场以有机种植园、健康餐厅、农产品零售商铺、手工作坊、宠物乐园、娱乐设施等为主；白领农园则大多聚焦在有机种植、健康餐饮和零售等方面。

5. 盈利模式

商业农场通过健康餐饮、有机农产品销售、农业体验模式来创收。另外，绿色屋顶也实现了节能减排。而白领农园一般不考虑经济盈利，但其带来的办公环境提升等潜在效益则成为物业增值利器。

三、度假地产典型案例——惠州巽寮湾

度假地产是伴随着闲暇的增多、可自由支配财富的增长、城市化加快而引发的环境问题加剧，加上便捷交通的改善而逐渐发展起来的一种新兴地产形式。它往往以优美的景观资源为核心，以互动性、参与性好的多种游乐项目为依托，完善的旅游度假经营设施相配套，具有一定主题的房地产项目。其价值体现不完全在于房地产销售，而是其长期的经营性收入。度假地产表面上属于房地产业，实际上却是旅游产业。度假地产的核心是"度假"而不是"地产"，其产品形式是"度假服务"而不是"房屋供应"。如目前各地纷纷推出的海岸度假、湖滨度假、山地度假、温泉度假、沙漠度假等不同资源类型的度假地产项目正呈现出百花齐放的态势，由此引发了一场度假地产开发的热潮。而惠州巽寮湾度假地产在国内的度假地产中堪称典范。

1. 惠州巽寮湾度假地产概况

地处广东省惠州市惠东县城平山镇南部的国家 4A 级景区和国际滨海旅游目的地的巽寮湾景区，是由北京金融街投资（集团）有限公司投资打造的金融街·巽寮湾度假地产，占地约 29 平方千米，坐拥 16 千米的海岸线、11 千米的白沙滩，斥资逾百亿元历时 15 年以上深耕打造的度假地产，属国内度假地产标杆项目。

2. 建设规模

金融街·巽寮湾项目总体规划由英国顶级设计公司——"阿特金斯"规划设计，整个项目分北、中、南三个片区，项目名称为"金融街·海世界"，总建筑面积在 66 万平方米以上。

3. 功能业态

（1）北区："绿之海洋"。定位巽寮湾的自然门户，遵循原生态自然，以保护性开发为主，保留了约 60 亩红树林和大面积的绿色植被。

（2）中区："深蓝小镇"。作为巽寮湾的旅游腹地，定位规划建设为国际一流滨海旅居小镇；配套也是整个项目中相对较齐全的。其金融街物业有海世界、海公园、海尚湾畔、红树湾畔、雅悦公寓、凤池岛公寓等，配套游乐设施有海世界主题儿童乐园、水上乐园、华家班汽车特技表演、天后宫民俗文化街、金融街主题汤泉、正泽小学、惠泽幼儿园等。

（3）南区："世外桃源"。定位为商端滨海休闲度假区，有金融街巽寮湾国际

游艇俱乐部、磨子石公园、金融街·融玺别墅群、喜来登酒店群等，尽享奢华滨海旅居度假。

四、养老地产典型案例——绿城·乌镇雅园

（一）项目概况

绿城·乌镇雅园是绿城首创学院式颐乐养生养老典范之作。项目择址江南善水宝地、国家 5A 级景区——乌镇（江南六大古镇之一、世界互联网大会永久性会址），系乌镇国际健康生态休闲产业园的主要组成部分。

绿城·乌镇雅园项目占地约 650 亩，总建筑面积 60 万平方米，规划充分结合湖泊等生态资源，围绕白马湖布局中式单层养生别墅、新民国风多层电梯公寓、高层公寓和颐乐学院四种物业形态。

（二）产品营造

绿城·乌镇雅园采用民国建筑风格，合璧中西，融合古今，端庄典雅，沉稳大气，其中的乌镇颐乐学院依照古代书院形制布局，在亭台楼榭间，园林景观掩映成画，自然与建筑巧妙融合。全部绿城精装品质，园区及室内深入考虑人性化宜老设置。

（三）区位优势

绿城·乌镇雅园地处长三角沪苏杭"金三角"区位——乌镇，地理位置极为优越，1 小时高速直抵杭州、上海、苏州及周边富饶城市；距沪杭高铁桐乡站约 25 千米，天南地北快速到达；空中远行更有杭州萧山国际机场、上海虹桥国际机场等多处机场毗邻，拥有立体交通体系，四方通达便利。

（四）园区配套

绿城·乌镇雅园依托乌镇国际健康生态产业园内医疗公园、国际养老中心、五星级酒店和休闲商业区等，实现囊括衣、食、住、行等全方位强大的配套体系。

社区内 150 亩大规模颐乐学院，依托五大课程体系和学生会社团活动，可创造丰富多彩的全日制学院生活，真正实现"学院式养老"，深受广大老年朋友的欢迎。

五、旅游地产典型案例——杭州宋城

旅游地产是指所有依托周边丰富的旅游资源而建的、有别于传统住宅项目的融旅游、休闲、度假、居住于一体的置业项目。旅游地产不是传统的房地产与旅游景区简

单叠加而成的。从技术角度看，如果没有软件的建设；没有配套、服务系统和硬件的有机结合；整体策划掌控者缺乏对旅游业、房地产业的深刻理解和实操经验，是很难把普通的地产和旅游产品有机融合的。旅游地产的要求是既要把旅游项目经营好，又要把旅游房地产配套服务经营好，这两者的结合才能使旅游地产发挥出旅游的作用。

（一）杭州宋城集团简介

宋城集团是中国最大的民营旅游投资集团，国际游乐公园景点协会首席会员。其投资方向以旅游休闲业和景观房产为主，包括主题公园、大型休闲社区、生态旅游、农业观光、度假酒店等，同时涉及教育、科技、文化传播等领域，涵盖了旅游休闲"吃住行游购娱"全部要素。集团资产规模超过 40 亿元。

宋城集团开发项目已经从单一主题公园向多元化的大型休闲社区发展，从单一区域向跨区域整体延伸。旅游休闲业是 21 世纪最具发展潜力的产业，它和以高科技为代表的新兴产业，构筑成了 21 世纪新经济的框架。宋城集团在社会各界的支持下凭借自身的实力，丰富的旅游休闲开发经验及人才优势，为中国的旅游休闲业做出了更大的贡献，争创中国旅游休闲业第一品牌。宋城集团旗下的宋城演艺是中国演艺第一股、全球主题公园集团十强企业，连续十多届获得"全国文化企业三十强"。集团主业为文化演艺、旅游景区、娱乐综艺、主题酒店等，确立了"宋城""千古情"等品牌，产业链覆盖旅游休闲、现场娱乐、互联网娱乐等。

宋城集团正以"演艺宋城、旅游宋城、国际宋城、科技宋城、IP 宋城、网红宋城"为战略指引，已建成和在建数十大旅游区、三十大主题公园、上百台千古情及演艺秀，并拥有中国演艺谷等数十个文化娱乐项目。旗下"千古情"系列演出创造了世界演艺市场的五个"第一"：剧院数第一、座位数第一、年演出场次第一、年观众人次第一、年演出利润第一。

（二）杭州宋城概况

杭州宋城位于杭州市之江路 148 号，杭州之江旅游度假区内，1996 年 5 月 18 日开业，是杭州市第一个大型人造主题公园。

杭州宋城以"建筑为形，文化为魂"的经营理念，仿宋代风格建造，主体建筑依据北宋画家张择端的长卷《清明上河图》而建，并按照宋书《营造法式》建造，还原了宋代都市风貌，是杭州市第一个反映两宋文化内涵的主题公园，近十几年来接待游客超过千万。大型歌舞《宋城千古情》是宋城的灵魂，与拉斯维加斯的 O 秀、巴黎的红磨坊并称"世界三大名秀"。

杭州宋城1997年被原浙江省旅游局定为"1997中国旅游年欢乐浙江游"的王牌景点，并获得"浙江十佳美景乐园"称号；1998年成为原中国国家旅游局"98华夏乡游"的首选地；1999年4月获得"世界娱乐与主题公园协会会员"；2000年获得国家"AAAA级"旅游景区证书。

（三）杭州宋城的运营模式

杭州宋城旅游发展股份有限公司是中国文化企业30强之一，宋城股份是我国最早进入主题公园和旅游文化演艺行业的公司之一，并形成"主题公园＋旅游文化演艺"的"宋城"模式，成功打造了"宋城"品牌。宋城集团拥有旅游与地产两大板块业务，宋城旅游发展起来之前，地产是宋城集团主要的盈利来源。宋城集团旗下的宋城房产以打造理想人居空间为开发主旨，是中国首个提出景观房产理念并予以实践的企业，并形成自然、精致、大气、高贵的项目特色，成功开发了国内的"地中海别墅""荷兰水城""湖畔公寓""苏黎世山地别墅""湖畔宽邸""威尼斯水城""丁香公馆"等项目。

杭州宋城在旅游带动地产发展方面在国内起到引领作用。它把原来主题公园里的所有设施都视为房产的配套，并从幕后走向台前。在数千亩的用地上，有3个功能各异的主题公园：第一个是中国最大的氡泉养生中心；第二个是9洞的高尔夫球场和10个网球场；第三个是400余亩的绿地、300多亩的水面和上千亩的森林……这样强大的社区配套成为其房产促销的巨大动力。由此直接达到的商业目标主要表现为：不仅单价可比同区域楼盘高，而且销售速度比同区域楼盘快。此外，宋城旗下的杭州乐园为地产服务的目的性也很强，项目周边均有宋城投资的房地产项目，加上杭州乐园成为杭州休博会的主要参观景点之一，周边的地产项目自然也成为直接受益者。

（四）杭州宋城的借鉴意义

宋代（960—1279年）是中国封建社会发展成熟和完备的阶段，其经济、科技、文化的发展在当时居世界领先地位。宋城就是反映两宋（北宋、南宋）文化内涵的杭州第一个主题公园，它主要分为《清明上河图》再现区、九龙广场区、宋城广场区、仙山琼阁区、金明池和宋城大剧院等六个部分。

杭州宋城是两宋文化在西子湖畔的自然融合，也使杭州宋文化旅游得到了升华。宋城旅游景区的建设运用了现实主义、浪漫主义、功能主义相结合的造园手法，源于历史、高于历史。根据宋代杰出画家张择端的《清明上河图》画卷，严格按照宋代营造手法，再现了宋代都市汴京（今河南开封）的繁华景象。在景观上创造了一个有层次、有韵味、有节奏、有历史深沉感的游历空间。在中国传统山水园林艺术手法基础上，汲取了西方开朗、飘逸、注重功能的艺术处理手法，使之既有《清明上河图》再现区的古朴、凝重、严谨，又有九龙广场、城楼广场、宋都广场等大人流的集散功能和景观的包容性及冲击力。斗拱飞檐，车水马龙，渗透出一幅浓郁的古宋风情；规模宏大的瀛洲飞瀑，营造出一个凝幻似真的传奇氛围，从而使悠久的宋城融进了一股生命的动感，构成了一幅宋城之水天上来的奇妙景观。

文化是宋城的灵魂，它在表现自然山水美、园林建筑美、民俗风情美、社会人文美、文化艺术美上做出了自己的探索。它模糊了时空概念，缩短了时空距离。穿过高大的城门楼，只见一条小河贯通南北。河中船只往来穿梭，两岸楼阁遥相矗立；杨柳千条拂面丝，绿烟金穗不胜收。身穿宋代服装的商贩在此经营着各式仿古商铺；城中经常有魔术、民间舞蹈及杂技表演出没，以及中国古代婚礼仪式的表演。

宋城是人们对我国古代文化的一种追忆与表述，是一座寓教于乐的历史之城。在宋城集团的业务板块中，旅游和房地产是其两大支柱，它们两者既有分工，更有合作，即旅游可为房地产服务，可更有助于帮助宋城树立形象品牌。

参考文献

[1] TorkildsenG.Leisure and Recreation Management(4th)[M].NewYork:Spoon Press, 1999.

[2] 北京联合大学"城市休闲和旅游竞争力绿皮书"课题组.全面提升城市休闲和旅游水平[N]. 社会科学报,2021-05-13.

[3] 蔡家成.四化:新时代的旅游休闲[J].小康,2018(9).

[4] 曾元丽.民俗旅游节庆活动与当代娱乐文化结合分析[J].当代旅游,2021(2).

[5] 常晓芳.关于康体休闲度假产品开发的初探[J].改革与开放,2011(4).

[6] 陈传康,冯若梅.康体休闲产业的机遇与市场进入[J].人文地理,1997(2).

[7] 陈尔东,回春光,范鑫.休闲产业的特征和发展对策[J].黑龙江信息科技,2009(18).

[8] 陈鲁直.民闲论[M].北京:中国经济出版社,2005.

[9] 陈微微.农业生态旅游经济的发展对地区旅游经济的影响[J].营销界,2020(33).

[10] 陈喜乐,盛华根.休闲与21世纪人的素质提高[J].自然辩证法研究,2002(6).

[11] 陈信润,邓洋阳,顾小光.工业遗产旅游开发模式及策略研究[J].现代商贸工业,2017(22).

[12] 崇蓉蓉,魏星,何雅君.文化创意产业园发展现状研究——以北京798艺术区为例[J].赤峰 学院学报(哲学社会科学版),2019(04).

[13] 崔婷.工业遗产旅游原真性体验研究——以北京798艺术区为例[D].沈阳:辽宁科技大 学,2019.

[14] 戴学锋,张金山."新常态下旅游休闲经济"的特征分析与政策建议[J].经济管理,2015(8).

[15] 邓昌洪.旅游地产项目关键成功因素研究[D].重庆:重庆大学,2019.

[16] 董福庆,王静.休闲观光农业现状分析及发展对策[J].北京农业,2014(12).

[17] 窦群.乡村旅游与休闲农业融合发展迎来新机遇[N].中国旅游报,2017-11-06.

[18] 窦文章.新常态下休闲农庄商业模式创新[N].中国旅游,2015-06-17.

[19] 范妮娜,施伟萍.文旅融合背景下苏州构建历史文化主题公园设想[J].河北旅游职业学院学 报,2021(01).

[20] 方豪,苗苗,赖齐贤,等.浙江休闲农业发展模式与产业提升对策[J].浙江农业科学,2019(3).

[21] 付达院.城市休闲经济[M].杭州:浙江大学出版社,2014.

[22] 付达院.休闲产业集群的竞争优势及其促进城市竞争力提升的路径[J].特区经济基 础,2015(11).

[23] 弓志刚,陈圊淞.休闲产业发展规律研究[J].商业研究,2011(4).

[24] 关丽萍,王哲,金海龙.中国休闲产业发展的趋势及对策[J].新疆师范大学学报(自然科学

版),2004(06).

[25]　管沛先 . 休闲农业与乡村旅游引领下的乡村振兴发展分析 [J]. 山西农经 ,2021(09).

[26]　郭鲁芳 . 中国休闲研究综述 [J]. 商业经济与管理 ,2005(03).

[27]　韩美兰 . 论休闲对人的全面发展的意义 [J]. 山西高等学校社会科学学报 ,2008(07).

[28]　韩凝春 , 王春娟 . 现代城市城郊主题型休闲中心的发展与建设 [J]. 时代经贸 ,2017(22).

[29]　胡昊 . 发展休闲度假产业 满足美好生活需要 [N]. 中国旅游报 ,2020-06-03.

[30]　华钢 , 楼嘉军 . 城市休闲系统研究 [J]. 旅游论坛 ,2009(03).

[31]　黄孝东 , 刘浩泽 . 从《无锡建议》到《唐山共识》: 我国工业遗产旅游研究的进展与趋势 [J].
　　　 中共山西省委党校学报 ,2021(01).

[32]　黄志锋 , 吕庆华 . 略论我国休闲产业发展的现状及对策 [J]. 南京航空航天大学学报（社会科
　　　 学版),2012(02).

[33]　季斌 . 休闲 : 洞察人的生存意义 [J]. 自然辩证法研究 ,2001(05).

[34]　贾建中 . 风景名胜区功能定位与国家保护地体系 [J]. 中国园林 ,2020(11).

[35]　贾婷婷 . 工业遗产旅游开发思考 [J]. 合作经济与科技 ,2020(18).

[36]　贾一诺 . 文旅融合背景下的节庆旅游发展 [J]. 学术前沿 ,2019(18).

[37]　姜睿 , 苏舟 . 中国养老养生地产 : 内涵、前景与开发策略 [J]. 华东经济管理 ,2012(12).

[38]　杰弗瑞 · 戈比 .21 世纪的休闲与休闲服务 [M]. 张春波 , 等译 . 昆明 : 云南人民出版社 ,2000.

[39]　杰弗瑞 · 戈比 . 你生命中的休闲 [M]. 康筝 , 田松 , 译 . 昆明 : 云南人民出版社 ,2000.

[40]　肯 · 罗伯茨 . 休闲产业 [M]. 李昕 , 译 . 重庆 : 重庆大学出版社 ,2008.

[41]　李耿为 , 邢媛 . 城市休闲研究初探 [J]. 沧桑 ,2007(01).

[42]　李佳微 . 基于原真性体验的工业遗产旅游开发模式研究 [D]. 大连 : 大连理工大学 ,2020.

[43]　李梁芬 . 基于博弈论的休闲产业创新研究 [D]. 杭州 : 浙江工商大学 ,2013.

[44]　李维阳 . 当代特色商业街区空间格局与建筑风貌探究 [D]. 天津 : 天津大学 ,2018.

[45]　李玮 , 李雯琪 . 完善休闲农业发展路径实现乡村振兴 [J]. 现代企业 ,2021(05).

[46]　厉守卫 . 休闲产业经济发展模式探析 [J]. 中国集体经济 ,2009(09).

[47]　林峰 . 旅游地产的破局重点 [J]. 中国房地产 ,2019(26).

[48]　林章林 . 上海城市旅游休闲公共空间的时空演化模式 [J]. 旅游科学 ,2016(02).

[49]　刘海春 , 孙东屏 . 休闲 : 现代人精神生活的风标 [J]. 华南师范大学学报（社会科学版），
　　　 2010（06）.

[50]　刘海鸿 . 我国休闲产业发展中的问题与对策 [J]. 山西财经大学学报 ,2002(03).

[51]　刘静江 . 论我国工业遗产旅游的开发 [D]. 湘潭 : 湘潭大学 ,2006.

[52]　刘群红 . 发展我国休闲旅游产业问题的若干思考 [J]. 求索 ,2000(08).

[53]　刘湘霞 . 生态旅游管理与可持续发展研究 [J]. 湖北农机化 ,2020(11).

[54]　楼嘉军 . 从旅游城市走向休闲城市 [J]. 商务周刊 ,2006(20).

[55]　楼嘉军 . 休闲产业初探 [J]. 旅游科学 ,2003(02).

[56]　楼嘉军 . 休闲新论 [M]. 上海 : 立信会计出版社 ,2005.

[57]　罗荣标 . 现代特色农业示范区的建设策略探析 [J]. 南方农业 ,2021(09).

[58]　骆高远 , 吴攀升 . 旅游资源学 [M]. 杭州 : 浙江大学出版社 ,2006.

[59] 骆高远 . "慢旅游"的哲学思考 [J]. 湖北理工学院学报（人文社会科学版）,2018(05).

[60] 骆高远 . 城市郊野旅游资源的开发与管理——以浙江省金华市为例 [J]. 经济地理 ,2006(5).

[61] 骆高远 . 旅游资源评价与开发 [M]. 杭州 : 浙江科技出版社 ,2003.

[62] 骆高远 . 绍兴的黄酒文化与旅游 [J]. 经济地理 ,2005(9).

[63] 骆高远 . 休闲农业与乡村旅游 [M]. 杭州 : 浙江大学出版社 ,2016.

[64] 骆高远 . 寻访我国的"国保"级工业文化遗产 [M]. 杭州 : 浙江工商大学出版社 ,2013.

[65] 骆高远 . 中国文化旅游概论 [M]. 杭州 : 浙江大学出版社 ,2017.

[66] 骆高远 . 中外民俗 [M]. 上海 : 上海交通大学出版社 ,2014.

[67] 吕庆华 . 论休闲产业的发展 [J]. 理论探索 ,2005(06).

[68] 马惠娣 . "休闲：终归是哲学问题"——记于光远休闲哲学思想 [J]. 哲学分析 ,2014(04).

[69] 马惠娣 . 文化精神之域的休闲理论初探 [J]. 齐鲁学刊 ,1998(03).

[70] 马惠娣 . 休闲：人类美丽的精神家园 [M]. 北京 : 中国经济出版社 ,2004.

[71] 马惠娣 . 中国公众休闲状况调查 [M]. 北京 : 中国经济出版社 ,2004.

[72] 马惠娣 . 走向人文关怀的休闲经济 [M]. 北京 : 中国经济出版社 ,2004.

[73] 马建华 . 世界文化遗产的保护及其价值意义 [J]. 福建艺术 ,2007(04).

[74] 马斯婷 , 韩文超 , 刘姗 , 等 . 以主题公园引领旅游度假区业态规划模式研究 [J]. 旅游纵览 ,2021(09).

[75] 马谊妮 , 姜芹春 . 休闲旅游与休闲型旅游目的地研究 [M]. 昆明 : 云南大学出版社 ,2013.

[76] 毛惠媛 , 凉日心 . "国民旅游休闲计划"之社会旅游的发展研究 [J]. 经济研究导刊 ,2014(06).

[77] 毛良升 . 科学发展观视野中的休闲哲学研究 [J]. 社科纵横 ,2012(01).

[78] 米煜婷 . 我国遗产旅游开发的路径依赖与突破 [J]. 旅游纵览 ,2015(10).

[79] 庞学铨 . 试论休闲对于城市发展的文化意义 [J]. 浙江大学学报（人文社会科学版）,2010(2).

[80] 彭希 . 中外工业遗产旅游开发模式对比分析 [J]. 中国市场 ,2017(26).

[81] 乔玉芳 . 地质遗迹旅游与地质公园的可持续发展——评《地质遗迹价值与地质公园建设》[J]. 地质评论 ,2020(12).

[82] 秦学 . 我国休闲文化发展：现状、特征与展望 [J]. 城市观察 ,2016(01).

[83] 卿前龙 . 休闲服务与休闲服务业发展 [M]. 北京 : 经济科学出版社 ,2007.

[84] 瞿华 , 夏杰长 . 对扩大我国居民康体休闲消费需求的思考 [J]. 消费经济 ,2013(01).

[85] 冉斌 . 我国休闲旅游发展趋势及制度创新思考 [J]. 经济纵横 ,2004(02).

[86] 任素娟 . 日本智慧养老发展经验及对我国的借鉴 [J]. 未来与发展 ,2021(04).

[87] 闪媛媛 . 休闲城市指标体系研究 [D]. 杭州 : 浙江大学 ,2005.

[88] 邵进 . 德国鲁尔区工业遗产开发启示 [J]. 当代贵州 ,2019(22).

[89] 石培华 , 冯凌 . 实施国民休闲战略的宏观背景与战略意义 [J]. 旅游论坛 ,2010(02).

[90] 帅娅娟 . 休闲农业发展模式研究 [D]. 长沙 : 湖南师范大学 ,2008.

[91] 宋瑞 . 全国建成小康社会背景下的休闲产业发展 [N]. 中国社会科学报 ,2017-10-19.

[92] 宋瑞 . 休闲：经济学分析与统计 [J]. 旅游学刊 ,2002(06).

[93] 孙承志 . 休闲哲学观思辨 [J]. 社会科学家 ,1999(04).

[94] 孙华 . 试论遗产的分类及其相关问题——以《保护世界文化与自然遗产公约》的遗产分类为

例 [J]. 南方文物 ,2012(0).

[95]　孙金华 , 张国富 . 休闲与社会发展 [J]. 自然辩证法研究 ,2001(12).

[96]　孙丽男 . 吉林省民营经济发展模式下休闲产业的发展思路 [J]. 时代金融 ,2015(10).

[97]　孙睿男 , 任新平 . 现代农业的现状及发展对策研究 [J]. 粮食科技与经济 ,2020(06).

[98]　谭子辉 . 农业园区规划思路与方法分析 [J]. 农业与技术 ,2020(08).

[99]　田松青 . 休闲经济 [M]. 北京 : 新华出版社 ,2005.

[100]　童登峰 , 汪婷 . 供给侧结构性改革下旅游产业地产融合发展路径研究 [J]. 辽宁工业大学学报
　　　(社会科学版),2019(06).

[101]　万裕富 . 实施"产业 +"打造休闲农业观光园 [J]. 农业知识 ,2021(08).

[102]　汪涛 . 以休闲旅游业助推乡村振兴 [N]. 重庆日报 ,2020-08-11.

[103]　汪振汉 . 休闲产业的界定、分类与统计 [J]. 湖北理工学院学报 (人文社会科学版),2020(02).

[104]　王宝令 , 张文相 . 综合型养老地产模式及发展对策研究 [J]. 辽宁经济 ,2020(10).

[105]　王国新 . 浅谈我国休闲旅游与休闲产业、休闲社会的发展关系 [J]. 旅游学刊 ,2006(11).

[106]　王金华 . 我国乡村休闲旅游发展问题研究 [D]. 秦皇岛 : 燕山大学 ,2011.

[107]　王景全 . 论可持续发展的休闲观 [J]. 河南师范大学学报 (哲学社会科学版),2007(01).

[108]　王军 . 推动文旅融合，打造世界级旅游度假区 [N]. 中国商报 ,2020-11-18.

[109]　王琳 . 城市休闲发展水平评价研究 [D]. 湘潭 : 湘潭大学 ,2007.

[110]　王明高 , 雷茂盛 . 创建国家级旅游度假区推动转型发展 [N]. 中国改革报 ,2021-03-11.

[111]　王宁 . 略论休闲经济 [J]. 中山大学学报 ,2002(3).

[112]　王琪延 , 黄羽翼 . 关于休闲产业统计分类的思考 [J]. 统计与决策 ,2015(02).

[113]　王蓉 , 代美玲 , 欧阳红 , 等 . 中国风景名胜资源的空间格局、使用效率与战略适应 [J]. 资源
　　　开发与市场 ,2021(06).

[114]　王文伟 . 国内城市近郊休闲商业街设计策略研究 [D]. 西安 : 西安建筑科技大学 ,2019.

[115]　王晓杰 . 马克思休闲思想及中国休闲经济发展研究 [D]. 长春 : 东北师范大学 ,2008.

[116]　王雅林 , 徐利亚 , 刘耳 ."双休制"对城市从业者休闲生活质量的影响 [J]. 哈尔滨工业大学学
　　　报 (社会科学版),2002(02).

[117]　王雅林 . 信息化与文明休闲时代 [J]. 学习与探索 ,2000(06).

[118]　王晔 . 城市休闲产业集群化发展理论与创新研究 [D]. 天津 : 天津大学 ,2006.

[119]　王晔 . 城市休闲产业集群化发展理论与创新研究 [D]. 天津：天津大学 ,2007.

[120]　魏后凯 ."十四五"我国农业农村发展十大新方向 [N]. 中国经济时报 ,2020-11-12.

[121]　魏小安 , 李莹 . 城市休闲与休闲城市 [J]. 旅游学刊 ,2007(10).

[122]　文敏 . 对生态旅游区项目可行性研究的探索 [J]. 产业创新研究 ,2020(12).

[123]　吴铎 . 我国休闲产业的现实问题与发展对策研究 [J]. 辽宁师专学报 (社会科学版),2020(05).

[124]　伍先福 , 陈攀 . 西方休闲产业运行的福利取向及其启示 [J]. 商业时代 ,2012(10).

[125]　伍先福 . 我国政府在休闲服务供给中的角色定位——基于国际经验借鉴的视角 [J]. 经济地
　　　理 ,2013(06).

[126]　伍先福 . 休闲产业的本质、价值与发展路径 [J]. 商业经济研究 ,2016(19).

[127]　伍延基 . 休闲、旅游及其相关概念之辨析 [J]. 旅游学刊 ,2006(12).

[128] 谢冶凤，吴必虎，张玉钧，等. 中国自然保护地旅游产品类型及其特征 [J]. 地域研究与开发 ,2021(03).

[129] 邢昌清. 自然保护区林业资源保护利用及可持续发展对策 [J]. 现代园艺 ,2021(11).

[130] 徐锋. 国外休闲产业的发展现状与加快我国休闲产业发展的对策 [J]. 商业经济与管理 ,2002(09).

[131] 徐海霞. 基于特色文化定位的休闲产业发展模式探究—— 以山东半岛蓝色经济区为例 [J]. 企业经济 ,2012(01).

[132] 许峰. 休闲产业发展初步探析 [J]. 中国软科学 ,2001(06).

[133] 杨昳，冷静. 辽宁工业遗产的旅游价值开发研究 [J]. 内蒙古科技与经济 ,2019(07).

[134] 于光远. 论普遍有闲的社会 [M]. 北京：中国经济出版社 ,2005.

[135] 张宝成. 我国城市休闲及休闲产业的发展研究——以西安市为例 [D]. 西安：西北大学 ,2008.

[136] 张崇和. 促进旅游休闲产业与轻工业融合发展 [N]. 中国旅游报 ,2017-03-15.

[137] 张国富，孙金华. 论休闲产业发展与和谐社会建设的互动性 [J]. 自然辩证法研究 ,2006(03).

[138] 张建平. 国家地质公园与联合国教科文组织世界地质公园的异同点分析 [J]. 地质评论 ,2021(02).

[139] 张晶. 工业遗产保护性旅游开发研究 [D]. 上海：上海师范大学 ,2007.

[140] 章海龙，方起东. 休闲学概论 [M]. 昆明：云南大学出版社 ,2005.

[141] 赵东平. 国内工业遗产旅游研究综述 [J]. 经济研究导刊 ,2018(16).

[142] 赵凤华. 论休闲产业的文化价值提升 [J]. 经济纵横 ,2015(11).

[143] 赵海滨. 保护区野生动植物资源及生态旅游开发分析 [J]. 农村实用技术 ,2020(12).

[144] 赵艳. 新常态下旅游休闲经济的特征与发展对策研究 [J]. 辽宁经济 ,2017(06).

[145] 赵艳. 新常态下旅游休闲经济的特征与发展对策研究 [J]. 辽宁经济 ,2017(06).

[146] 赵志庆，安庆龙，王清恋. 遗产旅游视角下东北地区工业遗产保护与利用 [J]. 城乡规划 ,2020(06).

[147] 郑胜华，刘嘉龙. 城市休闲发展评估指标体系研究 [J]. 自然辩证法研究 ,2006(03).

[148] 郑胜华. 我国发展休闲产业的可行性研究 [J]. 桂林旅游高等专科学校学报 ,2001(02).

[149] 钟京芳. 休闲农业与乡村旅游资源开发与研究 [J]. 西部旅游 ,2021(05).

[150] 钟士恩. 主题公园与城市发展融合共生研究 [J]. 中国名城 ,2021(05).

[151] 钟珊. 我国乡村休闲旅游产业发展问题探究 [J]. 当代旅游 ,2021(06).